DORIS UND FRANK BRENNER

Das große Testbuch der Allgemeinbildung

DORIS UND FRANK BRENNER

Das große Testbuch der Allgemeinbildung

Mit über 600 Fragen und Antworten

BECHTERMÜNZ VERLAG

Das große Testbuch der Allgemeinbildung – 7668

Die Zeichnungen auf Seite 50, 55, 56, 59, 79, 83, 85, 103, 168 stammen von Fritz E. Urich, auf Seite 73, 74, 99, 100, 131f., 141f., 155–160, 163, 166, 169f., 183, 209f., 222, 226, 233, 290, 300 von Katja Reichert
Die Zeichnung auf Seite 35 stellte uns freundlicherweise Bibliothek und Archiv der Arbeiterbewegung Dänemarks zur Verfügung.
Folgende Abbildungen wurden mit freundlicher Genehmigung entnommen aus:
Seite 54 und 206 aus: dtv-Atlas zur Baukunst in 2 Bd. © 1974/1981
Deutscher Taschenbuch Verlag GmbH & Co.KG, München
Seite 297 aus: Polyglott-Reiseführer Bd. 604 »München«.
Polyglott Verlag Dr. Bolte KG, München
Seite 137, 138 aus: Polyglott-Reiseführer Bd. 813 »Teneriffa mit den Nachbarinseln La Gomera, La Palma, El Hierro«, Polyglott-Verlag Dr. Bolte KG, München
Seite 175, 180, 188, 196, 219 aus: Schülerduden. Die Kunst. Mannheim: Bibliographisches Institut AG 1983
Seite 279, 280, 290 aus: Schülerduden. Der Sport. Mannheim: Bibliographisches Institut AG 1987
Seite 184 aus: Baedekers Städteführer Deutschland. © 1986 Karl Baedeker Verlag GmbH, Freiburg
Das Foto auf Seite 97 stellte uns freundlicherweise die Firma British Aerospace PLC zur Verfügung.

Alle anderen Abbildungen wurden von den Autoren bereitgestellt.

Hinweis für den Leser:
Alle Angaben sind von den Autoren und dem Verlag sorgfältig geprüft; dennoch kann eine Gewähr nicht übernommen werden.

Genehmigte Lizenzausgabe für
Weltbild Verlag GmbH, Augsburg 1999

Umschlaggestaltung: Adolf Bachmann, Reischach
Gesamtherstellung: Wiener Verlag, Himberg bei Wien
Printed in Austria
ISBN 3-86047-501-0

Inhalt

Vorwort

»Alle Achtung, Sie haben aber eine Allgemeinbildung!«

Wer würde nicht auch gerne ein solches Kompliment bekommen? Doch leider ist deutlich die Tendenz zu erkennen, daß wir uns zwar immer mehr fachspezifisches Wissen aneignen, dabei aber die Allgemeinbildung mehr und mehr verloren geht. Dies wird auch zunehmend von Unternehmen beklagt, die Auszubildende und neue Mitarbeiter suchen.

Viele junge Menschen, deren Schulzeit noch nicht allzu lange vorüber ist, stellen besonders bei literarischen und kulturellen Gesprächsthemen mit Entsetzen fest, wie wenig Allgemeinbildung die Schule heutzutage vermittelt. Dagegen fühlen sich ältere Menschen oftmals hilflos, wenn die Rede auf technische Neuerungen, wie z. B. Computer, kommt. So bilden sich zwischen Menschen Gesprächsbarrieren, die eigentlich so leicht zu überwinden wären. Dabei müßte jeder sein eigenes Wissensspektrum nur etwas erweitern. Denn gerade die Allgemeinbildung ist es, die Ihnen die Türen öffnet, sich mit den unterschiedlichsten Menschen zu unterhalten und als kompetenter Gesprächspartner zu gelten. Dies gilt sowohl im privaten Bereich als auch im Beruf.

Je weiter Sie beruflich aufsteigen, desto höhere Erwartungen werden an Ihre Allgemeinbildung gestellt. Das Schwergewicht der Anforderungen verlagert sich vom Fachwissen hin zu einem breiten abgerundeten Wissen.

Mit diesem Buch möchten wir Ihnen auf unterhaltsame Weise die Möglichkeit bieten zu testen, wie es um Ihre Allgemeinbildung bestellt ist. Mit über 600 Fragen aus den unterschiedlichsten Bereichen, können Sie Ihr Wissen erweitern oder auch einmal Gelerntes wieder auffrischen. Da es wissenschaftlich belegt ist, daß man sich Gelerntes leichter im Zusammenhang merken kann, haben wir bei den Lösungen nicht nur die jeweils richtigen Antworten angegeben, sondern diese auch erläutert. Darüber hinaus werden auch die »falschen« Antwortalternativen im Buch besprochen. Dies ermöglicht Ihnen, vor allem ähnlich klingende Begriffe mit völlig unterschiedlicher Bedeutung besser einordnen zu können. Denn nichts ist peinlicher, als z. B. ein falsches Fremdwort zu benutzen.

Oder möchten Sie gerne von einem Gesprächspartner vor anderen Kollegen korrigiert werden, wenn Sie von »Amnestie« anstelle von »Amnesie« sprechen?

Verbessern Sie Ihre Allgemeinbildung

- für mögliche Testverfahren bei der Bewerberauswahl, die fast immer auch Allgemeinbildungsfragen beinhalten
- für Ihre Anerkennung als kompetenter Gesprächspartner im privaten Freundeskreis wie auch im Beruf
- und nicht zuletzt für sich selbst, weil es einfach Spaß macht, mehr zu wissen

Sie können Fragen dieses Buches auch als kleines Quiz in geselliger Runde einsetzen. Dabei werden Sie merken, daß es auch Ihren Freunden Spaß machen wird, ihre Allgemeinbildung auf den Prüfstand zu stellen. Denn schließlich gibt es bei diesem Spiel nur Gewinner.

Ganz gleich, warum und in welcher Form Sie dieses Buch einsetzen, wir wünschen Ihnen viel Erfolg und oft die Erkenntnis: »Gut, daß ich das in Zukunft weiß!«

Autoren und Verlag

Zum Aufbau dieses Buches

Das Buch enthält 630 Fragen, die Ihre Allgemeinbildung überprüfen. Es sind Fragen, wie sie auch in Eignungstestverfahren vorkommen. Die Fragen verteilen sich auf folgende Wissensgebiete:

❶ Staat – Geschichte – Politik
❷ Geographie – Reisen
❸ Technik – Wissenschaft
❹ Chemie – Medizin
❺ Natur – Biologie
❻ Kunst – Literatur
❼ Kultur – Musik
❽ Wirtschaft
❾ Sport

Zu jeder Frage werden Ihnen vier Antwortmöglichkeiten angeboten, von denen jeweils nur eine richtig ist. Diese richtige Antwort sollen Sie herausfinden und ankreuzen.

Fragen mit Alternativantworten, auch »multiple-choice«-Fragen genannt, erleichtern Ihnen die Beantwortung, weil unter den gegebenen Antwortalternativen auf jeden Fall die richtige Antwort ist. Ferner besteht die Möglichkeit, durch vorhandenes Wissen bestimmte Antwortalternativen von vornherein auszuschließen, die Ihrer Meinung nach auf keinen Fall richtig sind. So können Sie sich die endgültige Antwortfindung erleichtern bzw. haben bessere Chancen, wenn es doch nicht ganz ohne Raten geht.

Aber seien Sie nicht zu voreilig: Oft unterscheiden sich die verschiedenen Antworten nur durch eine Kleinigkeit, die man beim ersten Überfliegen gar nicht richtig wahrnimmt! Vielleicht erinnern Sie sich beim Lesen der vier Antwortalternativen auch wieder an Fakten, die Sie einmal gelernt haben, die aber in der Zwischenzeit in Vergessenheit geraten sind. So kann mit diesem Buch auch vorhandenes Wissen wieder aufgefrischt werden.

Nur selten wird ein Leser, der die Antwort auf eine Wissenfrage eigentlich weiß, durch die verschiedenen Alternativantworten verunsichert, so daß er am Schluß die falsche Antwort ankreuzt. Dies zeigt nur, daß das Wissen nicht wirklich und abrufbar vorhanden ist. Um Ihre Antworten überprüfen zu können, müssen Sie lediglich die Frageseite umblättern. Auf der folgenden Seite finden Sie dann die Antworten zu den Fragen. Dies hat den Vorteil, daß Sie nach den Lösungen nicht lange im Buch blättern müssen, andererseits aber Ihnen die Antwort nicht schon beim Lesen der Frage ins Auge fällt. Bei den Lösungen finden Sie nicht nur den richtigen Antwortbuchstaben, sondern auch eine Erklärung, warum diese Antwort richtig ist und warum die Alternativen nicht stimmen. (Die falschen Antwortalternativen sind zum leichteren Erkennen kursiv gesetzt.)

Dazu ein kurzes Beispiel:

Von wem wird der Bundespräsident gewählt?

☐ **a)** Bundestag ☐ **b)** Bundesrat
☐ **c)** Bundesversammlung ☐ **d)** Bundesregierung

Lösung c)
Der Bundespräsident wird von der Bundesversammlung gewählt. Diese setzt sich aus aus Vertretern des Bundestages und einer gleichen Anzahl von Mitgliedern zusammen, die von den Länderparlamenten entsandt werden.
Der *Bundesrat* ist eine reine Ländervertretung, durch die die Länder bei der Gesetzgebung und Verwaltung des Bundes mitwirken.

Test: 630 Fragen und Antworten

1 Staat – Geschichte – Politik

Fragen

❶ Wann war Franz Josef Strauß Ministerpräsident von Bayern?

☐ **a)** Von 1956 bis 1962 ☐ **b)** Von 1978 bis 1988

☐ **c)** Von 1973 bis 1987 ☐ **d)** Von 1981 bis 1990

❷ Wer war Ferdinand Lassalle?

☐ **a)** Erster Präsident des Allgemeinen Deutschen Arbeitervereins

☐ **b)** Mitglied der französischen Résistance im Zweiten Weltkrieg

☐ **c)** Französischer Ministerpräsident

☐ **d)** Staatspräsident der ehemaligen DDR

❸ Wann wurde von der ehemaligen DDR die Grenze zur Bundesrepublik geöffnet?

☐ **a)** 10. 9. 1989 ☐ **b)** 9. 11. 1989

☐ **c)** 3. 10. 1990 ☐ **d)** 2. 12. 1990

❹ Aus welchem Herrscherhaus stammte die Kaiserin Maria Theresia?

☐ **a)** Habsburg ☐ **b)** Bourbon

☐ **c)** Hohenstaufen ☐ **d)** Wittelsbach

❺ Von wem wird der Bundeskanzler gewählt?

☐ **a)** Bundesversammlung ☐ **b)** Bundesrat

☐ **c)** Bundestag ☐ **d)** Bundespräsident

Lösungen

① **Lösung b)**
Franz Josef Strauß (geb. 6. 9. 1915) verstarb am 3. 10. 1988 in Regensburg. Ab 1978 war er Ministerpräsident von Bayern. In den Jahren 1956 bis 1962 war er im Kabinett Adenauer *Verteidigungsminister.*

② **Lösung a)**
Ferdinand Lassalle (1825–1864) war der erste Präsident des Allgemeinen Deutschen Arbeitervereins, der auf Lassalles Programm basierend 1863 gegründet wurde. 1875 ging der Arbeiterverein in der Sozialdemokratischen Arbeiterpartei auf.

③ **Lösung b)**
Am 9. 11. 1989 wurde die Grenze zur Bundesrepublik und damit auch die Mauer in Berlin für den freien Personenverkehr geöffnet. Ungarn setzte am *10. 9. 1989* ein zwischenstaatliches Abkommen mit der ehemaligen DDR außer Kraft und ließ DDR-Flüchtlinge nach Österreich ausreisen.
Am *3. 10. 1990* fand der Anschluß der ehemaligen DDR an die Bundesrepublik statt. Am 2. 12. 90 wurden die ersten gesamtdeutschen Wahlen zum Bundestag durchgeführt.

④ **Lösung a)**
Die römisch-deutsche Kaiserin Maria Theresia (1717–1780), Tochter Kaiser Karls VI., stammte aus dem Haus Habsburg. Das deutsche Herrschergeschlecht der *Wittelsbacher* stellte im Heiligen Römischen Reich deutscher Nation zwei Kaiser sowie von 1806 bis 1918 die Könige von Bayern. Der mächtigste Kaiser der *Staufer* war Friedrich I. Barbarossa.

⑤ **Lösung c)**
Der Bundeskanzler wird vom Bundestag gewählt und erhält seine Ernennungsurkunde vom Bundespräsidenten.

❻ Wer war 1992 Generalsekretär der Vereinten Nationen?

☐ **a)** Sikthu U Thant

☐ **b)** Kurt Waldheim

☐ **c)** Javier Pérez de Cuéllar

☐ **d)** Butros Ghali

❼ Welche Aufgabe hatte der Wiener Kongreß?

☐ **a)** Verfassungsgebung in der deutschen Revolution 1848/1849

☐ **b)** Neuordnung Europas nach dem Zweiten Weltkrieg

☐ **c)** Beendigung des Dreißigjährigen Krieges

☐ **d)** Neuordnung Europas nach Napoleon

❽ Der letzte russische Zar dankte am 15. 3. 1917 ab. Wie hieß er?

☐ **a)** Nikolaus II.

☐ **b)** Ivan IV.

☐ **c)** Alexander I.

☐ **d)** Peter I., der Große

❾ Wie hieß der Vorstandssprecher der Dresdner Bank, der 1977 von Terroristen ermordet wurde?

☐ **a)** Alfred Herrhausen

☐ **b)** Hanns Martin Schleyer

☐ **c)** Jürgen Ponto

☐ **d)** Oskar Lafontaine

⑥ **Lösung d)**
Seit Ende 1991 ist Butros Ghali aus Ägypten der Generalsekretär der UN.
Siktu U Thant war von 1961 bis 1962 interimistischer Generalsekretär, von 1962 bis 1970 Generalsekretär der UNO.
Kurt Waldheim war von 1972 bis 1982 Generalsekretär der Vereinten Nationen. Von 1986 bis 1992 war er Staatsoberhaupt von Österreich.
Der Peruaner *Javier Perez de Guéllar* war von 1982 bis 1991 Generalsekretär der Vereinten Nationen.

⑦ **Lösung d)**
Der Wiener Kongreß tagte 1814/1815 und hatte die Aufgabe der Neuordnung Europas nach den Napoleonischen Kriegen. Den Vorsitz hatte Fürst Metternich.
Am 18. 5. 1848 wurde in *Frankfurt* die Verfassunggebende Versammlung in der Paulskirche eröffnet. Diese tagte bis zu ihrer Auflösung 1849.

⑧ **Lösung a)**
Zar Nikolaus II. dankte am 15. 3. 1917 ab und wurde mit seiner Familie von bolschewistischen Truppen ermordet.
Ivan IV. war von 1547 bis zu seinem Tod 1584 russischer Zar. Im Volksmund wurde er aufgrund seiner rücksichtslosen Herrschaft auch als »Ivan der Schreckliche« bezeichnet.
Alexander I. (1777–1825) machte Rußland zur Großmacht in Osteuropa.
Peter I., der Große (1672–1725) diente der Literatur oft als Vorbild, so in den Opern »Zar und Zimmermann« von Lortzing und »L'étoile du Nord« von Scribe/Meyerbeer.

⑨ **Lösung c)**
Jürgen Ponto, Sprecher des Vorstandes der Dresdner Bank, wurde 1977 in seinem Haus von Terroristen erschossen. Im September 1977 wurde der Präsident des Arbeitgeberverbandes und des Bundesverbandes der Deutschen Industrie *Hanns Martin Schleyer* von der »Roten Armee Fraktion« entführt und später ermordet. Im Dezember 1989 kam der Sprecher des Vorstandes der Deutschen Bank, *Alfred Herrhausen,* bei einem Bombenanschlag ums Leben.
Auf *Oskar Lafontaine* wurde 1990 von einer psychisch Kranken ein Attentat bei einer Wahlkampfveranstaltung verübt.

❿ **Wann war diese Schlagzeile in den Zeitungen zu lesen?**

Ceausescu durch Volksaufstand gestürzt

☐ **a)** 23. 12. 1989

☐ **b)** 23. 12. 1990

☐ **c)** 23. 12. 1988

☐ **d)** 5. 5. 1989

⓫ **Was versteht man unter einem Plebiszit?**

☐ **a)** Volksabstimmung

☐ **b)** Vollversammlung

☐ **c)** Herrschaft des Volkes

☐ **d)** Verbindung kirchlicher und weltlicher Macht

⓬ **Seit wann gibt es in Deutschland das Frauenwahlrecht?**

☐ **a)** 1900 ☐ **b)** 1939 ☐ **c)** 1945 ☐ **d)** 1918

⓭ **Wann und wo wurden die Vereinten Nationen gegründet?**

☐ **a)** Am 28. 4. 1919 in Paris

☐ **b)** Am 20. 5. 1948 in Brüssel

☐ **c)** Am 26. 6. 1945 in San Francisco

☐ **d)** 1944 in Montreal

⑩ **Lösung a)**
Am 23. 12. 1989 berichteten die Zeitungen, daß am Vortag, dem 22. 12. 1989, der 71jährige Diktator Ceausescu nach 24 Jahren Herrschaft in Rumänien abgesetzt worden sei. Am 25. 12. 1989 wurden der Diktator und seine Frau von einem Militärgericht zum Tod verurteilt und sofort hingerichtet.

⑪ **Lösung a)**
Unter Plebiszit versteht man eine Volksabstimmung, bei der die Wahlberechtigten über Sachfragen – also nicht über Personen – abstimmen. Unterart des Plebiszits ist das Volksbegehren, nämlich das Recht des Stimmbürgers, über eine Volksabstimmung die Verabschiedung oder Ablehnung eines bestimmten Gesetzes durch das Parlament zu verlangen. Die Möglichkeit eines Volksbegehrens ist im Grundgesetz nur für die Neugliederung des Bundesgebietes vorgesehen. Einige Landesverfassungen, z. B. die bayerische, sehen ebenfalls Volksbegehren vor.
Das *Plenum* ist die Vollversammlung der Abgeordneten und wird auch als Plenarsitzung bezeichnet.
Mit *Demokratie* bezeichnet man die Herrschaft des Volkes.

⑫ **Lösung d)**
Das aktive Frauenwahlrecht, also das Recht der Frauen zu wählen, und das passive Frauenwahlrecht, also das Recht gewählt zu werden, wurden in Deutschland 1918 eingeführt.

⑬ **Lösung c)**
Die Vereinten Nationen (United Nations – UN) wurden am 26. 6. 1945 nach vorbereitenden Konferenzen der Großmächte USA, der ehemaligen UdSSR, China und Großbritannien in San Francisco gegründet.
Am *28. 4. 1919* wurde in Paris die Satzung des Völkerbundes verabschiedet.

⓮ Was versteht man unter Inquisition?

☐ **a)** Geistliches Gericht zur Verfolgung von Ketzern

☐ **b)** Krönung und Einsetzung eines neuen Herrschers

☐ **c)** Aufnahme eines katholischen Geistlichen in eine Diözese

☐ **d)** Erscheinungsform Gottes als Mensch

⓯ Wann fand der »Dreißigjährige Krieg« statt?

☐ **a)** 1618 – 1648

☐ **b)** 1861 – 1865

☐ **c)** 900 – 930

☐ **d)** 1871 – 1901

⓰ Wofür steht die Abkürzung *SALT* bei Abrüstungsverhandlungen?

☐ **a)** Strategic Arms Limitation Talks

☐ **b)** Konferenz über Sicherheit und Zusammenarbeit in Europa

☐ **c)** Intermediate-Range Nuclear Forces

☐ **d)** Systematic Action in Local Territories

⑭ **Lösung a)**
Das Wort Inquisition stammt aus dem Lateinischen und bedeutet Untersuchung. Im 12. Jahrhundert wurden erstmalig geistliche Gerichte abgehalten, bei denen von der römisch-katholischen Kirche vermeintliche Kirchenabtrünnige bestraft wurden. Die Inquisition wandte Folter und Todesstrafe durch Verbrennen auf dem Scheiterhaufen an.
Die feierliche Einsetzung eines neuen Herrschers ist die *Inthronisation.*
Unter *Inkardination* versteht man die Aufnahme eines katholischen Geistlichen in eine Diözese.
Inkarnation bedeutet die Fleischwerdung und die Erscheinungsform Gottes als Mensch.

⑮ **Lösung a)**
Der Dreißigjährige Krieg in Deutschland entstand aus religiösen Gegensätzen sowie dem Widerstand der Reichsstände gegen den Absolutismus der Habsburger Herrscherfamilie. Der Krieg dauerte von 1618 bis 1648.

⑯ **Lösung a)**
Die Strategic Arms Limitation Talks *(SALT)* haben die Reduzierung der strategischen Waffen zum Ziel. Das SALT-I-Abkommen wurde von den USA und der ehemaligen UdSSR 1972 unterzeichnet. Die Folgeverhandlungen SALT II wurden im Juni 1979 durch die Unterzeichnung eines Vertrages durch Breschnew und Carter abgeschlossen, jedoch von den USA im Parlament nie ratifiziert.
Die *Konferenz über Sicherheit und Zusammenarbeit in Europa (KSZE)* begann 1973 in Helsinki und wurde von 1973 bis 1975 in Genf fortgeführt. Sie fand ihren Abschluß in der Unterzeichnung der Schlußakte am 1. 8. 1975 in Helsinki. Teilnehmer dieser Konferenz waren alle europäischen Länder (außer Albanien) sowie die USA und Kanada.
Das Ziel der INF-Verhandlungen (*Intermediate-Range Nuclear Forces* – Kernwaffen mittlerer Reichweite) ist die Reduzierung von Mittelstreckenraketen.

⑰ Wer war der zweite Präsident der Bundesrepublik Deutschland?

☐ **a)** Theodor Heuss

☐ **b)** Konrad Adenauer

☐ **c)** Friedrich Ebert

☐ **d)** Heinrich Lübke

⑱ Was versteht man unter einem Ermächtigungsgesetz?

☐ **a)** Gesetz, durch das die Regierung anstelle des Parlaments ermächtigt wird, Gesetze und Verordnungen mit Gesetzeskraft zu erlassen

☐ **b)** Gesetz, mit dessen Hilfe die Opposition ein konstruktives Mißtrauensvotum erzwingen kann

☐ **c)** Gesetz, auf dessen Grundlage Ministerpräsidenten der Bundesländer Entscheidungen, die die Länderkompetenzen betreffen, auf den Bund übertragen

☐ **d)** Verfassungsmäßige Übertragung von zusätzlichen Kompetenzen auf den Bundespräsidenten

⑲ Wer war Uwe Barschel?

☐ **a)** Ministerpräsident des Landes Schleswig-Holstein

☐ **b)** Zeitungsredakteur des Springer-Verlages

☐ **c)** Oppositionsführer der CDU/CSU 1969 bis 1972

☐ **d)** Ministerpräsident von Niedersachsen bis 1990

⑳ Wann verstarb der iranische Revolutionsführer Khomeini?

☐ **a)** 3. 6. 1989

☐ **b)** 2. 7. 1989

☐ **c)** 3. 10. 1988

☐ **d)** 7. 1. 1989

⑰ **Lösung d)**
Der zweite Präsident der Bundesrepublik nach *Theodor Heuss* war von 1959 an Heinrich Lübke. Er wurde 1964 wiedergewählt. Ihm folgte von 1969 bis 1974 *Gustav Heinemann* (SPD). Konrad Adenauer (CDU) war von 1949 bis 1963 Bundeskanzler. *Friedrich Ebert* (SPD) war von 1919 bis 1925 Reichspräsident der Weimarer Republik.

⑱ **Lösung a)**
Ein Ermächtigungsgesetz ist meist zeitlich oder sachlich begrenzt, da es den Grundsatz der Gewaltenteilung durchbricht. Zweck eines Ermächtigungsgesetzes ist es, der Regierung in Notsituationen schnelles Handeln zu ermöglichen.
Mit dem Ermächtigungsgesetz wurde 1933 die legislative Gewalt auf Adolf Hitler übertragen.

⑲ **Lösung a)**
Der CDU-Politiker Uwe Barschel (1944–1988) war von 1982 bis 1988 Ministerpräsident des Landes Schleswig-Holstein. Nachdem bekannt wurde, daß auf seine Anregung hin im Wahlkampf gegen den Oppositionsführer Björn Engholm eine Verleumdungskampagne eingeleitet worden war, mußte er zurücktreten.
Der Oppositionsführer im Bundestag der CDU/CSU war von 1969 bis 1972 *Rainer Barzel.* Bei dem konstruktiven Mißtrauensvotum gegen Bundeskanzler Brandt 1972 verfehlte er seine Wahl mit zwei Stimmen.
Ministerpräsident in Niedersachsen war bis 1990 *Ernst Albrecht* (CDU).

⑳ **Lösung a)**
Der iranische Revolutionsführer Ayatollah Khomeini starb am 3. 6. 1989 in Teheran. Khomeini schuf im französischen Exil eine gegen den Schah gerichtete islamische Gegenbewegung. Nach der Flucht des Schahs ins Ausland kehrte Khomeini am 1. 2. 1979 in den Iran zurück und proklamierte im April 1979 die Islamische Republik Iran.
Am 2. 7. 1989 verstarb der frühere Vorsitzende des Obersten Sowjet und langjährige sowjetische Außenminister *Andrej Gromyko,* am 3. 10. 1988 der bayerische Ministerpräsident *Franz Josef Strauß,* und am 7. 1. 1989 war der Todestag von *Kaiser Hirohito* in Tokio.

㉑ Welche der folgenden Aufgaben hat der Bundestag?

☐ **a)** Mitwirkung an der Gesetzgebung

☐ **b)** Beschluß von Gesetzen

☐ **c)** Unterstützung der Bundesregierung durch sachliche Zusammenarbeit

☐ **d)** Gremium zur Wahl des Bundespräsidenten

㉒ Was ist der Kommentar zu einem Gesetz?

☐ **a)** Einleitung

☐ **b)** Anhang

☐ **c)** Abgrenzung

☐ **d)** Erläuterung

㉓ Wovon hängt die Zahl der Bundesratssitze eines Landes ab?

☐ **a)** Von der Größe des Landes

☐ **b)** Vom Wahlergebnis der letzten Bundestagswahl

☐ **c)** Vom Wahlergebnis der letzten Landtagswahl des Bundeslandes

☐ **d)** Von der Einwohnerzahl des Bundeslandes

㉔ Für welche Zeitspanne wird der Bundespräsident gewählt?

☐ **a)** 8 Jahre

☐ **b)** 7 Jahre

☐ **c)** 5 Jahre

☐ **d)** 4 Jahre

㉑ **Lösung b)**
Der Bundestag beschließt durch Abstimmung die Bundesgesetze, wählt den Bundeskanzler und entscheidet bei einem Mißtrauensantrag gegenüber dem Bundeskanzler.
Die Hauptaufgabe des *Bundesrates* ist die Mitwirkung an der Gesetzgebung.
Das Gremium zur Wahl des Bundespräsidenten nennt man *Bundesversammlung.*

㉒ **Lösung d)**
Bei einem Gesetzeskommentar handelt es sich um eine Erläuterung zu dem Gesetz. Der oft schwierig zu verstehende Gesetzestext wird mit Beispielen erklärt, oftmals werden auch Gerichtsurteile, die zu dem Gesetz ergangen sind und es dadurch näher auslegen, beigefügt.
Die Einleitung zu unserer Verfassung wird *Präambel* genannt.
Ein Anhang wird auch als *Annex* bezeichnet.

㉓ **Lösung d)**
Die Anzahl der Sitze eines Bundeslandes im Bundesrat ist abhängig von der Anzahl der Einwohner des Landes. Jedes Land hat mindestens 3 Sitze und Stimmen bei bis zu 2 Mio. Einwohnern, bei bis zu 6 Mio. Einwohnern 4 Sitze und bei mehr als 6 Mio. Einwohnern 5 Stimmen.

㉔ **Lösung c)**
Der Bundespräsident wird für eine Zeitspanne von 5 Jahren gewählt. Wählbar ist jede(r) Deutsche, der/die das 40. Lebensjahr vollendet hat. Der Bundespräsident kann nach einer Amtszeit noch einmal auf 5 Jahre gewählt werden, so daß sich eine maximale Amtszeit von 10 Jahren ergibt.

25 Welche Partei hat Gustav Stresemann gegründet?

☐ **a)** Kommunistische Partei Deutschlands

☐ **b)** Deutsche Volkspartei

☐ **c)** Zentrum

☐ **d)** Sozialdemokratische Partei Deutschlands

26 Wer kann vor dem Bundesverfassungsgericht den Bundespräsidenten wegen vorsätzlicher Verletzung des Grundgesetzes anklagen?

☐ **a)** Bundesregierung

☐ **b)** Oberlandesgericht

☐ **c)** Bundesversammlung

☐ **d)** Bundesrat

27 Wie hieß der dritte deutsche Bundeskanzler?

☐ **a)** Kurt-Georg Kiesinger

☐ **b)** Theodor Heuss

☐ **c)** Willy Brandt

☐ **d)** Ludwig Erhard

28 Bei der Bundestagswahl wird mit der Zweitstimme

☐ **a)** der Kandidat des Wahlkreises direkt gewählt?

☐ **b)** eine Parteiliste gewählt?

☐ **c)** der Bundeskanzler direkt gewählt?

☐ **d)** bei einer Stichwahl der Direktkandidat gewählt?

(25) **Lösung b)**
Gustav Stresemann gründete 1918 die Deutsche Volkspartei, deren Vorsitzender er von 1918 bis 1929 war.
Im gleichen Jahr wurde die Kommunistische Partei Deutschlands gegründet, deren Parteiprogramm von *Rosa Luxemburg* entworfen wurde.
Das Zentrum war eine 1870 gegründete Partei des politischen Katholizismus, die mit *Freiherrn von Hertling* von 1917 bis 1918 den Reichskanzler stellte.
Die Sozialdemokratische Partei (SPD) entwickelte sich aus der Sozialdemokratischen Arbeiterpartei (SDAP), die von *W. Liebknecht* und *A. Bebel* 1867 ins Leben gerufen wurde.

(26) **Lösung d)**
Bundestag und Bundesrat wählen jeweils zur Hälfte die Mitglieder des Bundesverfassungsgerichts. Der Bundesrat kann mit einer 2/3-Mehrheit vor diesem Gericht den Bundespräsidenten anklagen, wenn er der Meinung ist, daß der Bundespräsident vorsätzlich das Grundgesetz oder ein anderes Bundesgesetz verletzt habe.
Auch der *Bundestag* kann den Bundespräsidenten mit einer 2/3-Mehrheit wegen eines Verfassungsbruchs anklagen.
Die *Bundesversammlung* wählt den Bundespräsidenten.

(27) **Lösung a)**
Kurt-Georg Kiesinger (CDU) führte von 1966 bis 1969 als Nachfolger des zurückgetretenen Bundeskanzlers *Ludwig Erhard* die Große Koalition von CDU/CSU/SPD.
Theodor Heuss war der erste Bundespräsident der Bundesrepublik.
Willy Brandt war als Nachfolger von Kiesinger Bundeskanzler von 1969 bis 1974.

(28) **Lösung b)**
Mit der Zweitstimme wird die Landesliste einer Partei gewählt. Bei der Bundestagswahl sind auf einer Landesliste die Kandidaten einer Partei in einer festgelegten Reihenfolge aufgeführt. Nach dem d'Hondtschen Verfahren werden entsprechend den Zweitstimmenanteilen der Parteien die Sitze im Parlament verteilt.

㉙ Wer sind die Mitglieder der Bundesversammlung?

☐ **a)** Mitglieder des Bundestages und des Bundesrates

☐ **b)** Mitglieder des Bundestages, des Bundesverfassungsgerichts und der Bundesregierung

☐ **c)** Mitglieder des Bundesrates, des Bundesverfassungsgerichts und der Bundesregierung

☐ **d)** Abgeordnete des Bundestages und eine gleiche Anzahl Ländervertreter

㉚ In welchem Land heißt das Parlament »Knesset«?

☐ **a)** Dänemark ☐ **b)** Israel

☐ **c)** Polen ☐ **d)** Schweden

㉛ Wer gilt als Gründer der Volksrepublik China?

☐ **a)** Tschiang Kai-schek ☐ **b)** Tschou En-lai

☐ **c)** Deng Xiaoping ☐ **d)** Mao Tse-tung

㉜ Was versteht man unter einem föderativen Staatsaufbau?

☐ **a)** Bundesstaat mit weitgehender Eigenständigkeit der Einzelstaaten

☐ **b)** Staat mit zentraler Politik und Verwaltung

☐ **c)** Alle wichtigen politischen Entscheidungen werden in direkter Abstimmung von den Bürgern getroffen

☐ **d)** Entscheidungen, die das Parlament trifft, müssen zuvor in paritätisch besetzten Ausschüssen beraten werden

㉝ Wer kann den Deutschen Bundestag auflösen?

☐ **a)** Bundeskanzler ☐ **b)** Bundesrat

☐ **c)** Bundespräsident ☐ **d)** Bundestag selbst

㉙ **Lösung d)**
Die Bundesversammlung besteht aus den Mitgliedern des Bundestages und einer gleichen Anzahl von Mitgliedern, die von den Landtagen gewählt werden.

㉚ **Lösung b)**
Das israelische Parlament in Jerusalem heißt Knesset.
In Dänemark nennt man das Parlament *Folketing* und in Polen *Sejm*. In Schweden heißt das Parlament *Reichstag*.

㉛ **Lösung d)**
Als Gründer der Volksrepublik China 1949 gilt Mao Tse-tung.
Tschou En-lai war von 1949 bis 1976 der Ministerpräsident als Leiter des Administrativen Rates.
Tschiang Kai-schek, Staatspräsident ab 1948, kämpfte gegen die kommunistischen Truppen Mao Tse-tungs und mußte sich 1949 nach Taiwan zurückziehen.
Deng Xiaoping, der seinerzeit Vorsitzender der Zentralen Militärkommission war, wird für die blutige Niederschlagung der Studentendemonstrationen am 4. 6. 1989 auf dem »Platz des Himmlischen Friedens« verantwortlich gemacht.

㉜ **Lösung a)**
Ein föderativer Staatsaufbau ist durch eine weitgehende Eigenständigkeit der Einzelstaaten innerhalb eines Bundesstaates gekennzeichnet.
Das Gegenteil zum Föderalismus ist der *Zentralismus,* bei dem die Entscheidungen an einer Stelle für den gesamten Staat getroffen werden.

㉝ **Lösung c)**
Der Bundespräsident kann nach Artikel 63 Grundgesetz den Bundestag auflösen, wenn bei der Wahl des Bundeskanzlers der Kandidat die absolute Mehrheit der Bundestagsabgeordneten nicht erhalten hat und auch diese Mehrheit innerhalb einer Frist von 14 Tagen nach der ersten Wahl nicht erreicht werden kann.
Nach Artikel 68 Grundgesetz kann der Bundespräsident den Bundestag auflösen, wenn nach einer vorangegangenen Vertrauensfrage durch den Bundeskanzler dieser nicht mehr die Mehrheit der Abgeordnetenstimmen des Bundestages auf sich vereinigen kann.

34 Was steht im Artikel 1 des Grundgesetzes?

☐ **a)** Gleichheit vor dem Gesetz

☐ **b)** Freizügigkeit

☐ **c)** Meinungsfreiheit

☐ **d)** Menschenwürde

35 Welche Aufgabe hat der Petitionsausschuß?

☐ **a)** Vermittlung zwischen Bundesrat und Bundestag, wenn der Bundesrat ein zustimmungspflichtiges Gesetz abgelehnt hat

☐ **b)** Behandlung von Bittgesuchen oder Beschwerden aus der Bevölkerung

☐ **c)** Überprüfung von Entscheidungen der obersten Bundesgerichte

☐ **d)** Entscheidungsinstanz für Asylanträge

36 Wer war Kemal Atatürk?

☐ **a)** Heeresführer der Türken im Kampf gegen Österreich

☐ **b)** Begründer der modernen Türkei

☐ **c)** Türkischer Staatspräsident seit 1989

☐ **d)** Erbauer des Topkapi-Palastes in Istanbul

37 Wann starb Bismarck?

☐ **a)** 1916 ☐ **b)** 1898 ☐ **c)** 1888 ☐ **d)** 1906

38 Wer veranlaßte im 5. Jh. v. Chr. den Wiederaufbau der Akropolis von Athen?

☐ **a)** Perikles

☐ **b)** Zeus

☐ **c)** Cheops

☐ **d)** Alexander der Große

34 **Lösung d)**
Im Artikel 1 des Grundgesetzes wird erklärt, daß die Würde des Menschen unantastbar sei. Daraus ergeben sich die Grundrechte von Art. 2–19. In Art. 1 Abs. 2 GG ist ausgeführt, daß diese Grundrechte die Gesetzgebung, die Verwaltung und die Rechtsprechung unmittelbar binden. So ist im Art. 3 die *Gleichheit aller Menschen* vor dem Gesetz festgehalten. In Artikel 11 ist das Grundrecht der *Freizügigkeit,* das heißt das Recht aller Deutschen im ganzen Bundesgebiet, ihren Wohnsitz zu nehmen, aufgeführt. Artikel 5 behandelt die *Meinungsfreiheit.*

35 **Lösung b)**
Der *Petitionsausschuß* ist nach § 112 der Geschäftsordnung des Deutschen Bundestages für die Behandlung von Bittgesuchen und Beschwerden aus der Bevölkerung zuständig. Der Petitionsausschuß kann die Petition der Bundesregierung zur Kenntnisnahme geben. Bei Uneinigkeiten zwischen Bundestag und Bundesrat wird der *Vermittlungsausschuß* angerufen.

36 **Lösung b)**
Mustafa Kemal Pasa, später unter dem Namen Atatürk, »Vater der Türken«, bekannt, war erster Staatspräsident der Türkischen Republik, die nach dem Zusammenbruch des Osmanischen Reiches 1923 gegründet wurde. Atatürk gilt als Begründer der modernen Türkei. Seine Arbeit war durch starke Reformpolitik, wie die Trennung von Staat und Kirche, gekennzeichnet.
Türkischer Staatspräsident seit 1989 ist *Turgut Özal.*

37 **Lösung b)**
Otto Fürst von Bismarck lebte von 1815 bis 1898. 1862 wurde er von Wilhelm I. zum preußischen Ministerpräsidenten ernannt. Bismarck war der Initiator der Reichsverfassung von 1871. 1890 wurde Bismarck von Kaiser Wilhelm II. entlassen.

38 **Lösung a)**
Nach dem Sieg über die Perser ließ Perikles (ca. 500 v. Chr.–429 v. Chr.) die von den Persern weitgehend zerstörte Burg- und Tempelanlage wieder aufbauen und erweitern.

39 Wie hieß der/die Bundestagspräsident(in) vor Rita Süssmuth?

☐ **a)** Kai-Uwe von Hassel

☐ **b)** Annemarie Renger

☐ **c)** Philipp Jenninger

☐ **d)** Karl Carstens

40 Was geschah in der Reichskristallnacht?

☐ **a)** Vereidigung der Hitlerjugend auf die Fahne und den Führer

☐ **b)** Plünderung und Inbrandsetzung jüdischer Geschäfte und Synagogen

☐ **c)** Konfiszierung aller glasherstellenden Betriebe für die Rüstungsindustrie

☐ **d)** Bombenangriff im April 1945 auf Dresden

41 Wo hatte der Völkerbund seinen Sitz?

☐ **a)** New York

☐ **b)** Genf

☐ **c)** Brüssel

☐ **d)** Moskau

42 Wie hießen die Präsidenten der USA in der richtigen Reihenfolge nach J. F. Kennedy?

☐ **a)** Nixon – Johnson – Carter – Mondale – Reagan – Bush

☐ **b)** Eisenhower – Nixon – Carter – Ford – Reagan – Bush

☐ **c)** Johnson – Nixon – Ford – Carter – Reagan – Bush

☐ **d)** Eisenhower – Nixon – Mondale – Carter – Reagan – Bush

39 **Lösung c)**
Am 25. 11. 1988 wurde als Nachfolgerin von *Philipp Jenninger* Rita Süssmuth zur Bundestagspräsidentin gewählt. Jenninger war am 11. 11. 1988 aufgrund seiner umstrittenen Rede zum 50. Jahrestag der sogenannten Reichskristallnacht zurückgetreten.
Kai-Uwe von Hassel war Bundestagspräsident von 1969 bis 1972.
Annemarie Renger war die erste SPD-Bundestagspräsidentin von 1972 bis 1976. Sie wurde von *Karl Carstens* abgelöst.

40 **Lösung b)**
In der Nacht vom 9. zum 10. 11. 1938 zerstörten nationalsozialistische Trupps Synagogen und jüdische Wohn- und Geschäftshäuser in Deutschland. 91 Menschen fanden dabei den Tod, über 30000 Personen wurden verhaftet und teilweise in Konzentrationslager gesperrt. Der zynische, von den Nationalsozialisten geprägte Begriff »Reichskristallnacht« wurde von dem in dieser Nacht zerstörten Glas und Kristall hergeleitet.

41 **Lösung b)**
Der Völkerbund war von 1920 bis 1946 die Vorgängerorganisation der Vereinten Nationen. Sein Ziel war die Erhaltung des Weltfriedens und die wirtschaftliche und kulturelle Zusammenarbeit der Nationen. Sitz des Völkerbundes war Genf.

42 **Lösung c)**
Nach dem Mord an J. F. Kennedy am 22. 11. 1963 wurde sein Stellvertreter Johnson Präsident. 1969 gewann der Republikaner Nixon die Präsidentschaftswahl, mußte 1974 aufgrund des Watergateskandals zurücktreten. Sein Vizepräsident Ford war danach bis zur Wahlniederlage 1976 gegen den Demokraten Carter Präsident. Bei den Präsidentschaftswahlen 1980 gewann der Republikaner Reagan, der bis 1988 regierte. Seit 1988 ist Bush Präsident der Vereinigten Staaten.

43 Um wen handelt es sich?

☐ **a)** Friedrich I. Barbarossa

☐ **b)** Napoleon Bonaparte

☐ **c)** Kaiser Wilhelm I.

☐ **d)** Friedrich der Große

44 Wie hieß der Nachfolger von Chruschtschow als Erster Sekretär der KPdSU?

☐ **a)** Jurij Andropow

☐ **b)** Andrej Gromyko

☐ **c)** Leonid Breschnew

☐ **d)** Georgij Malenkow

45 Was ist ein Reichsapfel?

☐ **a)** Attribut monarchischer Herrschaft

☐ **b)** Emblem des deutschen Wappens unter Bismarck

☐ **c)** Höchste politische Auszeichnung in der Schweiz

☐ **d)** Orden unter Kaiser Franz-Joseph in Österreich

46 Wer war 1991 Papst?

☐ **a)** Johannes II.

☐ **b)** Johannes Paul II.

☐ **c)** Paul VI.

☐ **d)** Johannes Paul I.

47 Was war Anlaß der Spaltung der SPD-Fraktion im Reichstag 1915/1916?

☐ **a)** Streit um das Frauenwahlrecht

☐ **b)** Streit um die Akzeptierung des Versailler Friedensvertrages

☐ **c)** Auseinandersetzung um die Bewilligung von Kriegskrediten

☐ **d)** Streit über die Forderung nach Abdankung des Kaisers Wilhelm II.

㊸ **Lösung d)**
Friedrich der Große (1712–1786), vom Volksmund als der »Alte Fritz« bezeichnete König von Preußen, machte sein Land zur europäischen Großmacht.

㊹ **Lösung c)**
Leonid Breschnew löste Nikita Chruschtschow im Amt des Ersten Sekretärs der KPdSU im Oktober 1964 ab. Chruschtschow hatte dieses Amt 1953 von *Georgij Malenkow* übernommen.

㊺ **Lösung a)**
Der Reichsapfel ist neben der Krone und dem Zepter ein Zeichen monarchischer Herrschaft. Er besteht aus einer Kugel mit einem aufgesetzten Kreuz, das ein Symbol christlicher Weltherrschaft ist.

㊻ **Lösung b)**
Der Pole Karol Wojtyla (geb. 1920) wurde 1978 als Papst Johannes Paul II. Nachfolger von Johannes Paul I. Er ist seit Hadrian VI. (1522–1523) der erste nichtitalienische Papst.

㊼ **Lösung c)**
Im Dezember 1915 und März 1916 lehnte ein Teil der SPD-Reichstagsfraktion die Bewilligung weiterer Kriegskredite ab. Im April konstituierte sich aus der abgespaltenen Fraktion die USPD (Unabhängige Sozialdemokratische Partei Deutschlands). Ein Großteil der USPD ging 1929 zur KPD über.

48 Was ist der »Speaker«?

☐ **a)** Vorsitzender der Parlamentstagungen im britischen Parlament

☐ **b)** Fernsehberichterstatter bei amerikanischen Präsidentschaftswahlen

☐ **c)** Regierungssprecher

☐ **d)** Vorsitzender eines Interessenverbandes

49 Was versteht man unter Prohibition?

☐ **a)** Öffentliche Hinrichtung von zum Tode Verurteilten

☐ **b)** Verbot der Ausübung von religiösen Handlungen

☐ **c)** Staatliches Verbot von Alkohol

☐ **d)** Zeitspanne von 1910 bis 1925, in der in den USA die Zuhälterei strengstens untersagt war

50 Was versteht man unter Kaiserpfalz?

☐ **a)** Eine von bestimmten Reichspflichten, wie z. B. Steuern, befreite Stadt

☐ **b)** Eine einem mittelalterlichen Herrscher als Residenz dienende Wohnburg

☐ **c)** Ein dem Kaiser unterstelltes Gebiet, das im heutigen Rheinland-Pfalz liegt

☐ **d)** Ein fürstliches Landhaus der Barockarchitektur

51 Wann wurde der Staat Israel gegründet?

☐ **a)** 1948 ☐ **b)** 1965 ☐ **c)** 1945 ☐ **d)** 1956

52 Was versteht man unter »Legislative«?

☐ **a)** Rechtsprechung ☐ **b)** Gesetzgebung

☐ **c)** Ausführende Gewalt ☐ **d)** Gerichtsbarkeit

(48) **Lösung a)**
Im britischen Unterhaus ist der »Speaker« der Vorsitzende der Parlamentstagungen. Die Funktion entspricht im Deutschen Bundestag weitgehend der des Bundestagspräsidenten.

(49) **Lösung c)**
Unter Prohibition versteht man das staatliche Verbot von Herstellung und Verkauf von alkoholhaltigen Getränken. Die Prohibition galt besonders in den zwanziger Jahren in den USA als Schutzmaßnahme gegen den Alkoholismus.
Die Durchführung von Hinrichtungen *(Exekutionen)* in der Öffentlichkeit sollte in erster Linie der Abschreckung dienen.

(50) **Lösung b)**
Kaiserpfalzen sind die im ganzen Reich verstreuten Wohnburgen, die dem mittelalterlichen Herrscher zeitweise als Residenzen gedient haben, z. B. Gelnhausen für Kaiser Barbarossa.
Eine von bestimmten Reichspflichten befreite Stadt nannte man *»freie Reichsstadt«*.
Ein fürstliches Landhaus der Barockarchitektur nennt man *Lustschloß*, so z. B. Schloß Solitude bei Stuttgart.

(51) **Lösung a)**
Der Staat Israel wurde am 14. 5. 1948 proklamiert. Zu diesem Zeitpunkt erlosch das britische Mandat über Palästina. Erster Staatspräsident wurde Chaim Weizmann; der erste Ministerpräsident hieß Ben Gurion.

(52) **Lösung b)**
Die Legislative ist die gesetzgebende Gewalt. Man versteht darunter das Parlament.

53 Was bedeutet die Abkürzung *SPQR?*

☐ **a)** Senatus Populusque Romanus

☐ **b)** Er kam, sah und siegte

☐ **c)** Emblem des Papstes

☐ **d)** Insignien der britischen Königsfamilie

54 Wie viele Länder gehören zur Bundesrepublik Deutschland (inklusive Berlin)?

☐ **a)** 10 ☐ **b)** 18 ☐ **c)** 16 ☐ **d)** 12

55 Wie hieß der erste römische Kaiser, der das Christentum als Religion erlaubte?

☐ **a)** Nero ☐ **b)** Augustus

☐ **c)** Julian Apostata ☐ **d)** Konstantin der Große

56 Um welchen deutschen Politiker handelt es sich?

☐ **a)** Theodor Heuss

☐ **b)** Friedrich Ebert

☐ **c)** Paul von Hindenburg

☐ **d)** Karl Liebknecht

57 Was bedeutet »Nomenklatura«?

☐ **a)** Gruppe von Personen in den Staaten des ehemaligen Ostblocks, deren Meinung von den herrschenden politischen Grundsätzen abweicht

☐ **b)** Führungsgremium einer kommunistischen Partei, aus deren Mitte die Mitglieder des Politbüros gewählt werden

☐ **c)** Verzeichnis der von der Parteiführung beanspruchten Führungspositionen für Parteimitglieder in Staat, Wirtschaft und Gesellschaft in einem kommunistischen System

☐ **d)** Verfahren zur Durchführung einer Volksabstimmung

(53) **Lösung a)**
Die lateinische Abkürzung *SPQR* steht für Senatus Populusque Romanus, was soviel heißt wie: Senat und Volk von Rom. Die Abkürzung *SPQR* wurde auf römischen Feldzeichen, Gebäuden usw. verwendet.
Der lateinische Ausspruch »veni, vidi, vici« wird Julius Cäsar zugeschrieben und bedeutet: *»Er kam, sah, siegte.«*

(54) **Lösung c)**
Die Bundesrepublik Deutschland besteht aus den folgenden 16 Ländern:
Baden-Württemberg, Bayern, Hessen, Saarland, Rheinland-Pfalz, Nordrhein-Westfalen, Niedersachsen, Schleswig-Holstein, den Stadtstaaten Hamburg und Bremen sowie Berlin und den am 3. 10. 1990 neu hinzugekommenen Ländern: Mecklenburg-Vorpommern, Brandenburg, Sachsen-Anhalt, Sachsen und Thüringen.

(55) **Lösung d)**
Der römische Kaiser Konstantin der Große erließ im Jahr 313 das Toleranz-Edikt, das Grundlage für die Schaffung der christlichen Staatskirche war.
Während Kaiser *Augustus'* Herrschaft wurde Jesus Christus geboren.
Kaiser *Nero* war ein erbitterter Verfolger des Christentums.
Kaiser *Julian* bekannte sich im Jahr 361 wieder offen zum Heidentum, was ihm bei den Christen den Beinamen »Abtrünniger« einbrachte.

(56) **Lösung b)**
Das Bild zeigt den ersten Reichspräsidenten der Weimarer Republik Friedrich Ebert (4. 2. 1871–28. 2. 1925). Der in Heidelberg geborene Sohn eines Sattlers wurde das erste sozialdemokratische Staatsoberhaupt in Deutschland.

(57) **Lösung c)**
Nomenklatura bezeichnet die von kommunistischen Parteien beanspruchten Führungspositionen für Parteimitglieder in Staat, Gesellschaft und Wirtschaft.
Oppositionelle in totalitären Staaten werden häufig als *Dissidenten* bezeichnet.

58 Welche Staatsform hat Frankreich?

☐ **a)** Sozialistische Präsidialrepublik

☐ **b)** Parlamentarische demokratische Monarchie

☐ **c)** Demokratischer und sozialer Bundesstaat

☐ **d)** Parlamentarische Republik

59 Wo lebten die Etrusker?

☐ **a)** Italien

☐ **b)** Griechenland

☐ **c)** Vorderer Orient

☐ **d)** Spanien

60 Gegen welchen Hauptkonkurrenten trat George Bush 1988 im Rennen um das Präsidentenamt der USA an?

☐ **a)** Ford

☐ **b)** Dukakis

☐ **c)** Reagan

☐ **d)** Mondale

61 Was bedeutet das Wort »Bolschewik«?

☐ **a)** Mehrheitler

☐ **b)** Umstürzler

☐ **c)** Kommunist

☐ **d)** Arbeiter

58 **Lösung d)**
Frankreich ist seit 1871 eine parlamentarische Republik.
Die Staatsform des Irak ist beispielsweise eine *sozialistische Präsidialrepublik* mit Saddam Hussein als Staatsoberhaupt.
Großbritannien ist eine *parlamentarisch demokratische Monarchie* mit Königin Elisabeth II. als Staatsoberhaupt.
Im Artikel 20 Abs. 1 des Grundgesetzes ist festgelegt, daß die Bundesrepublik Deutschland ein *demokratischer und sozialer Bundesstaat* ist.

59 **Lösung a)**
Das antike Volk der Etrusker lebte in Italien in der Region zwischen Tiber, Apennin und Arno; dieses Gebiet wird heute Etrurien genannt. Die Etrusker hatten sich im 10. und 9. Jh. v. Chr. aus einer Vermischung kleinasiatischer Einwanderer und einheimischer Volksgruppen gebildet. Die Etrusker gründeten um 650 v. Chr. die Stadt Rom. Sie verloren jedoch im 5. Jh. v. Chr. stark an Macht – bis zur vollkommenen Besetzung ihres Territoriums durch die Römer Ende des 3. Jh. v. Chr.

60 **Lösung b)**
Im amerikanischen Präsidentschaftswahlkampf standen sich 1988 die Bewerber George Bush und Michael Dukakis gegenüber. Mit 54% der Wählerstimmen wurde der Republikaner George Bush der 41. Präsident der Vereinigten Staaten.

61 **Lösung a)**
Das russische Wort »Bolschewik« heißt übersetzt »Mehrheitler«. Bis 1917 wurden mit Bolschewiken die Mitglieder der Fraktion Lenins innerhalb der sozialdemokratischen Arbeiterpartei Rußlands bezeichnet.
Die Kommunisten sowjetischer Prägung wurden *Bolschewisten* genannt.

62 Was versteht man unter der Erststimme?

☐ **a)** Wahl der Landesliste einer Partei

☐ **b)** Stimmabgabe für einen Kandidaten aus dem Wahlkreis

☐ **c)** Wahl von Kandidaten unterschiedlicher Parteien auf einem Stimmzettel

☐ **d)** Stimmabgabe bei einer Stichwahl

63 Wie bezeichnet man Unterhaltszahlungen für nicht an der Regierung beteiligte Mitglieder einer Herrscherfamilie?

☐ **a)** Alimente

☐ **b)** Apanage

☐ **c)** Tantieme

☐ **d)** Attribute

64 Was haben Martin Luther King, Abraham Lincoln, Robert Kennedy und Indira Gandhi gemeinsam?

☐ **a)** Sie kämpften alle gegen die Rassendiskriminierung der schwarzen Bevölkerung.

☐ **b)** Sie wurden alle ermordet.

☐ **c)** Sie wurden alle in Texas, USA, geboren.

☐ **d)** Sie waren alle Staatsoberhäupter ihrer Länder.

65 Eine Partei erreicht bei Bundestagswahlen nicht die 5%-Hürde. Dies bedeutet:

☐ **a)** Die Partei hat einen Anteil von weniger als 5% der abgegebenen gültigen Zweitstimmen.

☐ **b)** Die Partei hat weniger als 5% der Erststimmen auf sich vereinigen können.

☐ **c)** Die Partei hat weniger als 5% der Erst- und Zweitstimmen erreicht.

☐ **d)** Die Partei hat keinen Direktkandidaten ins Parlament bringen können.

(62) **Lösung b)**
Mit der Erststimme wählt der Bürger einen der Kandidaten seines Wahlkreises. Bei dem in Deutschland geltenden relativen Mehrheitswahlrecht ist dann der Bewerber gewählt, der die meisten Stimmen erhält. Die Stimmen, die auf die Mitbewerber entfallen, bleiben unberücksichtigt. Nach diesem System wird die Hälfte aller Bundestagsmandate besetzt. Mit der Zweitstimme wählt der Bürger die Landesliste einer Partei. Über diese werden die anderen Bundestagsmandate vergeben.

(63) **Lösung b)**
Apanage heißen die Zuwendungen an nichtregierende Mitglieder eines Herrscherhauses.
Alimente sind Unterhaltszahlungen, die sich vornehmlich aus der gesetzlichen Unterhaltspflicht ergeben. Ein *Attribut* ist eine Beifügung.

(64) **Lösung b)**
Die vier Politiker wurden alle ermordet. Martin Luther King starb am 4. 4. 1968 in Memphis, Abraham Lincoln am 15. 4. 1865 in Washington, Robert Kennedy, der Bruder von John F. Kennedy, am 6. 6. 1968 in Los Angeles. Die indische Politikerin Indira Gandhi fiel am 31. 10. 1984 einem Attentat zweier Leibwächter zum Opfer.

(65) **Lösung a)**
Die 5%-Klausel bewirkt, daß nach einer Wahl nur die Parteien ins Parlament einrücken, die mindestens 5% der abgegebenen Zweitstimmen erreicht haben. Die 5%-Klausel gilt nicht für Parteien, die in mindestens 3 Wahlkreisen Direktmandate gewonnen haben oder eine nationale Minderheit vertreten (z. B. Südschleswiger Wählerverband als Vertretung der dänischen Minderheit in Schleswig-Holstein).

66 Wann und wo fand der Boxeraufstand statt?

☐ **a)** 1900 in China
☐ **b)** 1913 in Chicago
☐ **c)** 1899 in Südafrika
☐ **d)** 1844 in Schlesien

67 Wie heißt die Bundeshauptstadt?

☐ **a)** Bonn
☐ **b)** Frankfurt
☐ **c)** Hamburg
☐ **d)** Berlin

68 Wo fand das erste innerdeutsche Gespräch zwischen Willy Brandt und Willi Stoph statt?

☐ **a)** In Erfurt
☐ **b)** In Berlin
☐ **c)** In Dresden
☐ **d)** In Leipzig

69 Auf welchen Zeitraum erstreckte sich die Weimarer Republik?

☐ **a)** 1871 – 1914
☐ **b)** 1933 – 1945
☐ **c)** 1914 – 1918
☐ **d)** 1919 – 1933

70 Was ist ein »imperatives Mandat«?

☐ **a)** Abgeordnete sind während ihrer aktiven Zeit vor Strafverfolgung geschützt.

☐ **b)** Abgeordnete sind in bezug auf ihre Äußerungen oder Abstimmungen im Parlament vor Strafverfolgung geschützt.

☐ **c)** Abgeordnete sind an Weisungen gebunden.

☐ **d)** Abgeordnete sind nur ihrem Gewissen unterworfen.

66 **Lösung a)**
Im Jahr 1900 fand in China der Aufstand des Geheimbundes der Boxer statt. Nachdem im Sommer 1900 auch Ausschreitungen gegen Ausländer erfolgten, wurde Peking von europäischen Mächten besetzt.
Von 1899 bis 1902 fand in den südafrikanischen Burenstaaten der *Burenkrieg* statt. Der *Weberaufstand* war 1844 in Schlesien.

67 **Lösung d)**
Im Artikel 2 des Einigungsvertrages wurde vereinbart, daß die Hauptstadt Deutschlands Berlin ist. Im Juni 1991 beschloß der Bundestag die Verlegung des Sitzes von Bundesregierung und Parlament innerhalb der nächsten 12 Jahre nach Berlin.

68 **Lösung a)**
1970 trafen sich in Erfurt erstmals der Bundeskanzler der Bundesrepublik Deutschland Willy Brandt und der Ministerpräsident der ehemaligen DDR Willi Stoph zu einem innerdeutschen Gespräch. In Kassel fand in demselben Jahr ein Folgetreffen statt.
Dieses Gespräch leitete u. a. die Ostpolitik der SPD/FDP-Koalition in den siebziger Jahren ein.

69 **Lösung d)**
Die Weimarer Republik bestand von 1919 bis 1933. Sie wurde nach dem Ersten Weltkrieg, der von 1914 bis 1918 dauerte, gegründet und vom Nationalsozialismus, dem sogenannten Dritten Reich, 1933 abgelöst.

70 **Lösung c)**
»Imperatives Mandat« heißt, daß ein Abgeordneter bei der Ausübung seiner parlamentarischen Tätigkeit an Weisungen seiner Partei gebunden ist. Nach Art. 38 GG ist der Abgeordnete jedoch nur seinem Gewissen unterworfen und an Aufträge und Weisungen nicht gebunden.
Unter *Immunität* versteht man, daß der Abgeordnete während seiner aktiven Zeit vor Strafverfolgung geschützt ist, und unter *Indemnität,* daß der Abgeordnete wegen Äußerungen oder Abstimmungen im Parlament vor Strafverfolgung geschützt ist.

2 Geographie – Reisen

Fragen

❶ Welches südamerikanische Land wurde in der Abbildung schwarz eingezeichnet?

☐ **a)** Uruguay ☐ **b)** Paraguay

☐ **c)** Ecuador ☐ **d)** Bolivien

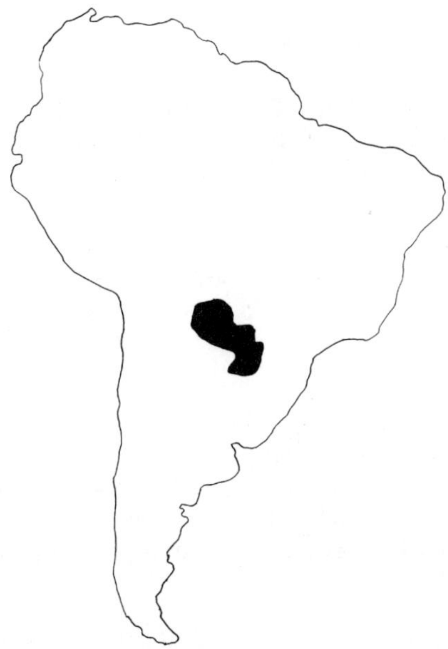

❷ Wie heißt die Moschee in Istanbul, die 6 Minarette hat?

☐ **a)** Hagia Sophia ☐ **b)** Rüstem Pasa Moschee

☐ **c)** Sultan Süleyman Moschee ☐ **d)** Sultan Ahmet Moschee

❸ Welche Sprache wird in Mexiko gesprochen?

☐ **a)** Englisch ☐ **b)** Portugiesisch

☐ **c)** Spanisch ☐ **d)** Kreolisch

Lösungen

① **Lösung b)**
Es handelt sich um das 406752 km^2 große Paraguay mit der Hauptstadt Asunción.
Südöstlich von Paraguay liegt *Uruguay* mit der Hauptstadt Montevideo.
Ecuador mit der Hauptstadt Quito liegt im Nordwesten Südamerikas, *Bolivien* mit der Hauptstadt Sucre und dem Regierungssitz in La Paz schließt sich nordwestlich an Paraguay an.

② **Lösung d)**
Die *Hagia Sophia* ist wahrscheinlich das bekannteste Bauwerk in Istanbul. Ursprünglich als Kirche erbaut, dann zu einer Moschee umfunktioniert, ist sie heute ein Museum, jedoch nur mit 4 Minaretten. Die einzige Moschee in Istanbul mit 6 Minaretten ist die blaue Moschee, auch Sultan Ahmet Moschee genannt.

③ **Lösung c)**
Die mexikanische Landessprache ist Spanisch. Das einzige südamerikanische Land, in dem *portugiesisch* gesprochen wird, ist Brasilien.
Kreolensprachen sind Mischsprachen, die jeweils aus der Übernahme europäischer Sprachen durch eine überseeische Bevölkerung, oftmals auch Nachkommen von Einwanderern, entstanden sind.

❹ Wer führte die Expedition, die zum ersten Mal die Welt umsegelte?

☐ **a)** Ferdinand Magellan

☐ **b)** Amerigo Vespucci

☐ **c)** Christopher Columbus

☐ **d)** James Cook

❺ Was bedeutet der Name »Mesopotamien?«

☐ **a)** Land der Tafelberge

☐ **b)** Delta des italienischen Flußes Po

☐ **c)** Land zwischen den Strömen

☐ **d)** Hochebene in Tibet

❻ Welche der folgenden Städte liegt nicht in Nordrhein-Westfalen?

☐ **a)** Krefeld

☐ **b)** Köln

☐ **c)** Kassel

☐ **d)** Aachen

❼ Welchen Durchmesser hat die Erde?

☐ **a)** ca. 12800 km

☐ **b)** 40075 km

☐ **c)** 75000 km

☐ **d)** 24000 km

④ **Lösung a)**
Ferdinand Magellan, eigentlich Fernaode de Magalhaes (1480–1521), portugiesischer Seefahrer in spanischen Diensten, begann 1519 die erste Erdumsegelung. Magellan kam 1521 in den Philippinen bei Kämpfen mit Eingeborenen ums Leben.
Amerigo Vespucci, italienischer Seefahrer (1451–1512), gab Amerika seinen Namen. Er unternahm Expeditionen, die ihn an die Nord- und Nordostküste Südamerikas brachten. 1507 nannte der deutsche Kosmograph Ringmann den neu entdeckten Kontinent nach dem Vornamen Vespuccis Amerika.

⑤ **Lösung c)**
Mit der Bezeichnung »zwischen den Strömen« ist das Land zwischen Euphrat und Tigris gemeint.
Die spanischen Tafelberge werden mit »mesa« bezeichnet, z. B. *mesa verde.* Das spanische Wort »mesa« bedeutet Tisch, Tafel.

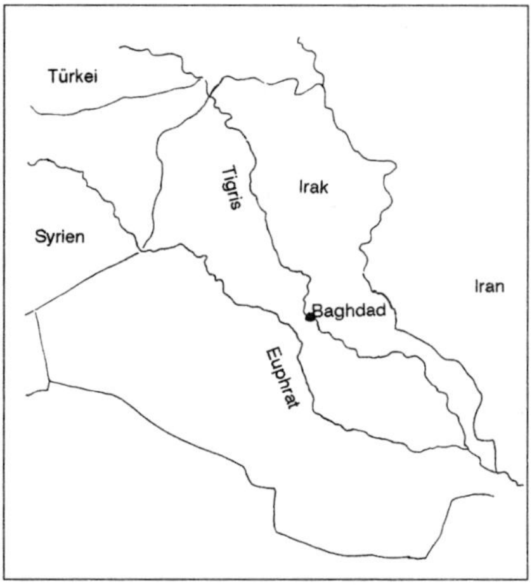

⑥ **Lösung c)**
Kassel liegt in Hessen an der Landesgrenze zu Niedersachsen. Die Stadt Kassel hat ca. 191000 Einwohner.

⑦ **Lösung a)**
Die Erde hat einen Durchmesser von 12800 km.
Der Umfang beträgt am Äquator 40075 km. Die Längenkreise haben aufgrund der Abplattung am Nord- und am Südpol eine Länge von 40008 km.

❽ Wo entsteht die Weser?

☐ **a)** Die Weser entspringt im Thüringer Wald.

☐ **b)** Die Weser entsteht durch den Zusammenfluß von Brigach und Breg.

☐ **c)** Die Weser entspringt in der Rhön.

☐ **d)** Die Weser entsteht durch den Zusammenfluß von Fulda und Werra.

❾ Wie heißt die Südspitze Südafrikas?

☐ **a)** Kap der Guten Hoffnung ☐ **b)** Kap Súnion

☐ **c)** Kap Horn ☐ **d)** Kap Canaveral

❿ Zwischen welchen beiden Meeren liegt der Suez-Kanal?

☐ **a)** Karibisches Meer – Pazifischer Ozean

☐ **b)** Rotes Meer – Mittelmeer

☐ **c)** Indischer Ozean – Rotes Meer

☐ **d)** Totes Meer – Mittelmeer

⓫ An welchem Fluß liegt Dresden?

☐ **a)** Oder ☐ **b)** Weichsel

☐ **c)** Elbe ☐ **d)** Saale

⓬ Wie groß ist die Bundesrepublik?

☐ **a)** 357 024 km^2 ☐ **b)** 108 333 km^2

☐ **c)** 551 602 km^2 ☐ **d)** 248 691 km^2

⑧ **Lösung d)**
Die Weser entsteht durch den Zusammenfluß von Fulda und Werra in Münden. Die Weser durchfließt bis zur Westfälischen Pforte das Weserbergland, danach die norddeutsche Tiefebene. Die Weser durchfließt Bremen und mündet nördlich von Bremerhaven in die Nordsee.
Durch den Zusammenfluß von Brigach und Breg bei Donaueschingen wird die *Donau* gebildet.
Die *Werra* entspringt im Thüringer Wald, die *Fulda* in der Rhön.

⑨ **Lösung a)**
Das Kap der Guten Hoffnung ist an der Südspitze Afrikas.
Kap Súnion ist die Südspitze des griechischen Festlandes.
Kap Horn liegt an der Südspitze Südamerikas.
Kap Canaveral befindet sich an der Ostküste Floridas unweit des NASA-Raumfahrtzentrums, von wo aus bemannte Raumflüge starten.

⑩ **Lösung b)**
Der 171 km lange Suez-Kanal verbindet das Mittelmeer mit dem Roten Meer. Der Kanal wurde von 1859 bis 1869 unter der Leitung von *F. v. Lesseps* gebaut.

⑪ **Lösung c)**
Dresden liegt an der im Riesengebirge entspringenden Elbe.

⑫ **Lösung a)**
Die Bundesrepublik hat inklusive der neuen Bundesländer eine Größe von 357 024 km^2. Die ehemalige DDR hatte eine Fläche von 108 333 km^2.
Frankreich erstreckt sich über 551 602 km^2.
Die Ausdehnung von *Großbritannien* mit 244 046 km^2 entspricht ungefähr der Fläche der Bundesrepublik vor der Wiedervereinigung.

⓭ Welches der folgenden Länder grenzt nicht an Syrien?

☐ **a)** Libanon

☐ **b)** Saudi Arabien

☐ **c)** Irak

☐ **d)** Türkei

⓮ Antananarivo ist die Hauptstadt von

☐ **a)** Madagaskar

☐ **b)** Panama

☐ **c)** Französisch Guyana

☐ **d)** Venezuela

⓯ Welche beiden Erdteile trennt die Straße von Gibraltar?

☐ **a)** Afrika und Europa

☐ **b)** Europa und Asien

☐ **c)** Südamerika und Nordamerika

☐ **d)** Afrika und Asien

⓰ Welchen griechischen Namen hat die Insel Korfu?

☐ **a)** Samos

☐ **b)** Kreta

☐ **c)** Rhodos

☐ **d)** Kerkyra

⑬ **Lösung b)**
Saudi Arabien hat mit Syrien keine gemeinsame Grenze.

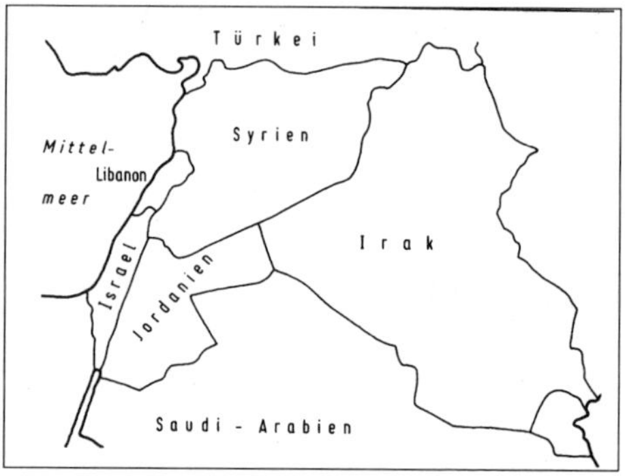

⑭ **Lösung a)**
Antananarivo ist auch als Tananarive bekannt. Die Hauptstadt der Madagassen hat 1,05 Mio. Einwohner.
Panama-Stadt ist mit 655 000 Einwohnern die Hauptstadt von Panama.
Die Hauptstadt von Französisch Guyana in Südamerika ist *Cayenne.*
Caracas ist die Hauptstadt von Venezuela.

⑮ **Lösung a)**
Die Straße von Gibraltar trennt Europa von Afrika. Die Meerenge hat eine Breite von 14,2 km am engsten Durchlaß bis zu einer Breite von 44 km zwischen dem Kap Trafalgar und dem Kap Spartel ganz im Westen der Meerenge. Die Straße von Gibraltar ist nach dem gleichnamigen strategisch wichtigen Felsen Gibraltar benannt. Die 6,5 km² große Insel ist dem spanischen Festland vorgelagert und seit 1704 in britischem Besitz.

⑯ **Lösung d)**
Die griechische Insel Korfu wird Kerkyra genannt. Sie ist mit 593 km², die nördlichste der Ionischen Inseln.

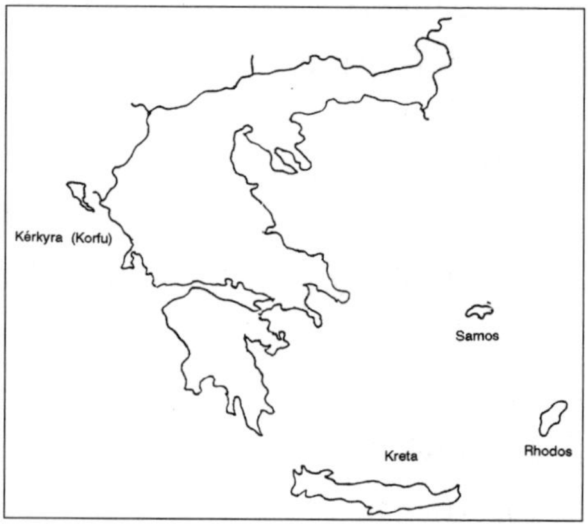

⑰ Wo befindet sich der Krüger-Nationalpark?

☐ **a)** Tansania

☐ **b)** USA

☐ **c)** Bundesrepublik Deutschland

☐ **d)** Südafrika

⑱ Welche Zuordnung von Land und Hauptstadt ist falsch?

☐ **a)** Kenia – Nairobi

☐ **b)** Costa Rica – San José

☐ **c)** Zaïre – Kinshasa

☐ **d)** Vietnam – Pjöngjang

⑲ Welche der nachfolgenden Städte gehört nicht zu den vier Königsstädten Marokkos?

☐ **a)** Rabbat

☐ **b)** Tanger

☐ **c)** Fès

☐ **d)** Tétouan

⑳ Wo liegt die bayerische Stadt Weiden?

☐ **a)** In der Oberpfalz

☐ **b)** In Franken

☐ **c)** In Unterfranken

☐ **d)** In Mittelfranken

㉑ Befindet sich der Balaton von Budapest

☐ **a)** südöstlich?

☐ **b)** nordwestlich?

☐ **c)** nordöstlich?

☐ **d)** südwestlich?

⑰ **Lösung d)**
Das 20700 km² große Naturschutzgebiet und Wildreservat des Krüger-Nationalparks in Südafrika wurde 1898 von Paulus Krüger gegründet.
In *Tansania* liegt der Serengeti-Nationalpark.

⑱ **Lösung d)**
Die Hauptstadt von Vietnam mit 2,7 Mio. Einwohnern ist Hanoi.
Pjöngjang ist mit 1,7 Mio. Einwohnern die Hauptstadt von Nordkorea (Demokratische Volksrepublik Korea).

⑲ **Lösung b)**
Die vier Königsstädte von Marokko sind: 1. Rabbat, die jetzige Landeshauptstadt und Königsstadt. 2. Fès, welches von Idris II (791–828) erbaut wurde. 3. Marakesch, das 1062 von den Almoraviden gegründet wurde. 4. Tétouan, von den Meriniden im 13. Jh. angelegt.
Tanger ist eine Hafenstadt im Norden Marokkos, sie liegt am westlichen Eingang zur Straße von Gibraltar.

⑳ **Lösung a)**
Die bayerische Stadt Weiden liegt in der Oberpfalz. Dies ist das Gebiet nordöstlich von Nürnberg. Die Grenze zur Tschechoslowakei bildet der Oberpfälzer Wald, der wiederum ein Teil des Böhmerwaldes ist.
Franken ist das Gebiet nordwestlich von Nürnberg, das durch die Gebiete *Unterfranken* (Raum Würzburg–Schweinfurt) im Nordwesten und *Mittelfranken* (Raum Ansbach–Heilbronn) im Süden begrenzt wird.

㉑ **Lösung d)**
Der 591 km² große Plattensee oder auch ungarisch Balaton genannt, liegt ca. 70 km südwestlich von Budapest.

㉒ Welches Gebäude zeigt dieses Photo?

☐ **a)** Kongreßhalle in Berlin ☐ **b)** Royal Albert Hall in London

☐ **c)** Parlamentsgebäude in Brasilia ☐ **d)** Oper in Sydney

㉓ Wie heißt die Hauptstadt von Rheinland-Pfalz?

☐ **a)** Mainz ☐ **b)** Frankfurt

☐ **c)** Wiesbaden ☐ **d)** Kaiserslautern

㉔ Welches Wasserschloß zeigt dieses Photo?

☐ **a)** Burg Eltz

☐ **b)** Chillon

☐ **c)** Pfalz bei Kaub

☐ **d)** Mespelbrunn

㉕ Sind die Karpaten ein Gebirgszug in

☐ **a)** Bulgarien? ☐ **b)** Jugoslawien?

☐ **c)** Rumänien? ☐ **d)** Iran?

㉒ **Lösung a)**
Auf dem Photo ist die Kongreßhalle in Berlin abgebildet. Das zur Interbau 1957 errichtete Gebäude, dessen Dachkonstruktion 1980 zum Teil einstürzte, wird von den Berlinern aufgrund seiner Form »Schwangere Auster« genannt.
Das *Opernhaus in Sydney* wurde 1956 von Jorn Utzon konzipiert. Die bis zu 60 Meter hoch aufragenden Betonschalen erinnern an die gesetzten Segel eines Schiffes. Dieser Eindruck wird besonders noch durch die Lage der Oper an der Hafeneinfahrt unterstützt.

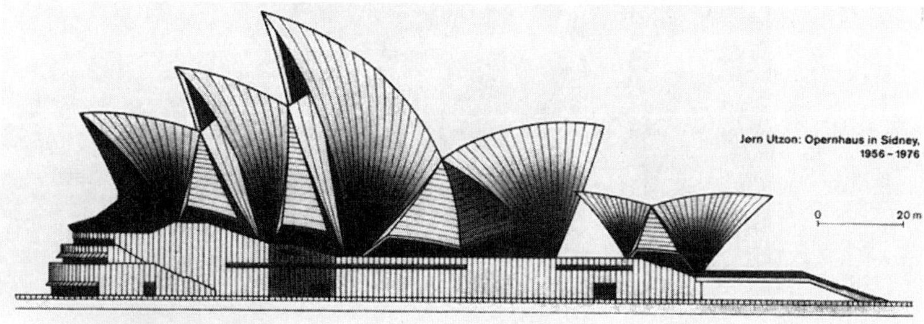

㉓ **Lösung a)**
Mainz mit einer Einwohnerzahl von 177 000 ist die Hauptstadt von Rheinland-Pfalz.
Wiesbaden mit 257 000 Einwohnern ist die Hauptstadt von Hessen.
Frankfurt mit 635 000 Einwohnern und *Kaiserslautern* im Saarland sind nicht Hauptstädte eines Bundeslandes.

㉔ **Lösung b)**
Es handelt sich um das bei Montreux am Genfer See gelegene Wasserschloß Chillon.
Die *Burg Eltz* ist kein Wasserschloß, sie liegt am Unterlauf der Elz, einem linken Nebenfluß zur Mosel.
Die *Pfalz bei Kaub* ist eine alte Zollburg im Rhein, das Wasserschloß *Mespelbrunn* liegt im Spessart.

㉕ **Lösung c)**
Die Karpaten sind ein Gebirgszug im südöstlichen Mitteleuropa in der hohen Tatra. An den Karpaten haben die Tschechoslowakei, Polen, GUS und Rumänien Anteil.

㉖ In welcher der nachfolgenden Ländergruppen befindet sich ein Land, in dem kein Linksverkehr herrscht?

☐ **a)** Malaysia, Pakistan, Singapur

☐ **b)** Großbritannien, Neuseeland, Japan

☐ **c)** Zypern, Island, Malta

☐ **d)** Irland, Hongkong, Algerien

㉗ Welche Beziehung ist falsch?

☐ **a)** Gomera – Spanien

☐ **b)** Terschelling – Niederlande

☐ **c)** Juist – Bundesrepublik

☐ **d)** Fehmarn – Dänemark

㉘ Durch wie viele Länder fließt der Rhein?

☐ **a)** 5 ☐ **b)** 4 ☐ **c)** 3 ☐ **d)** 2

㉙ In welchem Land liegt Agadir?

☐ **a)** Algerien ☐ **b)** Marokko

☐ **c)** Ägypten ☐ **d)** Tunesien

㉚ Wie heißt das in der Zeichnung schraffierte Land im Nahen Osten?

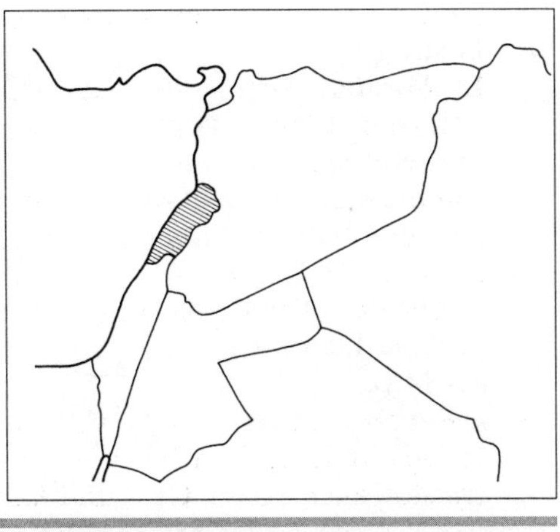

☐ **a)** Libanon

☐ **b)** Jordanien

☐ **c)** Israel

☐ **d)** Syrien

㉖ **Lösung d)**
In Algerien fahren die Autos, wie auch in der Bundesrepublik, rechts.

㉗ **Lösung d)**
Die Insel Fehmarn nordöstlich von Oldenburg gehört zur Bundesrepublik.
Gomera ist eine kanarische Insel, die zu Spanien gehört. *Terschelling* gehört zu den Westfriesischen Inseln und zu den Niederlanden. *Juist* ist eine Ostfriesische Insel und gehört zur Bundesrepublik.

㉘ **Lösung b)**
Der Rhein fließt durch vier Länder. Er entsteht durch den Zusammenfluß des Vorderrheins und des Hinterrheins. Der Vorderrhein entspringt nordöstlich des St. Gotthards, der Hinterrhein entspringt im Adula-Massiv. Der Rhein bildet vor dem Einfluß in den Bodensee die Grenze zu Liechtenstein und Österreich. Ein Rheinarm fließt dabei kurz vor dem Einfluß in den Bodensee durch Österreich. Ab Basel bildet der Rhein die deutsch-französische Grenze, bei Emmerich fließt der Rhein in die Niederlande und mündet in die Nordsee.

㉙ **Lösung b)**
Agadir ist eine Hafenstadt und ein Seebad an der Westküste Marokkos.

㉚ **Lösung a)**
Es handelt sich um den seit Jahren von Bürgerkrieg stark in Mitleidenschaft gezogenen Libanon. Man schätzt die Einwohnerzahl des 10000 km² großen Libanons auf 2,7 Mio.

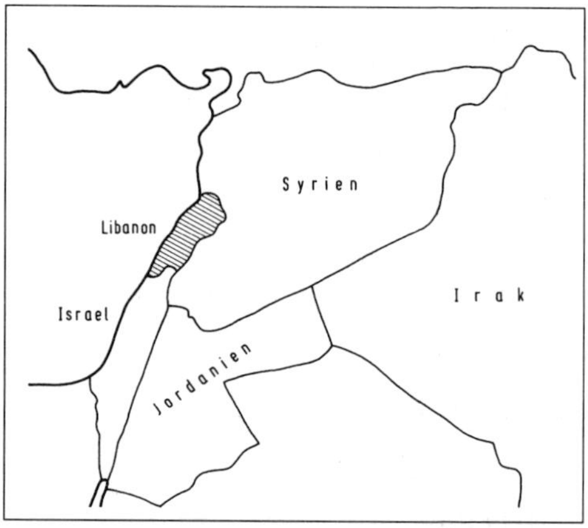

㉛ Mit welchem Namen wurde die brasilianische Stadt Recife früher bezeichnet?

☐ **a)** Pernambuco

☐ **b)** Belém

☐ **c)** Bahia

☐ **d)** Ceará

㉜ Um die Flagge welchen Landes handelt es sich?

☐ **a)** Pakistan

☐ **b)** Israel

☐ **c)** Libanon

☐ **d)** Saudi Arabien

㉝ Was versteht man unter den Dardanellen?

☐ **a)** Meeresenge zwischen Mittelmeer und dem Marmarameer

☐ **b)** Gebirgszug in Belgien

☐ **c)** Inselgruppe in der Karibik

☐ **d)** Hochebene in Anatolien

㉞ Wie heißt die Hauptstadt von Sachsen-Anhalt?

☐ **a)** Dresden

☐ **b)** Potsdam

☐ **c)** Magdeburg

☐ **d)** Halle

㉛ **Lösung a)**
Die nordbrasilianische Stadt Recife wurde früher als Pernambuco bezeichnet.
Die heutige Stadt Salvador hatte früher den Namen der gleichlautenden Provinz *Bahia, Belém* hatte den Namen Pará. Fortaleza hieß *Ceará.*

㉜ **Lösung d)**
Es handelt sich um die Flagge Saudi Arabiens, bestehend aus dem Schwert und dem islamischen Glaubensbekenntnis »Es ist kein Gott außer dem Gott, Mohammed ist sein Gesandter« auf grünem Hintergrund.
Die Flagge *Pakistans* besteht aus einem weißen Halbmond und Stern auf grünem Hintergrund.
Libanon hat als Staatsflagge eine grüne Zeder, die von zwei roten Streifen eingerahmt wird.
Die Flagge des Landes *Israel* besteht aus dem blauen Davidsstern, der von zwei blauen Streifen eingebunden wird.

Pakistan

Libanon

Israel

㉝ **Lösung a)**
Die Dardanellen sind die Meerengen zwischen dem Marmarameer und dem Ägäischen Meer in der Türkei.
In Belgien liegen die *Ardennen.*

㉞ **Lösung c)**
Die Hauptstadt des Bundeslandes Sachsen-Anhalt ist Magdeburg mit 288000 Einwohnern. *Halle* hat 230000 Einwohner und liegt ebenfalls in Sachsen-Anhalt. *Potsdam* (141000 Einwohner) ist die Landeshauptstadt von Brandenburg und *Dresden* (501000 Einwohner) die von Sachsen.

35 **Ordnen Sie den Zahlen auf der Karte die jeweiligen Städte zu:**

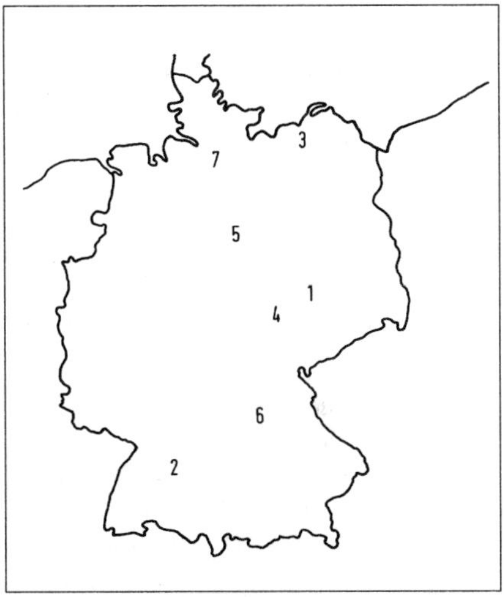

☐ a) *1* – Leipzig, *2* – Stuttgart, *3* – Rostock, *4* – Weimar, *5* – Braunschweig, *6* – Nürnberg, *7* – Hamburg

☐ b) *1* – Dresden, *2* – Stuttgart, *3* – Schwerin, *4* – Erfurt, *5* – Hannover, *6* – Nürnberg, *7* – Bremen

☐ c) *1* – Dresden, *2* – Stuttgart, *3* – Rostock, *4* – Erfurt, *5* – Braunschweig, *6* – Hof, *7* – Hamburg

☐ d) *1* – Leipzig, *2* – Stuttgart, *3* – Rostock, *4* – Weimar, *5* – Hannover, *6* – München, *7* – Oldenburg

36 **Wie heißt die größte der Kanarischen Inseln?**

☐ a) Gran Canaria ☐ b) Teneriffa

☐ c) Lanzarote ☐ d) Fuerteventura

37 **Von welchem Land ist Lima die Hauptstadt?**

☐ a) Peru ☐ b) Chile

☐ c) Equador ☐ d) Guatemala

38 **Wo liegt die Wartburg?**

☐ a) Bei Halle ☐ b) Bei Eisenach

☐ c) Bei Weimar ☐ d) Bei Wittenberg

39 **Durch welches der nachfolgend aufgeführten Länder führt der Äquator?**

☐ a) Namibia ☐ b) Sudan

☐ c) Borneo ☐ d) Venezuela

(35) **Lösung a)**
Bei der *1* handelt es sich um Leipzig, *2* ist Stuttgart, *3* Rostock, *4* Weimar, *5* Braunschweig, *6* Nürnberg, *7* Hamburg.

(36) **Lösung b)**
Die größte kanarische Insel ist mit 2052 km^2 Teneriffa, es folgt *Fuerteventura* mit 1731 km^2, *Gran Canaria* mit 1531 km^2 und *Lanzarote* mit 795 km^2.

(37) **Lösung a)**
Lima ist die Hauptstadt von Peru.
Die Hauptstadt von Chile ist *Santiago de Chile*, von Equador *Quito* und von Guatemala *Guatemala City*.

(38) **Lösung b)**
Die Wartburg liegt südwestlich von Eisenach. Sie diente in den Jahren 1521 bis 1522 Luther als Unterkunft. Hier übersetzte er das neue Testament.
Die Lutherstadt *Wittenberg* bei Halle war für den Reformator lange Zeit Zentrum seines Wirkens.

(39) **Lösung c)**
Durch die indonesische Insel Borneo verläuft der Äquator.
Durch *Namibia* verläuft der 25. südliche Breitengrad.
Der *Sudan* und *Venezuela* liegen nördlich des Äquators.

40 Aus welchem Land kommt das Fahrzeug mit diesem Kennzeichen?

☐ **a)** Schweden ☐ **b)** Österreich

☐ **c)** Luxemburg ☐ **d)** Italien

41 Wo liegt die Osterinsel?

☐ **a)** Nordsee ☐ **b)** Pazifischer Ozean

☐ **c)** Atlantik ☐ **d)** Karibik

42 Wie heißt der längste Fluß der Erde?

☐ **a)** Nil ☐ **b)** Jangtse-Kiang

☐ **c)** Mississippi ☐ **d)** Amazonas

43 Welche Staaten bezeichnet man als ABC-Staaten?

☐ **a)** Belgien, Niederlande, Luxemburg

☐ **b)** Argentinien, Brasilien, Chile

☐ **c)** Australien, Neuseeland, Fidji-Inseln

☐ **d)** USA, Panama, Kolumbien

44 Wer wird hier beschrieben?
»Der Entdecker unternahm zahlreiche Reisen nach Australien und Neuseeland. Er starb 1779 auf Hawaii.«

☐ **a)** Scott ☐ **b)** Amundsen

☐ **c)** Kolumbus ☐ **d)** Cook

(40) **Lösung a)**
Es handelt sich um ein schwedisches Nummernschild. Nachfolgend noch Nummernschilder aus *Österreich, Luxemburg* und *Italien.*

(41) **Lösung b)**
Die Osterinsel ist nach dem Tag ihrer Entdeckung an Ostern 1722 genannt. Es handelt sich um eine zu Chile gehörende 165 km² große Insel im Ostpazifik. Charakteristisch für die Insel sind die aus Tuffstein gehauenen großen Ahnenstatuen, die man auf der Insel zahlreich findet.

(42) **Lösung a)**
Der längste Fluß der Erde ist der Nil mit 6671 km.
Asicns längster Fluß ist mit ca. 6300 km Länge der *Jangtse-Kiang*. Der *Mississippi* hat eine Länge von 3779 km. Der *Amazonas* hat eine Länge von 6518 km.

(43) **Lösung b)**
Die südamerikanischen Länder Argentinien, Brasilien und Chile werden seit 1900 unter der Bezeichnung ABC-Staaten zusammengefaßt.
Die Bezeichnung *Benelux-Länder* wird häufig für die drei Staaten Belgien, Niederlande und Luxemburg verwendet.

(44) **Lösung d)**
James Cook, der englische Seefahrer und Entdecker, unternahm zahlreiche Reisen in die Südsee und erkannte als erster, daß Neuseeland eine Doppelinsel ist. Er wurde am 14. 2. 1779 auf Hawaii erschlagen.
Abel Janszoon Tasman, niederländischer Seefahrer, entdeckte 1643 die Südinsel Neuseelands. Der britische Polarforscher *Robert Falcon Scott* erreichte vier Wochen nach Amundsen den Südpol und starb Ende März 1912 auf dem Rückweg seiner Polar-Expedition.

45 **Ordnen Sie die nachfolgenden Hauptstädte den entsprechenden Ländern zu:**

1. Oslo	**I.** Norwegen
2. Kopenhagen	**II.** Schweden
3. Helsinki	**III.** Finnland
4. Stockholm	**IV.** Dänemark

☐ **a)** 1 I / 2 IV / 3 III / 4 II

☐ **b)** 2 IV / 3 II / 4 I / 1 III

☐ **c)** 3 III / 4 II / 1 IV / 2 I

☐ **d)** 4 II / 1 IV / 2 III / 3 I

46 **Um welches Land handelt es sich bei der Abbildung?**

☐ **a)** Falkland-Inseln

☐ **b)** Japan

☐ **c)** Neuseeland

☐ **d)** Bali

47 **Wie nennt man die Einwohner von Rio de Janeiro?**

☐ **a)** Paulistanos ☐ **b)** Carnevalistas

☐ **c)** Cariocas ☐ **d)** Janeiranos

48 **An welchem Fluß liegt Florenz?**

☐ **a)** Tiber ☐ **b)** Tajo

☐ **c)** Po ☐ **d)** Arno

49 **Wie heißt die Meerenge zwischen Sizilien und Kalabrien?**

☐ **a)** Straße von Gibraltar ☐ **b)** Straße von Messina

☐ **c)** Canale d'Otranto ☐ **d)** Straße von Catania

㊺ **Lösung a)**
Oslo ist die Hauptstadt von Norwegen.
Die Hauptstadt von Dänemark ist *Kopenhagen. Helsinki* gehört zu Finnland, und *Stockholm* ist die Hauptstadt von Schweden.

㊻ **Lösung b)**
Es ist Japan, bestehend aus den Hauptinseln Hokkaido, Hondo, Shikoku und Kyushu.
Neuseeland, bestehend aus der Nord- und Südinsel, hat folgende Inselform (*Abb.*):

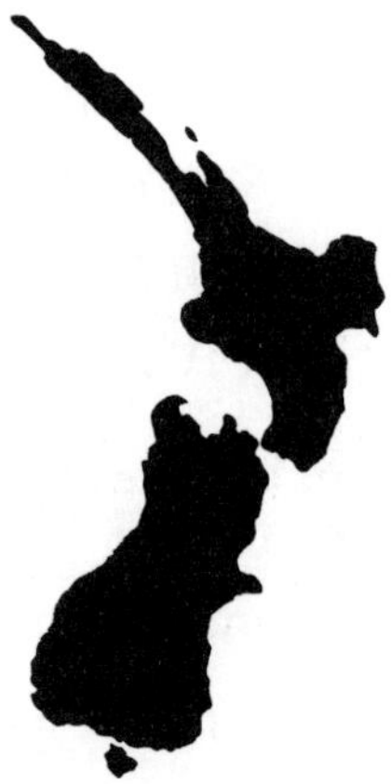

㊼ **Lösung c)**
Die Bürger von Rio de Janeiro werden als Cariocas bezeichnet oder als Carioco in der Einzahl.
Die auf 16 Mio. Menschen geschätzte Zahl der Einwohner im Ballungsraum von Sao Paulo heißen *Paulistanos.*

㊽ **Lösung d)**
Die in der Toskana liegende italienische Stadt Florenz befindet sich beiderseits des Arno.
Rom liegt am *Tiber,* Madrid am *Tajo,* und die *Poebene* des oberitalienischen Flusses erstreckt sich von Mailand Richtung Osten.

㊾ **Lösung b)**
Die Meerenge zwischen Sizilien und Kalabrien heißt Straße von Messina und ist nach der sizilianischen Stadt benannt.
Die *Straße von Gibraltar* ist der westliche Ausgang des Mittelmeers zum Atlantik. Der *Canale d'Otranto* ist der Übergang des Adriatischen Meeres zum Ionischen Meer.

50 Welche Zuordnung ist falsch?

☐ **a)** Bratislava – Ungarn ☐ **b)** Graz – Österreich

☐ **c)** Constanza – Rumänien ☐ **d)** Frankfurt – Bundesrepublik D.

51 Wo liegt die Kalahari?

☐ **a)** Im nördlichen Afrika ☐ **b)** In der Mongolei

☐ **c)** In Peru ☐ **d)** Im südlichen Afrika

52 Wie heißt das schwarz gekennzeichnete Bundesland?

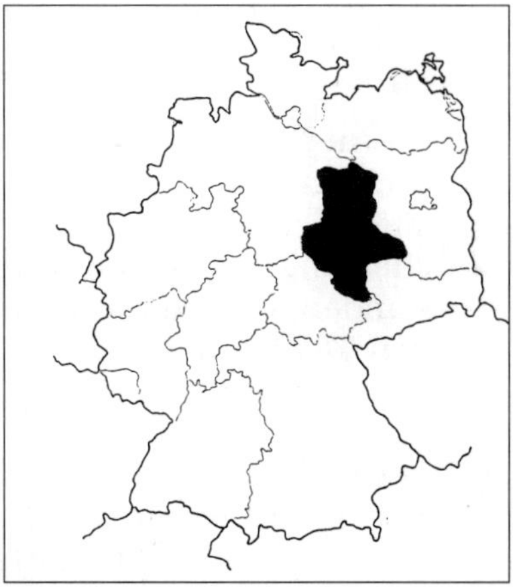

☐ **a)** Niedersachsen

☐ **b)** Thüringen

☐ **c)** Sachsen-Anhalt

☐ **d)** Sachsen

53 Wie heißt die Hauptstadt von Texas?

☐ **a)** Dallas ☐ **b)** Ft. Worth

☐ **c)** Austin ☐ **d)** Denver

54 In welcher Stadt ist der Ponte Vecchio?

☐ **a)** Venedig ☐ **b)** Pisa

☐ **c)** Florenz ☐ **d)** Ajaccio

55 Was sind die »Kykladen«?

☐ **a)** Inselgruppe im Ägäischen Meer

☐ **b)** Inselgruppe im Roten Meer

☐ **c)** Gebirgszug im Kaukasus

☐ **d)** Inselgruppe nordwestlich von Madagaskar

(50) **Lösung a)**
Bratislava ist eine tschechische Grenzstadt an der Grenze zu Österreich.

(51) **Lösung d)**
Die Kalahari ist eine wasserarme Beckenlandschaft mit Sanddünen und Dorngehölz im Westen Botswanas und Teilen Namibias.
Im nördlichen Afrika liegt mit 9 Mio. km^2 die größte Wüste der Welt, die *Sahara.*

(52) **Lösung c)**
Sachsen-Anhalt mit seiner Landeshauptstadt Magdeburg ist eines der neuen Bundesländer, die nach dem Anschluß der ehemaligen DDR am 3. 10. 1990 an die Bundesrepublik entstanden. Es wird im Nordwesten von *Niedersachsen,* im Süden von *Thüringen* und im Südosten von *Sachsen* begrenzt.

(53) **Lösung c)**
Die Hauptstadt des an der mexikanischen Grenze liegenden amerikanischen Bundesstaates Texas ist Austin.

(54) **Lösung c)**
Die aus dem Jahr 1345 stammende Brücke in Florenz überspannt den Arno. Sie enthält viele kleine Goldschmiede- und Juwelierläden.
Die bekannteste Brücke von Venedig ist die aus den Jahren 1588 bis 1592 stammende *Rialtobrücke* über den Canale Grande.

(55) **Lösung a)**
Die Kykladen sind eine 2572 km^2 große griechische Inselgruppe im Ägäischen Meer. Die Einwohnerzahl beläuft sich auf ca. 86000 Menschen.
Die Inselgruppe nordwestlich von Madagaskar heißt *Komoren.* Sie umfaßt die französische Insel Mayotte sowie drei Haupt- und Nebeninseln des Staates Komoren.

56 **Welche der nachfolgenden Städte ist nicht Hauptstadt eines Bundeslandes?**

☐ **a)** Rostock ☐ **b)** Wiesbaden

☐ **c)** Erfurt ☐ **d)** Potsdam

57 **In welche der nachfolgenden Aufzählungen hat sich ein Begriff eingeschlichen, der nicht dazugehört?**

☐ **a)** Madrid, Toronto, Washington, Oslo, Brasilia

☐ **b)** Vesuv, Stromboli, Ätna

☐ **c)** Florida, Ohio, Arizona, Illinois

☐ **d)** Italien, Portugal, Griechenland, Frankreich

58 **Wo befindet sich der Felsendom?**

☐ **a)** Mekka ☐ **b)** Jerusalem

☐ **c)** Damaskus ☐ **d)** Medina

59 **An welchem Fluß liegt die Stadt Zürich?**

☐ **a)** Am Rhein ☐ **b)** An der Donau

☐ **c)** An der Aare ☐ **d)** An der Limat

60 **Handelt es sich bei dem abgebildeten Schloß**

☐ **a)** um Schloß Neuschwanstein?

☐ **b)** um Cinterella Castle?

☐ **c)** um Schloß Linderhof?

☐ **d)** um Kloster Ettal?

56 **Lösung a)**
Rostock ist die größte Stadt im Bundesland Mecklenburg-Vorpommern, jedoch nicht Hauptstadt, dies ist Schwerin.
Wiesbaden ist die Hauptstadt von Hessen, *Erfurt* von Thüringen und *Potsdam* von Brandenburg.

57 **Lösung a)**
Bei den unter **a)** aufgeführten Hauptstädten hat sich die kanadische Stadt Toronto eingeschlichen. Die Hauptstadt von Kanada ist *Ottawa.*

Unter **b)** wurden aktive und zur Ruhe gekommene italienische Vulkane genannt.

Buchstabe **c)** bringt eine Aufzählung amerikanischer Bundesstaaten und **d)** Länder in Europa.

58 **Lösung b)**
Der im Jahre 691/692 crbaute Felsendom in Jerusalem ist ein achteckiger Kuppelbau und stellt das Zentrum des jüdischen Tempelbezirks dar. Gleichzeitig ist der Felsendom ein Hauptheiligtum des Islam.
Die Große Moschee mit dem Heiligtum der Ka'aba in *Mekka* ist der wichtigste Wallfahrtsort des Islam.

59 **Lösung d)**
Durch die schweizerische Stadt Zürich fließt die Limat. Zürich begrenzt das Nordufer des Zürichsees, den die Limat durchfließt.

60 **Lösung b)**
Cinterella Castle ist jeweils eine Papp- und Sperrholz-Nachbildung des Schlosses Neuschwanstein in den amerikanischen Amüsier- und Freizeitparks Disney World in Orlando (Florida) und Disney Land bei Los Angeles (Kalifornien).

61 Was ist der »Kyffhäuser«?

☐ **a)** Denkmal im Teutoburger Wald

☐ **b)** Denkmal für Kaiser Wilhelm in Hamburg

☐ **c)** Höchste Erhebung der Vogesen

☐ **d)** Waldreicher Bergrücken bei Halle

62 Woher stammt die Bezeichnung »Onkel Sam« für den Amerikaner?

☐ **a)** Vom zweiten Vornamen des amerikanischen Präsidenten Abraham Samuel Lincoln

☐ **b)** Abgeleitet aus USA

☐ **c)** Ableitung aus dem Namen des Organisators der Hilfslieferungen im Zweiten Weltkrieg Samuel Care

☐ **d)** Onkel Sam wurde abgeleitet von Sammy Davis junior

63 Wie heißt der Berggipfel, auf dem nach der Bibel die »Arche Noah« gelandet ist?

☐ **a)** Arafat ☐ **b)** Ararat

☐ **c)** Golgatha ☐ **d)** Golan

64 Wo lebten die Azteken?

☐ **a)** Peru ☐ **b)** Mexiko

☐ **c)** Brasilien ☐ **d)** Ägypten

65 Wie heißt das kanadische Gegenstück zum deutschen Altweibersommer?

☐ **a)** Old Ladies' Spring ☐ **b)** Alaska Summer

☐ **c)** Indian Summer ☐ **d)** Tropical Winter

61 **Lösung d)**
Auf dem Kyffhäuser, einem Bergrücken bei Halle, wurde das Kaiser-Wilhelm-Nationaldenkmal errichtet.
Das Denkmal im Teutoburger Wald erinnert an *Armin den Cheruskerfürsten.*
Die höchste Erhebung der Vogesen ist der *Grand Ballon* (Große Belchen) mit 1414 Metern.

62 **Lösung b)**
Uncle Sam wird abgeleitet von *United States of America,* wobei das **U** als *Uncle* verwendet wird.
Die Hilfslieferungen der Amerikaner während des zweiten Weltkrieges an die Bevölkerung in Europa, wurden als »Care-Pakete« bezeichnet.

63 **Lösung b)**
Die »Arche Noah« soll auf dem Berggipfel Ararat gelandet sein, der sich in der heutigen Türkei befindet.
Auf dem Berg *Golgatha* wurde Jesus Christus gekreuzigt. Die *Golan-Höhen* befinden sich im Norden des Staates Israel.

64 **Lösung b)**
Die Azteken wanderten zu Beginn des 11. Jahrhunderts n. Chr. von Norden kommend in das Hochtal von Mexiko ein. Die größte Ausdehnung des Herrschaftsbereiches fand unter Montezuma I. (1440–1469) statt.
Die *Inkas* sind die bedeutendste Hochkultur in den südamerikanischen Anden zwischen dem 14. und 16. Jh. n. Chr.
Die *ägyptischen* Hochkulturen stammen aus dem 3. Jahrtausend bis ins 1. Jahrtausend v. Chr.

65 **Lösung c)**
Der Indian Summer in Kanada zeichnet sich besonders durch eine Schönwetterperiode und eine überwältigende Laubfärbung in allen nur denkbaren Farbtönen aus. Der Zeitraum Mitte September bis Mitte Oktober ist damit eine ideale Reisezeit für dieses Gebiet.

66 Welches südamerikanische Land hat keine Pazifikküste?

☐ **a)** Paraguay

☐ **b)** Ecuador

☐ **c)** Peru

☐ **d)** Chile

67 In welcher deutschen Stadt befindet sich der Kurfürstendamm?

☐ **a)** Hamburg

☐ **b)** Frankfurt

☐ **c)** Rostock

☐ **d)** Berlin

68 Ist das Atomium das Wahrzeichen von

☐ **a)** Brüssel?

☐ **b)** Sillicon Valley?

☐ **c)** Montreal?

☐ **d)** Tokio?

69 Welche Staaten trennt der Rio de la Plata?

☐ **a)** Brasilien und Paraguay

☐ **b)** Mexiko und Guatemala

☐ **c)** USA und Mexiko

☐ **d)** Argentinien und Uruguay

70 In welchem Land liegt Salamanca?

☐ **a)** Italien

☐ **b)** Frankreich

☐ **c)** Marokko

☐ **d)** Spanien

⑯ **Lösung a)**
Das südamerikanische Land Paraguay hat weder eine atlantische noch pazifische Küste.
Ecuador, Peru und *Chile* sind Küstenländer am Pazifischen Ozean.

⑰ **Lösung d)**
Der Kurfürstendamm ist eine ca. 3,5 km lange Straße, die durch die Berliner Bezirke Wilmersdorf und Charlottenburg führt.

⑱ **Lösung a)**
Das Atomium in Brüssel ist die zweihundertmilliardenfache Vergrößerung eines Eisenmoleküls. Das zur Weltausstellung 1958 errichtete Bauwerk besteht aus neun Hohlkugeln von je 18 Metern Durchmesser.

⑲ **Lösung d)**
Der Rio de la Plata ist nach dem Zusammenfluß des Rio Uruguay und des Rio Parana der bis zu 200 km breite Mündungstrichter, der sich zum Atlantischen Ozean öffnet. Der Rio de la Plata, an dem die Hauptstädte Buenos Aires und Montevideo liegen, trennt Argentinien und Uruguay.

⑳ **Lösung d)**
Salamanca ist die Hauptstadt der gleichnamigen Provinz im südwestlichen Teil Spaniens am rechten Ufer des Flusses Tormes.

3 Technik – Wissenschaft

Fragen

❶ **Wie heißt die Raumfähre der GUS, die ähnlich dem Space-Shuttle seit 1988 eingesetzt wird?**

☐ **a)** Energija F-2

☐ **b)** Buran

☐ **c)** Mrija

☐ **d)** Mir

❷ **Die überproportionale Abnutzung dieses Reifens an der rechten und linken Schulter kann ihre Ursache haben in:**

☐ **a)** Luftdruck häufig zu hoch

☐ **b)** Luftdruck häufig zu niedrig

☐ **c)** Fehlerhafte Radaufhängung

☐ **d)** Fahrer fährt häufig mit überhöhter Geschwindigkeit in Kurven.

❸ **Ist Louis Braille der Erfinder**

☐ **a)** des Luftreifens?

☐ **b)** der elektrischen Lokomotive?

☐ **c)** des Spannbetons?

☐ **d)** der Blindenschrift?

Lösungen

① **Lösung b)**
Am 15. 11. 1988 startete erstmals die unbemannte, wiederverwendbare Raumfähre Buran. Ins All wird sie von der Trägerrakete *Energija F-2* geschossen.
Mrija ist der Name des sechsstrahligen Flugzeuges Antonow 225, das bis zu 250 Tonnen Nutzlast aufnehmen kann. Die sowjetische Raumstation trägt den Namen *Mir.*

② **Lösung b)**
Das Verschleißbild eines Reifens informiert, unabhängig von der Profiltiefe, über mögliche Mängel und Gefahrenquellen. Profilabnutzung an beiden Schultern kann auf ein häufiges Fahren mit zu geringem Luftdruck hinweisen.

Ursachen der Reifenabnutzung

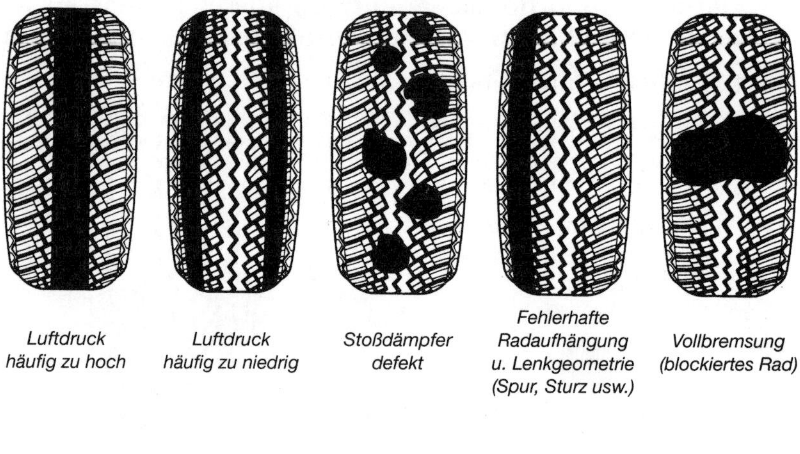

③ **Lösung d)**
Louis Braille (1809–1852) ist der Erfinder der international gebräuchlichen Blindenschrift. Die Schrift besteht aus Punkten, die in Papier eingedrückt werden. Der Blinde kann die Erhebungen mit den Fingern ertasten.
Werner von Siemens hat 1879 die elektrische Lokomotive und *Dunlop* 1890 den Luftreifen erfunden.

❹ **Was versteht man unter Kinetik?**

☐ **a)** Lehre von der Bewegung durch Kräfte

☐ **b)** Lehre von der Körpersprache

☐ **c)** Lehre von der Bewegung ohne Berücksichtigung der wirkenden Kräfte

☐ **d)** Verfahren von der Aufnahme und Wiedergabe von bewegten Bildern

❺ **Entschlüsseln Sie nachfolgende römische Zahl: MDCCCLXXI**

☐ **a)** 1870 ☐ **b)** 1729

☐ **c)** 1779 ☐ **d)** 1871

❻ **Welches der nachfolgenden Teile ist nicht Grundbestandteil eines Mikrocomputers?**

☐ **a)** CPU ☐ **b)** Programmspeicher

☐ **c)** Datenspeicher ☐ **d)** Diskette

❼ **Gegenübergestellt finden Sie alte, mittlerweile nicht mehr zu verwendende und neue Maßeinheiten. Welche beiden Maßeinheiten gelten nach wie vor?**

☐ **a)** 1 mbar = 1 hpa ☐ **b)** 9,8 kp = 1N

☐ **c)** 0,735 PS = 1 KW ☐ **d)** 1,8° F = 1° C

❽ **Was versteht man unter Primzahlen?**

☐ **a)** Zahlen, die nur durch sich selbst und durch eins teilbar sind.

☐ **b)** Zahlen, die angeben, wie oft eine Zahl mit sich selbst multipliziert wird.

☐ **c)** Zahlen, die durch zwei teilbar sind.

☐ **d)** Ergebnisse aus der Multiplikation der Basis × mit dem Exponenten y.

④ **Lösung a)**
Die Kinetik ist ein Teilgebiet der Dynamik und befaßt sich mit den Bewegungen eines Körpers und den diese Bewegungen verursachenden Kräften. Die kinetische Energie berechnet sich mit der Formel
$E = m \cdot v^2$ (E = kinetische Energie; m = Masse; v = Geschwindigkeit).
Im Gegensatz zur Kinetik betrachtet die *Kinematik* allein die Bewegung des Körpers. Die *Kinestik* ist die Lehre der Körpersprache.
Das Verfahren zur Aufnahme und Wiedergabe von bewegten Bildern nennt man *Kinematographie.*

⑤ **Lösung d)**
Die römische Zahl MDCCCLXXI bedeutet:
M = 1000, D = 500, C = 100, L = 50, X = 10, I = 1, zusammen: 1871.

⑥ **Lösung d)**
Die Grundbestandteile des Mikrocomputers sind die Zentraleinheit CPU, der Programmspeicher und Datenspeicher sowie die Ein- und Ausgabegeräte und die Stromversorgung.
Die *Diskette* ist kein Grundbestandteil des Mikrocomputers, sie ist eine Möglichkeit, Daten extern zu speichern.

⑦ **Lösung d)**
Die Temperaturangaben in Grad Fahrenheit und Grad Celsius sind nebeneinander existierende Maßeinheiten. So wird beispielsweise in den USA die Temperatur nach wie vor in Grad Fahrenheit angegeben. 0° Celsius entsprechen 32° Fahrenheit, jede Erhöhung um ein Grad Celsius bedeutet eine Erhöhung um 1,8° Fahrenheit.

⑧ **Lösung a)**
Primzahlen sind nur durch eins und sich selbst teilbar. z. B. 2, 3, 5, 7, 11 usw.
Exponenten sind Zahlen, die angeben, wie oft eine Zahl x (Basis) mit sich selbst multipliziert werden soll. Das Ergebnis aus dieser Multiplikation ist der Potenzwert.
2^5 (gesprochen zwei hoch fünf, dabei ist 2 = Basis und 5 = Exponent) bedeutet die fünfte Potenz von 2, also: $2 \times 2 \times 2 \times 2 \times 2 = 32$.

❾ Was verbirgt sich hinter der Abkürzung *CERN?*

☐ **a)** Es handelt sich um die europäische Atomgemeinschaft.

☐ **b)** Es handelt sich bei CERN um die europäische Organisation für Kernforschung.

☐ **c)** Es handelt sich um die europäische Freihandelszone.

☐ **d)** CERN ist der Verband der südostasiatischen Nationen.

❿ Was ist in der Geometrie eine Sehne?

☐ **a)** Gerade, die eine Fläche oder Kurve in mindestens zwei Punkten schneidet.

☐ **b)** Verbindungsstrecke zweier Punkte einer Kurve oder Fläche.

☐ **c)** Gerade, die einen Kreis genau in einem Punkt berührt.

☐ **d)** Verbindungsstrecke eines Kreispunktes mit dem Kreismittelpunkt.

⓫ Wieviel km^2 sind 10 ha?

☐ **a)** 10 km^2

☐ **b)** 100 km^2

☐ **c)** 0,1 km^2

☐ **d)** 1 km^2

⓬ Wem gelang zum ersten Mal ein Flug in einem motorgetriebenen Flugzeug?

☐ **a)** Otto Lilienthal

☐ **b)** Orville und Wilbur Wright

☐ **c)** Graf Zeppelin

☐ **d)** Charles Lindbergh

⑨ **Lösung b)**

CERN ist die Abkürzung für »Conseil Européen pour la Recherche Nucléaire«; es ist die europäische Organisation für Kernforschung mit dem Ziel einer kernphysikalischen Grundlagenforschung.

Die europäische Atomgemeinschaft heißt *Euratom.*

⑩ **Lösung b)**

Die Verbindungsstrecke zweier Punkte (D u. E) einer Kurve oder Fläche nennt man Sehne.

Eine Gerade, also eine Linie mit unendlich vielen Punkten, die eine Kurve oder Fläche in mindestens zwei Punkten schneidet, heißt *Sekante* (B u. C). Eine Gerade, die einen Kreis in genau einem Punkt berührt, nennt man *Tangente* (T). Der *Radius* (r), auch Halbmesser genannt, ist die Verbindungsstrecke eines beliebigen Kreispunktes mit dem Kreismittelpunkt.

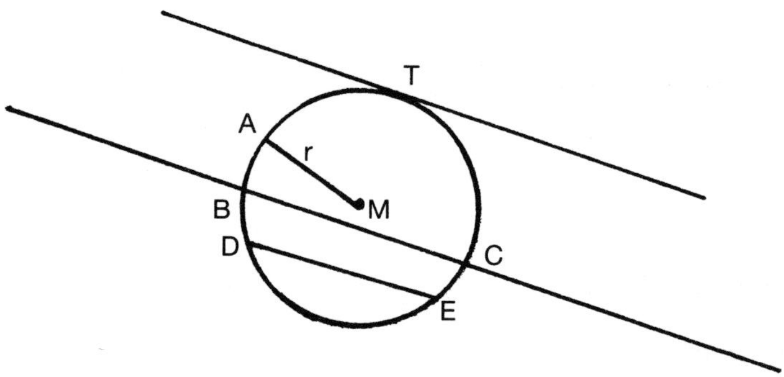

⑪ **Lösung c)**

100 m²			= 1 ar
100 m²×100	= 10000 m²		= 1 ar×100 = 1 ha
10000 m²×10	= 100000 m²	= 0,1 km²	= 10 ha

⑫ **Lösung b)**

Den Brüdern Orville und Wilbur Wright gelang 1903 zum ersten Mal ein motorgetriebener Flug.

⓭ Wer gilt als der Erfinder der Glühlampe?

☐ **a)** Alessandro Graf Volta ☐ **b)** James Watt

☐ **c)** Thomas Edison ☐ **d)** Georg Simon Ohm

⓮ Wie heißt die Einheit, in der elektrische Spannung gemessen wird?

☐ **a)** Volt ☐ **b)** Ohm

☐ **c)** Ampère ☐ **d)** Watt

⓯ Mit welcher Geschwindigkeit breitet sich Schall im luftleeren Raum aus?

☐ **a)** 360 m/sec. ☐ **b)** 300 000 m/sec.

☐ **c)** gar nicht ☐ **d)** 10 m/sec.

⓰ Was ist Redundanz?

☐ **a)** Anteile einer Nachricht, die keine Information beinhalten.

☐ **b)** Mitschwingung von Elementen

☐ **c)** Widerstandskraft

☐ **d)** Wirkwiderstand in Wechselstromkreisen

⓱ Mit welcher Formel berechnet sich das Volumen dieser Pyramide?

☐ **a)** $\frac{a^2 \times h}{3}$

☐ **b)** $(a^2 \times h)^3$

☐ **c)** $\frac{a^2 \times h}{2}$

☐ **d)** $a^2 \times h$

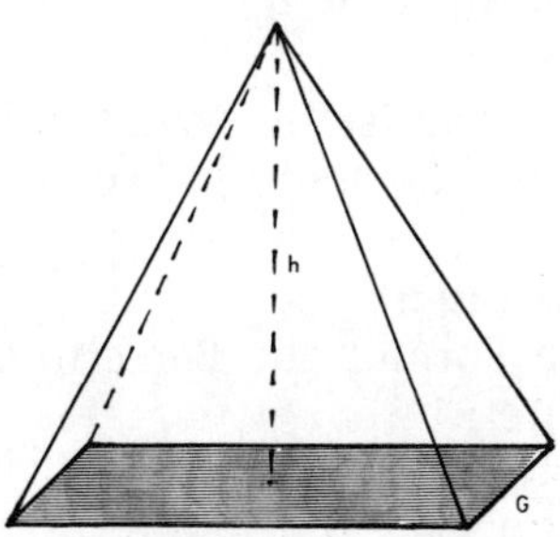

⑬ **Lösung c)**
Als Erfinder der Glühlampe (Kohlenfadenlampe) gilt 1879 der Amerikaner Thomas Alva Edison (1847–1931). Er hatte über 1000 Patente auf Erfindungen angemeldet.
Der eigentliche Erfinder der Glühlampe ist der Mechaniker *Heinrich Goebel,* der 1854 erste Versuche machte.

⑭ **Lösung a)**
Die elektrische Spannung *U* wird in Volt gemessen. Die elektrische Spannung ist nach dem italienischen Physiker Alessandro Volta (1745–1827) benannt.
Ohm, die Einheit für den elektrischen Widerstand, ist nach dem deutschen Physiker Georg Simon Ohm (1789–1854) benannt.
Watt ist die Einheit für die Leistung, benannt nach dem Engländer James Watt (1736–1819).

⑮ **Lösung c)**
Im luftleeren Raum kann sich der Schall nicht ausbreiten, da die Luftmoleküle, über die er sich sonst fortpflanzt, fehlen. Außerhalb eines Vakuums breitet sich der Schall mit einer Geschwindigkeit von 330 m/sec. aus.

⑯ **Lösung a)**
Unter Redundanz versteht man überflüssige Teile einer Nachricht. Bei der Übertragung von Daten werden oftmals Informationen durch überflüssige Teile ergänzt, mit deren Hilfe Fehler erkannt werden können. Diese Funktion nimmt z. B. in der elektronischen Datenverarbeitung ein sogenanntes Prüfbit wahr.
Das Mitschwingen von Elementen bezeichnet man als *Resonanz.*
Resistenz ist die Widerstandsfähigkeit, und *Resistanz* ist der Wirkwiderstand in Wechselstromkreisen.

⑰ **Lösung a)**
Die Formel zur Berechnung des Volumens einer Pyramide lautet:

$$\frac{a^2 \times h}{3}$$

⓲ Ein 75 PS starkes Auto hat nach der heute gültigen Maßeinheit eine Leistung von

☐ **a)** 55,16 kW ☐ **b)** 22,06 kW

☐ **c)** 73,55 kW ☐ **d)** 14,71 kW

⓳ Um was für ein Fahrzeug handelt es sich?

☐ **a)** VW Polo ☐ **b)** Wartburg

☐ **c)** Isetta ☐ **d)** Trabant

⓴ Was versteht man unter VHF bei Radio und Fernsehen?

☐ **a)** Dezimeterwellen ☐ **b)** Mittelwellen

☐ **c)** Zentimeterwellen ☐ **d)** Ultrakurzwellen

㉑ Welcher Motor hat einen Vergaser?

☐ **a)** Dieselmotor ☐ **b)** Ottomotor

☐ **c)** Elektromotor ☐ **d)** Ottomotor mit elektronischer Benzineinspritzung

㉒ Wann sind Dreiecke kongruent?

☐ **a)** Wenn sie deckungsgleich sind.

☐ **b)** Wenn sie den gleichen Flächeninhalt haben.

☐ **c)** Wenn ihre Hypothenuse die gleiche Länge hat.

☐ **d)** Wenn die Dreiecke die gleiche Winkelsumme haben.

⑱ **Lösung a)**
Um PS/h in kW/h umzurechnen, multipliziert man mit dem Faktor 0,735 (75 PS×0,735 = 55,16 kW/h)
Entsprechend sind 100 PS = 73,55 kW; 30 PS = 22,06 kW; 20 PS = 14,71 kW.

⑲ **Lösung d)**
Bei dem abgebildeten Fahrzeug handelt es sich um das Auto des Jahres 1989, einen Trabant mit Kunststoffkarosserie.

⑳ **Lösung d)**
Unter *VHF* versteht man *very high frequency.* Die Ultrakurzwellen arbeiten im Frequenzband von 30 bis 300 MHz und einer Wellenlänge von 1 bis 10 Metern.
Dezimeterwellen (UHF) arbeiten mit einer Wellenlänge von 1 bis 10 dm.

㉑ **Lösung b)**
Der Vergaser hat die Aufgabe, bei einem Ottomotor das Luft-Kraftstoff-Gemisch für die Verbrennung herzustellen. Diese Gemischaufbereitungsfunktion übernimmt bei einem *Ottomotor mit Benzineinspritzung* die Einspritzanlage.
Beim *Dieselmotor* wird der Kraftstoff mit einer Einspritzdüse in den Brennraum eingespritzt.

㉒ **Lösung a)**
Kongruent bedeutet, daß zwei Körper deckungsgleich sind.
Bei Dreiecken ist dies der Fall, wenn sie
- in allen drei Seiten übereinstimmen oder
- in zwei Seiten und dem von diesen Seiten eingeschlossenen Winkel übereinstimmen oder
- in zwei Seiten und dem Gegenwinkel der längeren Seite übereinstimmen oder
- in einer Seite und den beiden anliegenden Winkeln übereinstimmen.

Die Tatsache, daß Dreiecke in ihrer *Winkelsumme übereinstimmen,* ist immer erfüllt, da alle Dreiecke als Winkelsumme 180 Grad haben.

㉓ Wenn Rad 1 nach rechts gedreht wird, dann dreht sich

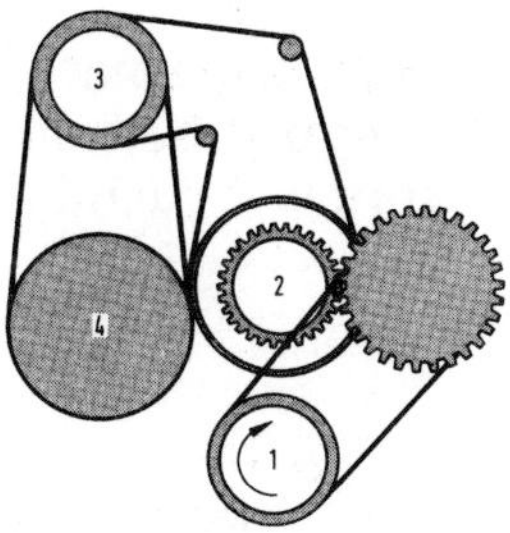

☐ **a)** Rad 2 nach rechts.

☐ **b)** Rad 3 nach rechts.

☐ **c)** Rad 4 nach links.

☐ **d)** Rad 4 nach rechts.

㉔ Welcher Gruppe der Anwenderprogramme ist LOTUS 1–2–3 zuzuordnen?

☐ **a)** Textverarbeitungsprogramme

☐ **b)** Tabellenkalkulationsprogramme

☐ **c)** Datenbankprogramme

☐ **d)** Graphikprogramme

㉕ Was versteht man unter Motronic?

☐ **a)** Elektronisch gesteuerte Benzineinspritzung

☐ **b)** Digitales System zur Steuerung von Benzineinspritzung und Zündung

☐ **c)** Anti-Blockiersystem für PKW

☐ **d)** Antrieb eines Kraftfahrzeugs mit Hilfe eines Elektromotors

㉖ Was versteht man unter CPU?

☐ **a)** Central processing unit

☐ **b)** Compatible product utility

☐ **c)** Computer unit

☐ **d)** Computer processor unit

㉗ Welches Format haben die Disketten der neuen IBM-Personalcomputer-Generation?

☐ **a)** 5 1/4 Zoll ☐ **b)** 3 1/2 Zoll

☐ **c)** 3 1/4 Zoll ☐ **d)** 2 1/2 Zoll

㉓ **Lösung c)**
Wenn Rad 1 nach rechts gedreht wird, dann dreht sich das rechts oberhalb von Rad 1 angebrachte Zahnrad nach rechts, Zahnrad 2 nach links, Rad 3 nach links und auch Rad 4 nach links.

㉔ **Lösung b)**
Das Computerprogramm LOTUS 1–2–3 gehört, wie beispielsweise auch die Programme Multiplan und Excel, zu den Tabellenkalkulationsprogrammen, mit deren Hilfe Rechenvorgänge auch bei größerem Datenbestand rationell durchgeführt werden können.
Bekannte Textverarbeitungsprogramme sind WORD, WORDSTAR, WORD PERFECT und TEXT.
Das bekannteste Datenbankprogramm im PC-Bereich ist dbase.

㉕ **Lösung b)**
Die Motronic ist ein Motor-Management-System, das mit einem Steuergerät die Funktion Zündung und Einspritzung umfaßt. Es kann durch weitere Systeme wie Getriebesteuerung und Antischlupfregelung ergänzt werden.
Als *Jetronic* bezeichnet man eine elektronisch gesteuerte Benzineinspritzung.
Das *Antiblockiersystem* (ABS) verhindert das Blockieren der Reifen, durch eine elektronisch gesteuerte »Stotterbremse«, was sich besonders auf nassen und glatten Fahrbahnen positiv auswirkt, da das Fahrzeug noch lenkfähig bleibt.

㉖ **Lösung a)**
Die CPU (central processing unit) ist die Zentraleinheit und damit das Herzstück eines Computers. Sie übernimmt die zentrale Ablaufsteuerung und Koordination des gesamten Systems. Der Zentraleinheit angeschlossen ist das Rechenwerk, der Speicher sowie die Peripheriegeräte (Ein- und Ausgabegeräte).

㉗ **Lösung b)**
Das Format der Disketten für die neue IBM-Generation beträgt 3 1/2 Zoll. Das alte Format beträgt 5 1/4 Zoll.

28 **Ein Rad mit einem Durchmesser von 1 Meter wird 100mal gedreht. Welche Strecke hat das Rad zurückgelegt?**

☐ **a)** 628 m ☐ **b)** 314 m

☐ **c)** 157 m ☐ **d)** 78,5 m

29 **Was heißt MS DOS?**

☐ **a)** Master-Darstellung-Organisation-Sprache

☐ **b)** Microsoft-Disk-Organisations-System

☐ **c)** Master-Datenorganisationssystem

☐ **d)** Maschinen-Sprache – Digitalisiertes Organisations-Schema

30 **Sie sehen hier einen Schnittmusterbogen für einen dreidimensionalen Körper abgebildet. Welchem Buchstaben entspricht das Feld mit der Zahl 1?**

☐ **a)** Feld F

☐ **b)** Feld E

☐ **c)** Feld D

☐ **d)** Feld G

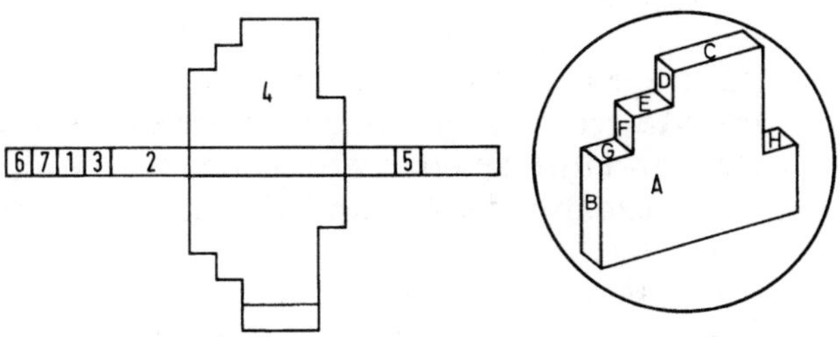

31 **Ein LKW braucht für eine Fahrt 8 Stunden. Die Fahrtzeit für den Rückweg verlängert sich aufgrund schlechten Wetters um 2 Stunden. Um wieviel Prozent wurde die Fahrzeit für die Hinfahrt überzogen?**

☐ **a)** 4% ☐ **b)** 25%

☐ **c)** 10% ☐ **d)** 15%

32 **Wieviel wiegt eine leere Boeing 737, die bis zu 130 Passagiere befördern kann?**

☐ **a)** 378 t ☐ **b)** 30 t

☐ **c)** 52 t ☐ **d)** 170 t

(28) **Lösung b)**
Der Radumfang errechnet sich nach der Formel:
U = 2×r (Radius)×π (pi) = 2×0,5×3,14 = 3,14 (= Radumfang) ×100 (Strecke) = 314 Meter

(29) **Lösung b)**
MS DOS ist ein weit verbreitetes Betriebssystem für Personalcomputer. Das von der Firma Microsoft entwickelte Programm heißt Disk-Organisations-System.

(30) **Lösung a)**
Feld 4 entspricht dem Feld A. Feld B und 2 sind identisch. Feld 3 entspricht G, und Feld 1 ist dem Feld F entsprechend.

(31) **Lösung b)**
Die Fahrtzeit für die Hinfahrt betrug 8 Stunden = 100%.
Die Rückfahrt dauerte 2 Stunden länger. Wenn also 8 Stunden = 100%, dann sind 2 Stunden: 8 : 2 = 4; 100% : 4 = 25%.

(32) **Lösung b)**
Eine Boeing 737 hat ein Leergewicht von ca. 30 t. Mit Passagieren, Fracht und Treibstoff ergibt sich ein maximales Abfluggewicht von 52 t.
Die *Boeing 747 »Jumbo Jet«* hat ein Leergewicht von 168 t und bringt es beladen auf 378 t.

33 Wie bezeichnet man einen Kurzspeicher in der Elektronik?

☐ **a)** RAM ☐ **b)** ROM

☐ **c)** EPROM ☐ **d)** E^2PROM

34 Von wem wurde der erste funktionsfähige Viertakt-Motor gebaut?

☐ **a)** Henry Ford ☐ **b)** Gottfried Daimler

☐ **c)** Carl Benz ☐ **d)** Nikolaus Otto

35 Wie viele kleine Würfel passen in den großen Würfel?

☐ **a)** 4 ☐ **b)** 16

☐ **c)** 64 ☐ **d)** 128

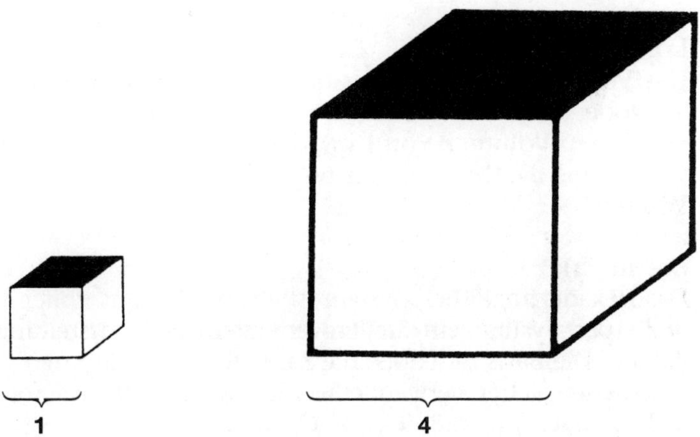

36 Entschlüsseln Sie nachfolgende Zahl des Hexadezimal-Systems: 1 A F

☐ **a)** 431 ☐ **b)** 432 ☐ **c)** 125 ☐ **d)** 117

(33) **Lösung a)**
Ein RAM ist ein Kurzzeitspeicher, dessen Informationsinhalt beim Abschalten der Versorgungsspannung verloren geht. Die Bezeichnung RAM stammt aus dem Englischen und steht für Random Access Memory, was Speicher mit wahlfreiem Zugang bedeutet.
ROM steht für *Read Only Memory.* Es ist ein Langzeitspeicher, dessen Informationsinhalt beim Abschalten nicht verloren geht.
EPROMs und *E^2PROMs* sind Langzeitspeicher, die wiederholt programmiert werden können.

(34) **Lösung d)**
Nikolaus Otto entwickelte 1876 den ersten praktisch verwendbaren Viertakt-Verbrennungsmotor, den nach ihm benannten Ottomotor.
Der Ottosche Gasmotor wurde von *Daimler* und *Maybach* 1883 zum schnellaufenden Benzinmotor weiterentwickelt, und ab 1885 zur Fahrzeugmotorisierung verwendet. *Henry Ford* nutzte als erster die Fließbandfertigung zur Montage von Kraftfahrzeugen.

(35) **Lösung c)**
Das Volumen eines Würfels berechnet sich nach der Formel a^3, wobei a die Seitenfläche darstellt. Demnach hat der kleine Würfel ein Volumen von 1 m^3, der große Würfel ein Volumen von 64 m^3. Deshalb passen 64 kleine Würfel in den großen Würfel.

(36) **Lösung a)**
Das Hexadezimal(16er)-System ist wie das bei uns übliche Dezimal-(10er)-System ein Stellenwertsystem zur Darstellung von Zahlen. Die Basis ist jedoch die Zahl 16, d.h., es können 16 verschiedene Zeichen verwendet werden. Diese sehen wie folgt aus: 0, 1, 2, 3, 4, 5, 6, 7, 8, 9, A, B, C, D, E, F.
Bezogen auf das Zehnersystem beinhaltet die Einer-Stelle die Zahlen 0–15, die Sechzehner-Stelle die Zahlen 16–255 und die Zweihundertsechsundfünfziger-Stelle die Zahlen 256 bis 4095.
1AF steht deshalb für $15 \times 1 = 15$
$+ 10 \times 16 = 160$
$+ 1 + 256 = 256$
431 im Dezimalsystem.

37 Welches Land hat wann den ersten Satellit gestartet?

☐ a) USA – 1954 ☐ b) UdSSR – 1957

☐ c) USA – 1958 ☐ d) UdSSR – 1958

38 Nach welcher Formel berechnet sich die Arbeit?

☐ a) $W = F \times s$ ☐ b) $W = m \times a \times s^2$

☐ c) $W = F \times v$ ☐ d) $W = m \times a$

39 Das Photo zeigt die 1987 eingeweihte Schwebebahn von Verbier (Schweiz) zum Mont Fort. Mit einer Kapazität von 150 Personen zuzüglich Skiausrüstung gehört die Jumbobahn zu den größten der Welt. Wann und von wem wurde die Seilschwebebahn erfunden?

☐ a) 1861 von Dücker ☐ b) 1674 Leibnitz

☐ c) 1783 Montgolfier ☐ d) 1915 Junkers

40 Was ist ein Transistor?

☐ a) Halbleiterbauelement, mit dem Leistungsverstärkung erzielt werden kann.

☐ b) Gerät, das digitale Daten so aufbereitet, daß sie über Telefonleitungen übertragen werden können.

☐ c) Ungesteuertes elektrisches Ventil

☐ d) Speicher für elektrische Ladungen

㊲ **Lösung b)**
Am 4. Oktober 1957 startete die ehemalige UdSSR ihren ersten Satelliten, Sputnik I., in den Weltraum.
Am 1. 2. 1958 zogen die *USA* mit dem Satelliten Explorer-I nach.

㊳ **Lösung a)**
Die Arbeit wird in der Physik mit *W* abgekürzt und folgendermaßen berechnet: W = F×s (F = Kraft, s = Weglänge).
Die *Kraft* F ist das Produkt aus Masse (m) und Beschleunigung (a).
Die *Leistung* (P) ist Arbeit pro Zeiteinheit, also W : t oder anders ausgedrückt: F (Kraft) × v (Geschwindigkeit).

㊴ **Lösung a)**
Der Erfinder der Seilschwebebahn war im Jahr 1861 von Dücker.
Die Multipliziermaschine ist eine Erfindung von *Leibnitz* aus dem Jahr 1674. Im Jahr 1783 flog der erste Heißluftballon der Gebrüder *Montgolfier. Junkers* ist der Erfinder und Konstrukteur des ersten Ganzmetallflugzeuges im Jahr 1915.

㊵ **Lösung a)**
Transistoren sind Halbleiterbauelemente, mit denen eine Leistungsverstärkung erzielt werden kann. Sie haben drei oder mehr Anschlüsse und wirken als Verstärker elektrischer Signale oder als Schalter.
Ein Gerät zur Aufbereitung von Signalen für die Übermittlung über Telefonleitungen ist ein *Modem.* Eine *Diode* ist ein ungesteuertes elektrisches Ventil, das als Bauelement in der Elektrotechnik Verwendung findet. Der elektrische *Kondensator* ist ein Speicher für elektrische Ladungen. In einen Gleichstromkreis geschaltet, sperrt der Kondensator, nachdem er einmal aufgeladen ist, den Stromfluß. Für Wechselstrom ist er dagegen durchlässig.

41 Wie heißt die in den siebziger Jahren propagierte »Neue Mathematik«?

☐ **a)** Mengenlehre ☐ **b)** Antiautoritäre Erziehung

☐ **c)** Informatik ☐ **d)** Reihenlehre

42 Wieviel Joule hat ein Kilojoule?

☐ **a)** 1000 ☐ **b)** 10000 ☐ **c)** 10 ☐ **d)** 100

43 Was versteht man unter Algorithmus?

☐ **a)** Platzhalter in einer Programmeinheit

☐ **b)** Umkehrfunktion der Exponentialfunktion

☐ **c)** Wiederholung eines Programmabschnittes in der Datenverarbeitung

☐ **d)** Verarbeitungsvorschrift, die so präzise formuliert ist, daß sie von einem mechanisch oder elektronisch arbeitenden Gerät durchgeführt werden kann

44 Mit einem Manometer mißt man

☐ **a)** die Luftfeuchtigkeit? ☐ **b)** den Atmosphärenluftdruck?

☐ **c)** die Temperatur? ☐ **d)** den Überdruck?

45 Welche der nachfolgenden Abbildungen* zeigt einen Boxermotor?

☐ **a)**
☐ **b)**
☐ **c)**
☐ **d)**

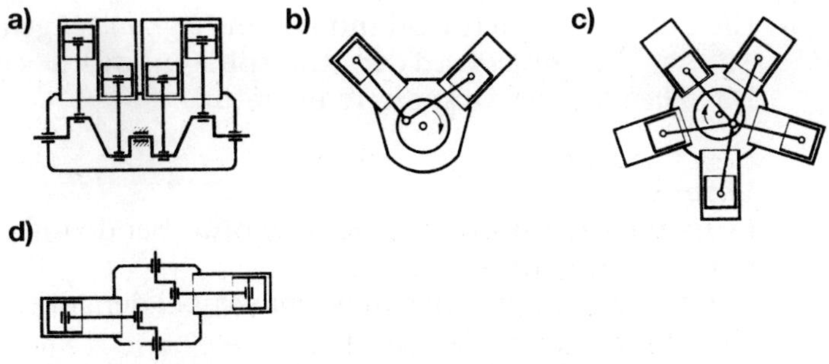

*) mit freundlicher Genehmigung entnommen aus Kraftfahrttechnisches Handbuch, S. 304, VDI-Verlag GmbH, Düsseldorf

41 **Lösung a)**
Die Mengenlehre wurde in den siebziger Jahren als revolutionäre neue Methode angepriesen, mit der die Grundlagen der Mathematik anhand von optisch dargestellten Mengen und Teilmengen vermittelt werden sollten.
Informatik ist die Lehre von der elektronischen Datenverarbeitung und ihrer mathematischen Grundlagen.
Die *Reihenlehre* befaßt sich mit Zahlenfolgen und ihren mathematischen Zusammenhängen, z.B.: 1–4–7–11.

42 **Lösung a)**
Ein Kilojoule hat 1000 Joule.
Das Wort »Kilo« bedeutet 1000. Ein Kilogramm = 1000 g; 1 kW = 1000 Watt.

43 **Lösung d)**
Ein Algorithmus ist eine mathematische Verarbeitungsvorschrift, die so exakt die notwendigen Verarbeitungsschritte definiert, daß sie als Grundlage für die Operationen in einem DV-System eingesetzt werden können.
Platzhalter werden auch als *Variable* bezeichnet. Die Umkehrfunktion der Exponentialfunktion ist der *Logarithmus*.

44 **Lösung d)**
Ein Manometer ist ein Druckmeßinstrument für Gase und Flüssigkeiten. Manometer werden beispielsweise verwendet, um den Reifenüberdruck zu messen.
Die Luftfeuchtigkeit wird mit einem *Hygrometer* gemessen.
Mit dem *Barometer* wird der Atmosphärenluftdruck gemessen.
Das *Thermometer* mißt die Temperatur.

45 **Lösung d)**
Es handelt sich um einen Boxermotor, bei dem die Zylinder einander gegenüber liegen.
Abbildung **a)** zeigt einen *Reihenmotor,* bei dem die Zylinder in einer Reihe angeordnet sind.
Ein *V-Motor,* bei dem die Zylinder in V-Form in 2 Ebenen angebracht sind, wird als Abbildung **b)** gezeigt.
Bei einem *Sternmotor* werden die Zylinder sternförmig in einer oder mehreren Ebenen angeordnet (Abbildung **c**).

46 Wieviel km² sind 15 ha?

☐ **a)** 0,015 km^2 ☐ **b)** 0,15 km^2

☐ **c)** 1,5 km^2 ☐ **d)** 150 km^2

47 Mit welcher Kraft muß an dem rechten Gewicht gezogen werden, damit die Waage im Gleichgewicht bleibt?

☐ **a)** 8 N

☐ **b)** 7 N

☐ **c)** 6 N

☐ **d)** 5 N

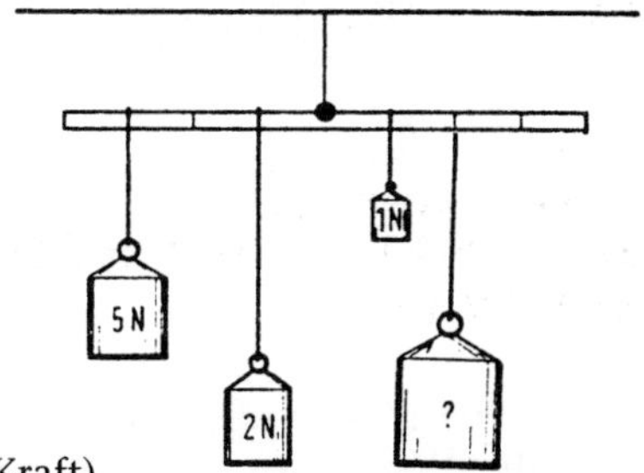

(N = Newton
= Maßeinheit der Kraft)

48 Wie groß ist die Lichtgeschwindigkeit?

☐ **a)** 300000 km/sec ☐ **b)** 300000 m/min.

☐ **c)** 330 m/sec ☐ **d)** 300000 km/h

49 Müssen bei einem gleichschenkeligen Dreieck

☐ **a)** alle drei Seiten gleich lang sein?

☐ **b)** zwei Seiten gleich lang sein?

☐ **c)** alle Winkel gleich groß sein?

☐ **d)** die Hypothenuse doppelt so lang sein wie die beiden Schenkel?

50 Was versteht man in der Datenverarbeitung unter einer »Maus«?

☐ **a)** Ein auf Rollen gleitendes Eingabegerät

☐ **b)** Ein Markierungssymbol auf dem Bildschirm

☐ **c)** Externer Datenspeicher

☐ **d)** Gerät zum Abtasten und Aufzeichnen von Daten

(46) **Lösung d)**
1 ar = 100 m^2 = 10 m×10 m
1 ha = 100 ar = 10000 m^2 = 100 m×100 m
15 ha = 150000 m^2 = 150 km^2

(47) **Lösung a)**
Bei der Berechnung der Kraft wird das Gewicht mit der Hebelwirkung multipliziert.
Auf der linken Seite der Waage wirken die Kräfte:

5 N×3 = 15
+ 2 N×1 = 2
―――
17

Auf der rechten Seite wirkt bisher das innere Gewicht mit

1 N×1 = 1
+ X N×2 = ?

Um auch auf der rechten Seite auf die Summe 17 zu kommen, und damit die Waage im Gleichgewicht zu halten, muß das rechte Gewicht mit einer Kraft von 8 N nach unten ziehen.

(48) **Lösung a)**
Die Lichtgeschwindigkeit beträgt 300000 km/sec.
Die *Schallgeschwindigkeit* beträgt 330 m/sec.

(49) **Lösung b)**
Bei einem gleichschenkligen Dreieck müssen zwei Seiten gleich lang sein.
Bei einem *gleichseitigen* Dreieck sind alle Seiten des Dreiecks gleich lang, und alle Winkel gleich groß, nämlich 60°.

(50) **Lösung a)**
Die »Maus« ist ein auf Rollen gleitendes Eingabegerät zur Steuerung eines Markierungssymbols auf dem Bildschirm.
Der *Cursor* ist das Markierungssymbol auf dem Bildschirm.
Ein Gerät zum Abtasten und Aufzeichnen von Daten wird als *Scanner* bezeichnet.

51 Was ist ein Radom?

☐ **a)** Radioaktives Element

☐ **b)** Sekundär-Radarantenne

☐ **c)** Primär-Radarantenne

☐ **d)** Radar-Bug eines Flugzeuges

52 Was bedeutet die Angabe ISO 100/21° auf einer Filmpackung?

☐ **a)** Bei beiden Zahlen handelt es sich um die Lichtempfindlichkeit.

☐ **b)** Die erste Zahl gibt die Lichtempfindlichkeit an, die zweite Zahl die Außentemperatur, für die die Lichtempfindlichkeit gilt.

☐ **c)** Die erste Zahl gibt die Lichtempfindlichkeit an, die zweite Zahl die Tiefenschärfe des Films.

☐ **d)** Die erste Zahl gibt die Körnung des Films an, die zweite Zahl steht für die Lichtempfindlichkeit.

53 Was versteht man in der Datenverarbeitung unter einem »Bus«?

☐ **a)** Kleinste Darstellungseinheit für Daten

☐ **b)** Zwischenspeicher

☐ **c)** Sammelleitung zur Übertragung von Daten zwischen verschiedenen Geräten

☐ **d)** Dynamische Datenstruktur

51 **Lösung d)**
Das Radom ist der Radar-Bug eines Flugzeuges. Dort ist bei zivilen Verkehrsflugzeugen ein Wetterradar untergebracht, das dem Piloten im Cockpit auf einem Farbbildschirm Gewitterzellen und Niederschlagsgebiete anzeigt, die sich vor dem Flugzeug befinden.

52 **Lösung a)**
Die ISO-Angabe 100/21° faßt die beiden Belichtungsgrößen ASA und DIN zusammen. 100 ASA entspricht 21 DIN, 200 ASA ist gleich 24 DIN. Eine Verdopplung der ASA-Zahl bedeutet also eine Verdoppelung der Lichtempfindlichkeit.

53 **Lösung c)**
Als Bus bezeichnet man eine Sammelleitung zur Übertragung von Daten zwischen verschiedenen Geräten.
Die kleinste Darstellungseinheit für Daten ist das *Bit.*
Bei einem Zwischenspeicher redet man von *Buffer* und bei einer dynamischen Datenstruktur von einem *Baum.*

54 Um welchen Flugzeugtyp handelt es sich bei der Abbildung?*

☐ **a)** Concorde ☐ **b)** Boeing 747

☐ **c)** Aerospatiale Caravelle ☐ **d)** Douglas DC-10

55 Wofür steht die Abkürzung »IC«?

☐ **a)** Integrated circuit = integrierte Schaltung

☐ **b)** Maschinenorientierte Programmiersprache

☐ **c)** Initial contact = Erstkontakt im Sprechfunkverkehr

☐ **d)** »International connection« im Luftverkehr

56 Eine Sammellinse

☐ **a)** ist am Rand dicker als in der Linsenmitte?

☐ **b)** ist ein geeignetes Brillenglas für Kurzsichtige?

☐ **c)** ist zur Verkleinerung von Gegenständen geeignet?

☐ **d)** ist konvex?

---

* Abb. mit freundlicher Genehmigung der British Aerospace Aircraft Group

54 **Lösung a)**
Es handelt sich um die Concorde, sie entstand aus einem Gemeinschaftsunternehmen der englischen British Aerospace Cooperation und der französischen Aerospatiale. Der Erstflug war im Jahr 1969. Seit 1976 betreiben die Air France und British Airways die Concorde im Liniendienst. Die Concorde benötigt für einen Flug von London nach New York mit doppelter Schallgeschwindigkeit 3,5 Stunden.

55 **Lösung a)**
IC steht für integrated circuit. Bei einer integrierten Schaltung sind alle Bauelemente auf einem Chip untergebracht. Die immer kleiner werdenden Bauelemente ermöglichen eine immer größere Kapazität der Chips.

56 **Lösung d)**
Eine Sammellinse ist konvex, d.h., sie ist in der Mitte dicker als am Rand. Sie dient zur Vergrößerung von Gegenständen, und hilft weitsichtigen Menschen, im Nahbereich besser sehen zu können.

57 Bei der Montage der Wasserabflußleitung ist dem Monteur ein Fehler unterlaufen. An welcher Stelle?

☐ **a)** 1

☐ **b)** 2

☐ **c)** 3

☐ **d)** 4

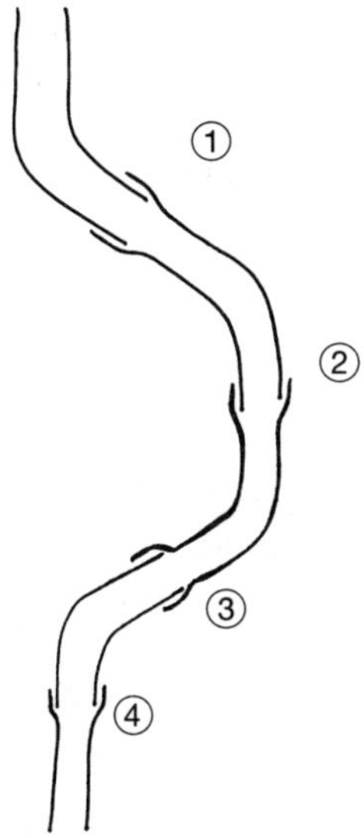

58 Hat Robert Watson-Watt

☐ **a)** die Dampfmaschine erfunden?

☐ **b)** die später nach ihm benannte Leistung erforscht?

☐ **c)** den Morsetelegraph erfunden?

☐ **d)** das Radar erfunden?

59 Um was für eine Zange handelt es sich?

☐ **a)** Flachzange

☐ **b)** Beißzange

☐ **c)** Kombizange

☐ **d)** Wasserpumpen-Zange

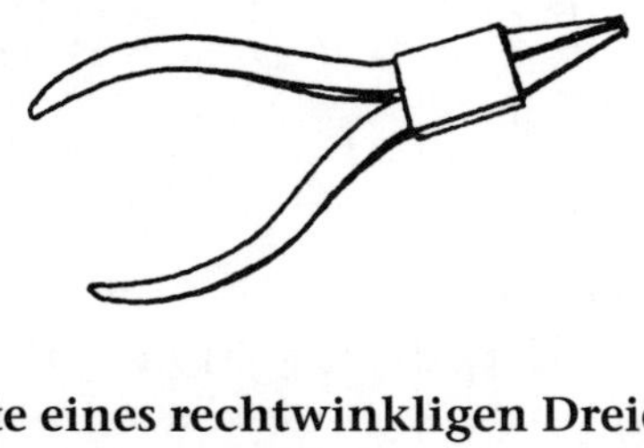

60 Wie heißt die längste Seite eines rechtwinkligen Dreiecks?

☐ **a)** Kathede ☐ **b)** Hypothenuse

☐ **c)** Schenkel ☐ **d)** Tangente

57 **Lösung c)**
Bei einer Wasserrohrleitung wird bei einer Verbindung zweier Rohre immer der Umfang des aufnehmenden Rohrstückes größer sein als der des abgebenden Rohrendes. Ansonsten besteht die Gefahr, daß am Verbindungsstück Wasser aus der Leitung treten kann. Daher ist dem Monteur bei Punkt 3 ein Fehler unterlaufen.

58 **Lösung d)**
Sir Robert Alexander Watson-Watt (1892–1973), britischer Physiker, ist einer der bedeutendsten Erfinder in der Radartechnik.
James Watt (1736–1819) gilt als Erfinder der Dampfmaschine. Nach ihm wurde auch die Einheit der Leistung Watt *1 W = 1 J/sec.* benannt.

59 **Lösung a)**
Eine Flachzange wird zum Biegen von Blech oder Draht verwendet.
Die *Beißzange* wird zum Durchtrennen von Draht oder Kabeln benutzt, die *Kombizange* (Kombinationszange) dient dem Hobby-Handwerker als Flach-, Rohr- und Beißzange. Die *Wasserpumpenzange,* auch als Engländer bezeichnet, mit dem verstellbaren Abstand beider Zangen, dient zum Befestigen/Lösen großer Muttern, wie beispielsweise bei Rohrverbindungsstücken.

Beißzange

Kombizange

Wasserpumpenzange

60 **Lösung b)**
Die Hypothenuse ist die Grundseite und damit längste Seite in einem rechtwinkligen Dreieck.
Mit *Katheten* bezeichnet man die beiden kürzeren Seiten eines rechtwinkligen Dreiecks. Eine *Tangente* ist eine Gerade, die eine Kurve oder Fläche in genau einem Punkt berührt.

61 In welcher Stadt findet jährlich die CeBit statt?

☐ **a)** Frankfurt ☐ **b)** München

☐ **c)** Hamburg ☐ **d)** Hannover

62 Wofür steht die Abkürzung ISDN?

☐ **a)** Industrious Specialists Developing Nonsense

☐ **b)** International Standard Data Number

☐ **c)** Integration Subscribers Demand Now

☐ **d)** Integrated Services Digital Network

63 Welcher der abgebildeten Körper hat die geringste Standfähigkeit?

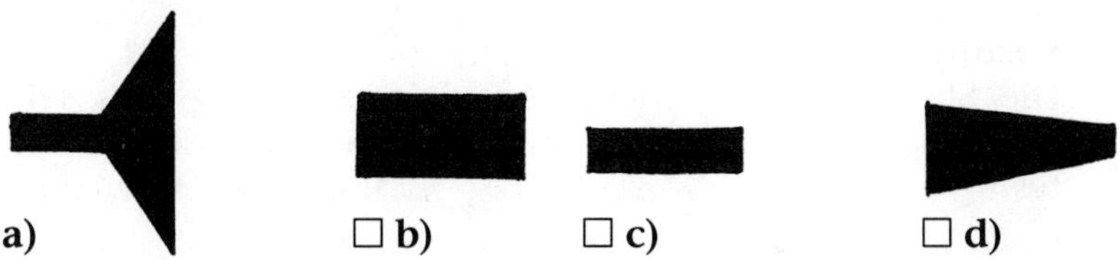

☐ **a)** ☐ **b)** ☐ **c)** ☐ **d)**

64 Was bedeutet nachfolgender mathematischer Ausdruck?

$$x = \log_4 16$$

☐ **a)** x ist der Logarithmus von 16 zur Basis 4.

☐ **b)** 4 ist der Logarithmus zur Basis 16.

☐ **c)** Der Logarithmus von 16 ist 4.

☐ **d)** x ist der Logarithmus von 4 zur Basis 16.

65 Ist eine Allwetterlandung

☐ **a)** eine Flugzeuglandung auf einer überdachten Landebahn?

☐ **b)** eine »vollautomatische« Landung?

☐ **c)** eine Landung auf allen drei Fahrwerken gleichzeitig?

☐ **d)** ein Fliegerausdruck für eine gute Landung?

61 **Lösung d)**
Im März jeden Jahres findet in Hannover eine große Fachmesse für Datenverarbeitung, Computer, Hard- und Software statt. Früher war die CeBit ein Teil der Hannover-Industrie-Messe. Aufgrund des kontinuierlich gestiegenen Interesses und des immer größer werdenden Marktes gewinnt sie zunehmend an Bedeutung.

62 **Lösung d)**
ISDN steht für *Integrated Services Digital Network,* was soviel heißt wie »Dienstintegrierende digitale Fernmeldenetze«.

63 **Lösung d)**
Die Standfähigkeit eines Körpers ist abhängig von seiner Grundfläche, seiner Höhe und der Lage seines Schwerpunktes.

64 **Lösung a)**
Die Zahl x nennt man den Logarithmus von 16 zur Basis 4. Die Zahl 16 ist dabei der Numerus. Den Logarithmus berechnen heißt, die Zahl (Exponenten) zu ermitteln, mit dem die Basis potenziert werden muß, um den Numerus zu erhalten. In unserem Beispiel ist $x = 2$, da $4^2 = 16$.

65 **Lösung b)**
Eine Allwetterlandung ist ein Verfahren mit Hilfe von bord- und bodenseitigen Anlagen, das ohne Bodensicht durchgeführt werden kann. Das System mit der höchsten Präzision ist bisher das Instrumenten-Landesystem, dieses soll in Zukunft durch das Mikrowellen-Landesystem abgelöst werden.

66 Welchen Inhalt hat das Dreieck ABC?

☐ a) 36 ☐ b) 48 ☐ c) 64 ☐ d) 72

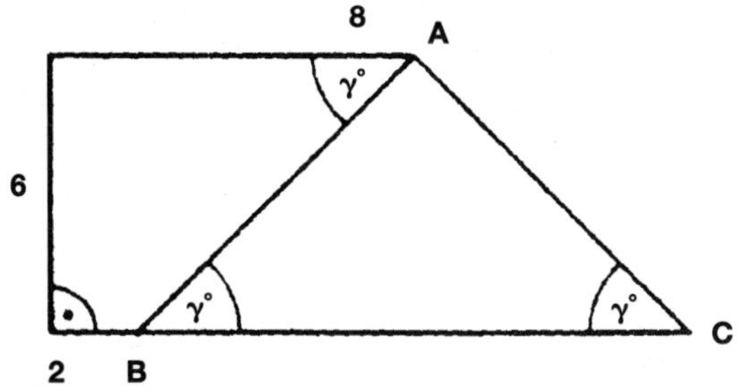

67 Wie heißt der internationale Flughafen von Amsterdam?

☐ a) Arlanda ☐ b) Schiphol

☐ c) Zaventum ☐ d) Heathrow

68 Was erhält man von einem Akkumulator?

☐ a) Wind ☐ b) Strom

☐ c) Benzin ☐ d) Komprimierte Luft

69 Wie groß ist die Winkelsumme im Sechseck?

☐ a) 180° ☐ b) 360°

☐ c) 540° ☐ d) 720°

70 Welche Zündkerzen werden bei einem Dieselmotor verwendet?

☐ a) Kupferkernkerzen ☐ b) Platinkerzen

☐ c) Keine ☐ d) Silberkerzen

⑯ **Lösung a)**
Der Inhalt des Dreiecks ABC errechnet sich mit der Formel Grundfläche × $^1/_2$ Höhe = 12×3 = 36

⑰ **Lösung b)**
Der internationale Flughafen von Amsterdam heißt Schiphol.

⑱ **Lösung b)**
Ein Akkumulator, umgangssprachlich eher als Akku bekannt, ist ein elektrochemischer Energiespeicher. Akkus werden als aufladbare Stromspeicher in Form von Batterien eingesetzt. Der Wirkungsgrad der Energiespeicherung beträgt ungefähr 75%.

⑲ **Lösung d)**
Die Winkelsumme im Sechseck beträgt 720°. Ein Sechseck läßt sich in 4 Dreiecke unterteilen, von denen jedes eine Winkelsumme von 180° hat.

⑳ **Lösung c)**
Der Dieselmotor ist ein sogenannter Selbstzünder. Aufgrund der hohen Verdichtung der Luft auf 30 bis 55 bar wird eine Temperatur von 700 bis 900° Celsius erreicht. Diese Temperatur ist ausreichend, um den eingespritzten Kraftstoff zur Selbstzündung zu bringen. Der Dieselmotor benötigt als Starthilfe lediglich eine Glühkerze.

4 Chemie – Medizin

Fragen

❶ Versteht man unter Lumbago

☐ **a)** einen Hexenschuß?

☐ **b)** eine Blutvergiftung?

☐ **c)** ein Hämatom?

☐ **d)** eine Fraktur?

❷ Nennt man Verbindungen aus Stickstoff und einem Metall

☐ **a)** Hydrate?

☐ **b)** Hybride?

☐ **c)** Ionen?

☐ **d)** Nitride?

❸ Wie wird ein ungeborenes Kind nach dem vierten Schwangerschaftsmonat bezeichnet?

☐ **a)** Embryo

☐ **b)** Fetus

☐ **c)** Follikel

☐ **d)** Säugling

❹ Was bezeichnet der Begriff Amnesie?

☐ **a)** Abweichung von der Norm

☐ **b)** Gedächtnisstörung

☐ **c)** Straferlaß aufgrund geistiger Unzurechnungsfähigkeit

☐ **d)** Leichenöffnung

Lösungen

① **Lösung a)**
Lumbago ist die lateinische Bezeichnung für den Hexenschuß.
Der medizinische Ausdruck für Blutvergiftung ist *Sepsis*.
Ein *Hämatom* ist ein Bluterguß, und ein Knochenbruch wird als *Fraktur* bezeichnet.

② **Lösung d)**
Verbindungen aus Stickstoff und einem Metall nennt man Nitride. Sie können in drei verschiedene Gruppen aufgeteilt werden, in die salzartigen Nitride, die kovalenten Nitride und die legierungsartigen Nitride.
Hydrate sind Verbindungen, in denen Wassermoleküle an Ionen oder an andere Moleküle abgelagert sind.
Hybride sind Verbindungen des Wasserstoffs mit einem Nichtmetall oder einem Metall.
Unter *Ionen* versteht man Atome oder Atomgruppen, die eine oder mehrere negative oder positive Elementarladungen tragen. Ionen entstehen durch die Aufnahme oder Abgabe von Elektronen aus elektrisch neutralen Atomen.

③ **Lösung b)**
Fetus ist die richtige Bezeichnung für ein ungeborenes Kind nach dem vierten Schwangerschaftsmonat.
Bis zum vierten Schwangerschaftsmonat heißt es *Embryo*. *Säugling* nennt man das geborene Kind. *Follikel* ist das Ei im Körper der Frau.

④ **Lösung b)**
Das aus dem griechischen stammende Wort Amnesie bezeichnet eine Gedächtnisstörung.
Eine Abweichung von der Norm wird als *Anomalie* bezeichnet. Ein genereller Straferlaß ist eine *Amnestie*. Die Untersuchung einer Leiche (Leichenöffnung) hat den Fachausdruck *Autopsie*.

❺ **Welches der nachfolgenden chemischen Elemente ist kein Edelgas?**

☐ **a)** Krypton ☐ **b)** Xenon

☐ **c)** Neon ☐ **d)** Phosphor

❻ **Welches Hormon wird in der Bauchspeicheldrüse produziert?**

☐ **a)** Thyroxin ☐ **b)** Adrenalin

☐ **c)** Östrogen ☐ **d)** Insulin

❼ **Welcher umgangssprachliche Begriff verbirgt sich hinter der chemischen Bezeichnung »Cyanwasserstoff«?**

☐ **a)** Blausäure ☐ **b)** Lachgas

☐ **c)** Kreide ☐ **d)** Soda

❽ **In welchem Wellenbereich findet man die Röntgenstrahlung?**

☐ **a)** 10 Pikometer (pm) – 10 Nanometer (nm) ☐ **b)** 780 nm – 1 mm

☐ **c)** 10 – 380 nm ☐ **d)** 1 – 10 m

❾ **Was ist ein Placebo?**

☐ **a)** No-name Medikament mit gleicher Wirkung wie ein Markenerzeugnis

☐ **b)** Lebende Substanz

☐ **c)** Unwirksames Scheinpräparat

☐ **d)** Mutterkuchen

⑤ **Lösung d)**
Phosphor ist kein Edelgas.
Die Edelgase sind: *Helium, Neon, Argon, Krypton, Xenon* und *Radon.*

⑥ **Lösung d)**
Das Insulin wird in der Bauchspeicheldrüse produziert und senkt den Blutzuckerspiegel. Wird Insulin vom Körper in nicht ausreichender Menge produziert, führt dies zur Zuckerkrankheit (Diabetes mellitus).
Das *Thyroxin* wird in der Schilddrüse gebildet. Das *Adrenalin* ist ein Hormon des Nebennierenmarks.

⑦ **Lösung a)**
Cyanwasserstoff wird auch als Blausäure bezeichnet und mit der chemischen Formel *HCN* definiert.
Die chemische Bezeichnung von *Lachgas* ist Distickstoffmonoxid (N_2O). Bei *Kreide* handelt es sich um Calciumkarbonat ($CaCO_3$). Natriumkarbonat (Na_2CO_3) ist die chemische Bezeichnung für *Soda.*

⑧ **Lösung a)**
Die Röntgenstrahlung findet man in dem Wellenbereich von 10 Pikometer (pm) bis 10 Nanometer (nm).
Infrarote Strahlung bewegt sich in dem Wellenbereich von 780 nm bis 1 mm.
Ultraviolette Strahlung befindet sich in dem Wellenbereich zwischen 10 und 380 nm.
Die *VHF-Wellen* haben eine Länge von 1 bis 10 m.

⑨ **Lösung c)**
Ein unwirksames Scheinmedikament, das oftmals beim Patienten bewirkt, daß er sich besser fühlt, nennt man Placebo.
Eine lebende Substanz wird *Plasma* genannt, so beispielsweise Blutplasma, welches nach Unfällen oder Operationen dem Patienten übertragen wird.
Der Mutterkuchen, der zur Ernährung und Atmung des Embryos bei Menschen und Säugetieren dient, heißt *Plazenta.*

⑩ Wer entdeckte das Tuberkulose-Bakterium?

☐ **a)** Robert Koch

☐ **b)** Marie Curie

☐ **c)** Alexander Fleming

☐ **d)** Pierre Curie

⑪ Was setzt sich bei stark Calciumhydrogencarbonathaltigem Wasser am Rand des Gefäßes ab?

☐ **a)** Kochsalz

☐ **b)** Kesselstein

☐ **c)** Fett

☐ **d)** Chlor

⑫ Was ist Bilirubin?

☐ **a)** Roter Blutfarbstoff

☐ **b)** Gelber Gallenfarbstoff

☐ **c)** Zersetzungsprodukt des Harnstoffs

☐ **d)** Chemisches Element

⑬ Was versteht man unter einem Erlenmeyerkolben?

☐ **a)** Zylindrisch einseitig geschlossenes Glasröhrchen

☐ **b)** Zylindrische Gasflasche mit drei Hälsen

☐ **c)** Kegelförmiger Glaskolben

☐ **d)** Gasbrenner

⑭ Für welches Edelmetall steht das chemische Zeichen *Au?*

☐ **a)** Silber

☐ **b)** Gold

☐ **c)** Platin

☐ **d)** Vanadium

⑩ **Lösung a)**
Der Bakteriologe Robert Koch entdeckte 1882 das Tuberkulose-Bakterium und führte umfangreiche Arbeiten zur Seuchenbekämpfung durch. Er erhielt 1905 den Nobelpreis für Medizin.
Alexander Fleming entdeckte 1928 das Antibiotikum Penicillin. Das Ehepaar *Marie und Pierre Curie* machten sich um die Erforschung von radioaktiven Stoffen verdient.

⑪ **Lösung b)**
Calciumhydrogencarbonat-haltiges Wasser zeichnet sich durch einen hohen Härtegrad aus. Beim Erhitzen setzt sich das nur schwer lösliche Calciumcarbonat (Kesselstein) am Gefäßrand ab.

⑫ **Lösung b)**
Bilirubin ist der gelbe Gallenfarbstoff, dessen erhöhte Konzentration zur Gelbsucht führt.
Der rote Blutfarbstoff heißt *Hämoglobin. Biuret* ist ein Zersetzungsprodukt des Harnstoffs. *Rubidium* ist ein chemisches Element.

⑬ **Lösung c)**
Der Erlenmeyerkolben, benannt nach dem gleichnamigen deutschen Chemiker, ist ein kegelförmiges Glasgefäß zum Erhitzen von Flüssigkeiten.
Ein zylindrisch einseitig geschlossenes Glasröhrchen nennt man *Reagenzglas*. Eine zylindrische Gasflasche mit drei Hälsen nennt man *Woulfsche Flasche*. Sie wird bei chemischen Versuchen im Vakuum verwendet.

⑭ **Lösung b)**
Au ist das chemische Zeichen für Gold. *Ar* (Argentum) steht für Silber, das chemische Zeichen für Platin ist *Pt* und von Vanadium *V.*

⑮ Was versteht man unter Androgenen?

☐ **a)** Sexualhormone des Mannes, die die Ausbildung und Entwicklung der männlichen Geschlechtsmerkmale ermöglichen

☐ **b)** Weibliche Geschlechtshormone

☐ **c)** Stoffe, die die Bildung von Antikörpern hervorrufen

☐ **d)** Gelenkerkrankung

⑯ In welcher Richtung transportieren die Arterien das Blut?

☐ **a)** Vom Gewebe zum Herzen

☐ **b)** Von der Lunge zum Herzen

☐ **c)** Vom Herzen zum Gewebe

☐ **d)** Vom Herzen zur Lunge

⑰ Was versteht man unter Dialyse?

☐ **a)** Blutreinigung bei Nierenversagen

☐ **b)** Beurteilung eines Krankheitsbildes

☐ **c)** Untersuchung eines Sachverhaltes

☐ **d)** Vorgang der Umwandlung eines Diapositivs in einen Farbabzug

⑱ Was ist das Periodensystem der Elemente?

☐ **a)** Zusammenstellung sämtlicher organischen Verbindungen

☐ **b)** Aufstellung sämtlicher radioaktiver Elemente nach der Halbwertszeit

☐ **c)** Aufstellung sämtlicher Edelgase nach steigender Ordnungszahl

☐ **d)** Zusammenstellung sämtlicher chemischer Elemente nach steigender Ordnungszahl

⑮ **Lösung a)**
Androgene sind Sexualhormone des Mannes, die die Ausbildung und Entwicklung der männlichen Geschlechtsmerkmale ermöglichen und fördern. Hauptvertreter der natürlichen Androgene ist das Testosteron, das in den Hoden gebildet wird.
Die Gruppe der weiblichen Geschlechtshormone heißt *Östrogene.*
Stoffe, die die Bildung von Antikörpern hervorrufen, nennt man *Antigene.* Sie werden u. a. bei der Behandlung von Allergien verwendet.

⑯ **Lösung c)**
Die Arterien, auch Schlagadern genannt, transportieren sauerstoffreiches Blut vom Herzen zum Gewebe.
Die *Venen,* auch Blutadern genannt, nehmen das Blut im Körper auf und transportieren es zurück zum Herzen.

⑰ **Lösung a)**
Die Dialyse ist eine chemische Trennungsmethode, die bei eingeschränkter Nierenfunktion giftige Stoffe aus dem Blutkreislauf ausscheidet. Sie wird auch als künstliche Niere bezeichnet.
Die Beurteilung eines Krankheitsbildes heißt *Diagnose.* Die *Analyse* ist die genaue Untersuchung eines Stoffes, Gegenstandes oder Sachverhaltes.

⑱ **Lösung d)**
1869 stellten die Chemiker L. Meyer und D. Mendelejeff gleichzeitig und unabhängig ein System auf, in dem sämtliche, damals bekannten chemischen Elemente geordnet nach steigender Ordnungszahl (waagerechte Zeilen – Periode) und periodisch wiederkehrenden chemischen Eigenschaften (senkrechte Spalten – Elementengruppe) aufgeführt sind. In dem periodischen System der Elemente findet man am Ende jeder Periode ein nullwertiges Edelgas.

⑲ Was versteht man unter »Menarche«?

☐ **a)** Regelblutung

☐ **b)** Vernarbung, die nach Verheilung einer Wunde zurückbleibt

☐ **c)** Faserknorpel im Kniegelenk

☐ **d)** Einsetzen der ersten Regelblutung

⑳ Aus welchen Stoffen besteht »Schwarzpulver«?

☐ **a)** 2,4,6 Trinitrotoluol

☐ **b)** Schwefel, Holzkohle, Kaliumnitrat

☐ **c)** Schwefel, Ammoniak

☐ **d)** Kaliumkarbonat, Holzkohle

㉑ Was ist Anämie?

☐ **a)** Blutarmut ☐ **b)** Bluthochdruck

☐ **c)** Blutkrebs ☐ **d)** Bluterkrankheit

㉒ Was sind Gene?

☐ **a)** Erbfaktoren ☐ **b)** Kleinste Bausteine der Lebewesen

☐ **c)** Biokatalysatoren ☐ **d)** Träger der Erbanlagen

㉓ Ist die Inkubationszeit

☐ **a)** der Zeitraum zwischen Infektion und Krankheitsausbruch?

☐ **b)** der Zeitraum zwischen Einnahme eines Medikamentes und dessen Wirkung?

☐ **c)** der Zeitraum, der benötigt wird, um ein Metallrohr vom Mund aus in den Kehlkopf einzuführen, um einen Erstickungstod zu verhindern.

☐ **d)** der Zeitraum, in dem ein Kranker andere anstecken kann?

⑲ **Lösung d)**
Der Zeitpunkt des Einsetzens der ersten Regelblutung der Frau wird Menarche genannt. Er liegt im allgemeinen zwischen dem 11. und 13. Lebensjahr.
Die beiden im Kniegelenk befindlichen halbmondförmigen Faserknorpel nennt man *Menisken.*
Die *Menstruation* ist die im 28-Tage-Rhythmus auftretende Monatsblutung.

⑳ **Lösung b)**
Schwarzpulver besteht aus Schwefel, Holzkohle und Kaliumnitrat. Schwarzpulver wird in Gewehren und Kanonen als Treibmittel für Kugeln verwendet.
2,4,6 Trinitrotoluol ist eher bekannt unter der Abkürzung TNT, welches durch Nitrieren von Methylbenzol gewonnen wird.

㉑ **Lösung a)**
Das Krankheitsbild der Anämie wird im Volksmund als Blutarmut bezeichnet. Es bezeichnet die Verminderung des Hämoglobins (Blutfarbstoffes) und der roten Blutkörperchen.
Die Bluterkrankheit hat den medizinischen Fachausdruck *Hämophilie.* Unter *Hypertonie* versteht man eine Erhöhung des Blutdruckes. Eine Erkrankung der weißen Blutkörperchen wird als *Leukämie* oder *Blutkrebs* bezeichnet.

㉒ **Lösung a)**
Erbfaktoren (Gene) sind die Grundlage für die Vererbung eines Merkmals von einer Generation zur nächsten.
Die Gene sind auf den *Chromosomen,* den Trägern der Erbanlagen, linear angeordnet. Die kleinsten Bausteine der Lebewesen heißen *Zellen. Enzyme* sind Biokatalysatoren, die den Stoffwechsel der Organismen steuern.

㉓ **Lösung a)**
Die Inkubationszeit ist der Zeitraum zwischen Infektion und Ausbruch einer Krankheit.
Als *Intubation* bezeichnet man in der Medizin das Einführen einer Röhre.

㉔ Wie nennt man den Abschluß der menschlichen Wirbelsäule?

☐ **a)** Steißbein ☐ **b)** Lendenwirbel

☐ **c)** Blinddarm ☐ **d)** Leiste

㉕ Was bedeutet »intravenös«?

☐ **a)** Eine Injektion erfolgt in eine Arterie.

☐ **b)** Eine Injektion erfolgt in das Muskelgewebe.

☐ **c)** Eine Injektion erfolgt in eine Vene.

☐ **d)** Eine Injektion erfolgt in den Lendenwirbelkanal.

㉖ Wie viele Chromosomen hat der Mensch?

☐ **a)** 22 ☐ **b)** 23

☐ **c)** 44 ☐ **c)** 46

㉗ Auf einer Motorölverpackung finden Sie die Bezeichnung *15W 40HD.* Dabei gibt *15W 40HD* die SAE-Viskositätsklasse an. Was versteht man unter Viskosität?

☐ **a)** Maß für die innere Reibung von Stoffen

☐ **b)** Lehre vom Fließverhalten von Stoffen

☐ **c)** Maß für Verformbarkeit von Schmierfetten und Pasten

☐ **d)** Klopffestigkeit

㉘ Wie nennt man die Aufzeichnung der Gehirnreaktionsströme?

☐ **a)** Elektrokardiogramm (EKG) ☐ **b)** Elektromyogramm (EMG)

☐ **c)** Elektrokardiograph ☐ **d)** Elektroenzephalogramm (EEG)

(24) **Lösung a)**
Der untere Abschluß der menschlichen Wirbelsäule wird durch das Steißbein gebildet.
Oberhalb davon sind fünf Wirbel zum *Kreuzbein* verwachsen. Der *Blinddarm,* an dem der funktionslose Wurmfortsatz hängt, ist ein Teil des Dickdarms.

(25) **Lösung c)**
Intravenös bedeutet, daß eine Injektion direkt in die Blutlaufbahn, in eine Vene, vorgenommen wird.
Im Gegensatz dazu bedeutet *intramuskulär* die Einspritzung in die Muskulatur. Erfolgt eine Injektion in den Lendenwirbelkanal, nennt man dies *intralumbal.*

(26) **Lösung d)**
Die Körperzellen des Menschen enthalten 46 Chromosomen, die sich aus 22 Autosomenpaaren und einem Geschlechtschromosomenpaar zusammensetzen. Der männliche Chromosomensatz wird abgekürzt als 46,XY; der weibliche als 46,XX.

(27) **Lösung a)**
Viskosität ist das Maß für die innere Reibung von Stoffen. Die verschiedenen Bezeichnungen der Motoröle wurden von der *Society of Automotive Engineers* festgelegt.
Die Lehre vom Fließverhalten von Stoffen ist die *Rheologie.* Als *Konsistenz* bezeichnet man das Maß für Verformbarkeit von Schmierfetten und Pasten. Die Klopffestigkeit eines Kraftstoffes wird mit der *Oktanzahl* angegeben.

(28) **Lösung d)**
Die Aktionsströme des Hirns werden in Form eines Elektroenzephalogramms aufgezeichnet.
Der *Elektrokardiograph* zeichnet das *Elektrokardiogramm* auf, welches den Verlauf der Herzaktionsströme zeigt. Mit dem *Elektromyogramm* werden die Aktionsströme der Muskeln registriert.

29 Was sind Kolibakterien?

☐ **a)** Keime der Darmflora

☐ **b)** Kugelbakterien

☐ **c)** Auslöser von Koliken

☐ **d)** Krankheitserreger der Cholera

30 Wer entdeckte in den Jahren 1814 bis 1828 die chemischen Elemente: Cer, Selen, Silicium, Thorium, Zirkonium?

☐ **a)** von Berzelius

☐ **b)** Curie

☐ **c)** Davy

☐ **d)** Bunsen und Kirchhoff

31 Wie viele chemische Elemente gibt es ungefähr?

☐ **a)** ca. 52

☐ **b)** ca. 109

☐ **c)** ca. 210

☐ **d)** ca. 420

32 Wie heißt der Fachausdruck für die krankhafte Sucht, etwas zu stehlen?

☐ **a)** Pyromanie

☐ **b)** Katatonie

☐ **c)** Klaustrophobie

☐ **d)** Kleptomanie

33 Aus welchem Hauptbestandteil besteht Erdöl?

☐ **a)** 80–95% Methan

☐ **b)** 25–35% Schwefel

☐ **c)** 31–42% Wasserstoff

☐ **d)** 81–87% Kohlenstoff

㉙ **Lösung a)**
Die Kolibakterien sind ein Teil der bakteriellen Darmflora bei Menschen und Tieren.
Kugelbakterien werden auch als *Kokken* bezeichnet.
Der *Kommabazillus* ist Erreger der Cholera.

㉚ **Lösung a)**
Der schwedische Chemiker von Berzelius ist der Entdecker der Elemente Cer (1814), Selen (1817), Silicium (1823), Thorium (1828) und Zirkonium (1824).
Marie Curie entdeckte 1898 Polonium und zusammen mit ihrem Mann *Pierre Curie* das Radium.
Der britische Chemiker *Davy* ist der Entdecker von Kalium und Natrium (1807) sowie von Calcium, Barium, Magnesium und Strontium (1808).

㉛ **Lösung b)**
Die Anzahl der entdeckten chemischen Elemente hat sich in den letzten Jahren weiter vergrößert. Waren es 1977 noch 105, gelang bis 1984 die Herstellung und der Nachweis weiterer vier chemischer Elemente.

㉜ **Lösung d)**
Die krankhafte Sucht, etwas ohne Bereicherungsabsicht zu stehlen, nennt man Kleptomanie.
Den zwanghaften Drang, Feuer zu legen, nennt man *Pyromanie.*
Katatonie ist eine Geisteskrankheit, und zwar eine Art der Schizophrenie.
Die krankhafte Platzangst in geschlossenen Räumen nennt man *Klaustrophobie.*

㉝ **Lösung d)**
Erdöl entstand aus pflanzlichen und tierischen Meeresorganismen, die in Seen mit geringem Sauerstoffgehalt nicht verfault sind, sondern durch anaerobe Bakterien und chemische Prozesse in die Hauptbestandteile des Erdöls umgewandelt wurden.
Dies sind 81 bis 87% Kohlenstoff, 9,6 bis 13,8% Wasserstoff, 0 bis 2% Stickstoff und 0 bis 6% Schwefel.

34 Welches ist kein Blutgefäß?

☐ **a)** Arterien

☐ **b)** Venen

☐ **c)** Kapillaren

☐ **d)** Synapsen

35 Wie lautet die chemische Bezeichnung für Kochsalz?

☐ **a)** Natriumchlorid

☐ **b)** Calciumsulfat

☐ **c)** Calciumcarbonat

☐ **d)** Kaliumcarbonat

36 Wie heißen die Stoffe, die bei der Verdauung die Nahrungsmittel aufschließen?

☐ **a)** Enzyme

☐ **b)** Peptide

☐ **c)** Pigmente

☐ **d)** Moleküle

37 Handelt es sich bei einem Urologen um einen

☐ **a)** Facharzt für Augenkrankheiten?

☐ **b)** Facharzt für Knochenkrankheiten und Haltungsschäden?

☐ **c)** Facharzt für Nerven- und Gemütsleiden?

☐ **d)** Facharzt für Nieren- und Blasenleiden?

㉞ **Lösung d)**
Synapsen sind die Verbindungsstellen von Nervenzellen und Muskelfasern oder auch zwischen zusammengeschalteten Nervenzellen.
Bei den *Venen, Arterien* und *Kapillaren* handelt es sich um Blutgefäße. In den Arterien, auch Schlagadern genannt, wird das Blut vom Herzen, in den Venen zum Herzen geführt.

㉟ **Lösung a)**
Kochsalz wird chemisch als Natriumchlorid (NaCl) bezeichnet.
Bei *Calciumsulfat* handelt es sich umgangssprachlich um Gips. Hinter der Bezeichnung *Calciumcarbonat* ($CaCO_3$) verbirgt sich Marmor. Die chemische Bezeichnung für Pottasche ist *Kaliumcarbonat* (K_2CO_3).

㊱ **Lösung a)**
Enzyme sind Biokatalysatoren, die den Stoffwechsel steuern und damit auch bei der Verdauung die Nährstoffe aus der Nahrung ziehen.
Peptide sind Spaltprodukte beim Eiweißabbau. Das *Pigment* ist ein Farbstoff, der in den Zellen der Organismen vorkommt.

㊲ **Lösung d)**
Ein Urologe ist ein Facharzt für Krankheiten der Harnorgane und behandelt damit Blasen- und Nierenleiden.
Ein Facharzt für Augenkrankheiten heißt *Ophthalmologe.* Ein *Orthopäde* ist auf Haltungs- und Bewegungserkrankungen spezialisiert. Nerven- und Gemütserkrankungen behandelt der Facharzt für *Neurologie* und *Psychiatrie.*

38 Was besagt der Satz des Avogadro?

☐ **a)** Bei gleicher Temperatur und gleichem Druck haben gleiche Volumina verschiedener Gase die gleiche Anzahl von Molekülen.

☐ **b)** Eine Temperaturerhöhung um 10 Grad Celsius bewirkt eine Steigerung der Reaktionsgeschwindigkeit um das Zwei- bis Vierfache.

☐ **c)** In einem Atom können niemals zwei Elektronen im selben Energiezustand sein.

☐ **d)** Die von einem chemischen System aufgenommene oder abgegebene Wärmemenge ist unabhängig vom Weg der Reaktion.

39 Handelt es sich bei einem Hämatom um

☐ **a)** einen Knochenbruch?

☐ **b)** einen Bluterguß?

☐ **c)** eine Magenschleimhautentzündung?

☐ **d)** einen grippalen Infekt?

40 Wonach ist das Periodensystem der Elemente aufgebaut?

☐ **a)** Alphabetisch nach den Namen der Elemente

☐ **b)** Absteigend nach den Schmelzpunkten der Elemente

☐ **c)** Nach dem Atombau der Elemente

☐ **d)** Nach dem Zeitpunkt der Entdeckung der Elemente

41 Was wird mit der Kardiotokographie aufgezeichnet?

☐ **a)** Wehentätigkeit und kindliche Herzfrequenz bei der Geburt

☐ **b)** Blutzusammensetzung bei einer Vergiftung

☐ **c)** Aktionsströme des arbeitenden Herzens

☐ **d)** Bilder bei einer Magenspiegelung

(38) **Lösung a)**
Graf Amadeo Avogadro di Quaregna (1776–1856), Jurist und Professor der Physik in Turin, stellte die Gesetzmäßigkeit fest, daß bei gleicher Temperatur und gleichem Druck gleiche Raumteile verschiedener Gase gleichviele Teilchen enthalten. Der Zusammenhang zwischen einer Temperaturerhöhung und der Reaktionsgeschwindigkeit wird in der *Reaktionsgeschwindigkeit – Temperatur-Regel* (RGT-Regel) von van't Hoff definiert. Das *Pauli-Prinzip* besagt, daß in einem Atom niemals zwei Elektronen im selben Energiezustand sein können. Das *Heßsche Gesetz* besagt, daß die Wärmemenge bei einer chemischen Reaktion unabhängig davon ist, in welcher Richtung die Reaktion abläuft.

(39) **Lösung b)**
Ein Hämatom ist ein Bluterguß.
Bei einem Knochenbruch spricht man von einer *Fraktur.* Eine Magenschleimhautentzündung wird in der Fachsprache *Gastritis* genannt. *Influenza* bedeutet Grippe.

(40) **Lösung c)**
Das Periodensystem der chemischen Elemente baut auf dem Atombau auf. Die Anordnung erfolgt nach steigender Ordnungszahl, die die Anzahl der Elektronen in der Atomhülle angibt. Das Element mit der Ordnungszahl 1 ist das Wasserstoffatom.

(41) **Lösung a)**
Mit Hilfe der Kardiotokographie kann die Wehentätigkeit der Schwangeren sowie die Herzfrequenz des Kindes bei der Geburt genau überwacht werden. Dies bietet die Möglichkeit, unverzüglich zu erkennen, wenn das Kind bei der Geburt nicht ausreichend mit Sauerstoff versorgt wird.

Das *EKG (Elektrokardiogramm)* zeichnet die Aktionsströme des arbeitenden Herzens auf. Mit Hilfe der *Gastrophotographie* können die mit einer Magenspiegelung (Gastroskopie) gewonnenen Befunde festgehalten werden.

42 Wann ist ein Arzt approbiert?

☐ **a)** Wenn er Krankenkassenpatienten behandeln darf.

☐ **b)** Wenn er einen medizinischen Doktortitel hat.

☐ **c)** Wenn er nach der Bundesärzteordnung zur Berufsausübung berechtigt ist.

☐ **d)** Wenn er aus dem Hartmannbund (Ärztevereinigung) ausgeschlossen wurde.

43 Durch welches Verfahren können Stoffe in ihre chemischen Bestandteile zerlegt werden?

☐ **a)** Analyse ☐ **b)** Dialyse

☐ **c)** Synthese ☐ **d)** Elektrolyse

44 Wie nennt man die Frauenheilkunde einschließlich Geburtshilfe?

☐ **a)** Hämatologie ☐ **b)** Gynäkologie

☐ **c)** Geriatrie ☐ **d)** Anästhesie

45 Was versteht man unter Diastole?

☐ **a)** Entspannungsphase des Herzens

☐ **b)** Anspannungsphase des Herzens

☐ **c)** Bluterguß

☐ **d)** Verdrehung, Verrenkung

46 Steht die Abkürzung *WHO* für

☐ **a)** das Weltkinderhilfswerk?

☐ **b)** Ernährungs- und Landwirtschaftsorganisation?

☐ **c)** Organisation für Erziehung, Wissenschaft und Kultur?

☐ **d)** Weltgesundheitsorganisation?

㊷ **Lösung c)**
Unter der Approbation versteht man die staatliche Anerkennung der Berechtigung zur Berufsausübung. Für Ärzte wird dies in der Bundesärzteordnung bestimmt.
Hat ein Arzt einen medizinischen Doktortitel, so ist er *promoviert.*

㊸ **Lösung d)**
Die Elektrolyse ermöglicht die Zerlegung von Stoffen in ihre chemischen Bestandteile mittels elektrischer Ströme.
Die Untersuchung eines Sachverhaltes durch Zergliederung in Teilaspekte heißt *Analyse.* Das *Dialyseverfahren* kann auch als Blutwäsche bezeichnet werden, da mit Hilfe des Dialysegerätes außerhalb des menschlichen Körpers das Ausscheiden von giftigen Stoffen aus dem Blutkreislauf sichergestellt wird.

㊹ **Lösung b)**
Gynäkologie ist die Lehre der Frauenheilkunde einschließlich der Geburtshilfe.
Die Lehre der Blutkrankheiten ist die *Hämatologie.* Die *Geriatrie* beschäftigt sich mit den Krankheiten des alternden und alten Menschen. Die Ausschaltung der Schmerzempfindung durch Narkose ist die Aufgabe der *Anästhesie.*

㊺ **Lösung a)**
Diastole ist die Entspannungsphase des Herzens, bei der sich die Herzkammern erweitern und Blut in sich aufnehmen.
Die Diastole wechselt sich mit der *Systole* ab. Dies ist die Anspannungsphase des Herzens, bei der Blut aus dem Herz gepumpt wird.
Ein Bluterguß wird als *Hämatom* bezeichnet.
Eine Verdrehung, Verrenkung nennt man *Distorsion.*

㊻ **Lösung d)**
Die Weltgesundheitsorganisation *(World Health Organisation – WHO)* ist eine Spezialorganisation der Vereinten Nationen.
Dies gilt auch für die *FAO, die Ernährungs- und Landwirtschaftsorganisation.* Als Sonderorganisation der UN zählt die *UNICEF, das Weltkinderhilfswerk.*

47 Welche chemische Bezeichnung verbirgt sich hinter Kalk?

☐ **a)** Kaliumnitrat

☐ **b)** Calciumcarbonat

☐ **c)** Natriumchlorid

☐ **d)** Natriumhydrogencarbonat

48 Was versteht man unter Sonographie?

☐ **a)** Hör-Test

☐ **b)** Infrarot-Bestrahlung

☐ **c)** Ultraschall-Untersuchung

☐ **d)** Plötzlich auftretender Bewußtseinsverlust

49 Was ist eine Injektion?

☐ **a)** Ansteckung durch Krankheitserreger

☐ **b)** Einatmung von Heilmitteln

☐ **c)** Einspritzung von Flüssigkeit

☐ **d)** Künstliche Befruchtung

50 Wie viele Hauptblutgruppen gibt es beim Menschen?

☐ **a)** 2 ☐ **b)** 3 ☐ **c)** 4 ☐ **d)** 8

51 Was ist Arteriosklerose?

☐ **a)** Arterienverkalkung

☐ **b)** Gelenkentzündung

☐ **c)** Herzverkrampfung

☐ **d)** Gelenkabnutzung

(47) **Lösung b)**
Bei Kalk handelt es sich um die häufigste Verbindung des Calciums, dem Calciumcarbonat. Die chemische Formel lautet $CaCO_3$.
Kaliumnitrat, auch Salpeter genannt, wird häufig als Düngemittel verwendet. Hinter der Bezeichnung *Natriumchlorid (NaCl)* verbirgt sich unser Tafelsalz. Das *Natriumhydrogencarbonat ($NaHCO_3$)* ist ein Bestandteil des Backpulvers.

(48) **Lösung c)**
Die Sonographie, auch Echographie genannt, ist die Ultraschall-Diagnostik. Mit Hilfe mechanischer Schwingungen in einer Frequenz oberhalb des menschlichen Hörbereiches kann der Dichte-Unterschied der untersuchten Organe sichtbar gemacht werden.
Ein plötzlich auftretender Bewußtseinsverlust wird *Synkope* genannt.

(49) **Lösung c)**
Die Einspritzung von Flüssigkeit zur Heilbehandlung oder Narkotisierung wird Injektion genannt.
Die Übertragung von Krankheitserregern und die damit verbundene Ansteckung heißt *Infektion. Inhalation* ist das Einatmen von Heilmitteln. Der medizinische Fachausdruck für die künstliche Befruchtung lautet *Insemination.*

(50) **Lösung c)**
Beim Menschen werden nach dem AB0-System vier Hauptblutgruppen unterschieden. Diese sind Blutgruppe *A,* Blutgruppe *AB,* Blutgruppe *B* und Blutgruppe *0.* Die Blutgruppe A ist die in Europa am weitesten verbreitete Blutgruppe, der circa 42% der Bevölkerung angehören.

(51) **Lösung a)**
Die Arteriosklerose ist eine besonders im Alter auftretende krankhafte Verengung der Arterien durch Ablagerung von Kalk und Fettstoffen an den Arterienwänden.
Arthritis bezeichnet eine Gelenkentzündung. Die Verkrampfung des Herzmuskelgewebes aufgrund Sauerstoffmangels heißt *Angina Pectoris. Arthrose* ist eine Gelenkabnutzung.

52 Was bezeichnet man als Rekonvaleszenz?

☐ **a)** Genesungszeit nach einer Krankheit

☐ **b)** Wiedereingliederung eines Kranken oder Behinderten in die Gesellschaft

☐ **c)** Übergangszeitraum von der Kindheit zum Erwachsensein

☐ **d)** Querschnittslähmung

53 Wer entdeckte das Chloroform?

☐ **a)** Bequerel

☐ **b)** Justus von Liebig

☐ **c)** Alexander Fleming

☐ **d)** Ignaz Semmelweis

54 Was ist Pottasche?

☐ **a)** Leuchtend rotes Pulver, welches mit Leinöl vermengt einen guten Rostschutzanstrich ergibt.

☐ **b)** Umgangssprachliche Bezeichnung für Kaliumcarbonat

☐ **c)** Umgangssprachliche Bezeichnung für Kaliumpermanganat

☐ **d)** Ein Brei aus zermahlenem Malz

55 Wie nennt man den Vorgang, wenn sich an einem Eisenteil Rost bildet?

☐ **a)** Eruption

☐ **b)** Oxidation

☐ **c)** Legierung

☐ **d)** Emaillierung

52 **Lösung a)**
Der Genesungszeitraum nach einer Krankheit wird als Rekonvaleszenz bezeichnet.
Die *Rehabilitation* hat sich zur Aufgabe gestellt, kranke oder behinderte Menschen dauerhaft wieder in die Gesellschaft und das Berufsleben einzugliedern. Der Übergangszeitraum von der Kindheit zum Erwachsensein ist die *Pubertät.*

53 **Lösung b)**
Der Chemiker Justus von Liebig (1803–1875) entdeckte das Chloroform.
Das Penizillin wurde von dem englischen Bakteriologen *Alexander Fleming* (1881–1955) entdeckt.
Der Arzt *Ignaz Semmelweis* (1818–1865) erkannte, daß die Ursache für das Wochenbettfieber kurz nach der Entbindung in Kontakt-Infektionen aufgrund von mangelnder Hygiene zu suchen ist. Deshalb setzte er sich für den täglichen Wechsel der Bettwäsche, dem Kalken der Böden und dem Waschen der Hände in einer Desinfektionslösung vor der Untersuchung von Gebärenden ein.

54 **Lösung b)**
Als Pottasche bezeichnet man Kaliumcarbonat K_2CO_3. Der Name kommt von der ehemaligen Gewinnung, dem Auslaugen von Pflanzenasche aus Töpfen (Pötten). Verwendet wird Pottasche als Treibmittel beim Backen.
Mennige ist die umgangssprachliche Bezeichnung für Pb_3O_4. Es ist ein leuchtend rotes Pulver, welches mit Leinöl vermengt einen guten Rostschutzanstrich ergibt.
Der Brei aus zermahlenem Malz (zur Bierherstellung) wird *Maische* genannt.

55 **Lösung b)**
Die Vereinigung eines Elementes mit Sauerstoff nennt man Oxidation, so auch das Rosten von Eisen. Bei der Oxidation werden Elektronen abgegeben, so daß ein Zuwachs der positiven Ladung zu verzeichnen ist.

56 Wie färbt sich Lackmuspapier in saurem Medium?

☐ **a)** Rot

☐ **b)** Blau

☐ **c)** Violett

☐ **d)** Weiß

57 Wie ist ein Medikament zu verabreichen, wenn die Anweisung »oral« lautet?

☐ **a)** Durch Einnahme durch den Mund

☐ **b)** Durch Einreiben auf die Haut

☐ **c)** Durch Einatmen durch die Nase

☐ **d)** Durch Einführen in den Darm

58 Was versteht man unter pH-Wert?

☐ **a)** Den Säuregrad einer Lösung

☐ **b)** Den Nährwertgehalt eines Nahrungsmittels

☐ **c)** Ein Viskositätsmaß

☐ **d)** Maßzahl für die Wasserhärte

59 Was ist Glucose?

☐ **a)** Fruchtzucker

☐ **b)** Rohzucker

☐ **c)** Traubenzucker

☐ **d)** Süßstoff

60 Welchen Einsatz findet Glaubersalz?

☐ **a)** Magenmittel bei Sodbrennen

☐ **b)** Backhilfsmittel

☐ **c)** Düngemittel

☐ **d)** Abführmittel

⑯ **Lösung a)**
Lackmuspapier ist ein mit Lackmus-Tinktur (aus Lackmus-Flechten gewonnen, mit Gips und Kreide vermischt) getränktes Reagenzpapier. Es reagiert in saurem Medium durch Rotfärbung, in Basen durch Blaufärbung.

57 **Lösung a)**
Oral bedeutet, daß ein Medikament durch den Mund eingenommen werden muß.
Das Einführen in den Darm wird als *rektal* bezeichnet und wird in erster Linie bei Zäpfchen oder auch beim Fiebermessen angewendet.

58 **Lösung a)**
Der pH-Wert gibt den Säuregrad einer Lösung an und wird durch ihre Wasserstoffionen-Konzentration bestimmt. Die Skala reicht von 1 bis 14. Je saurer eine Lösung, desto niedriger der Wert; der Neutralpunkt liegt bei pH 7. Lösungen mit höherem pH-Wert heißen Laugen.
Der Nährwertgehalt eines Nahrungsmittels wird in *Joule* angegeben, die frühere Maßeinheit waren Kalorien.

59 **Lösung c)**
Glucose (Dextrose) ist Traubenzucker und findet sich häufig in süßen Früchten, wie z.B. Trauben oder Honig.
Fruchtzucker nennt man Fructose. *Rohzucker* (Saccharose) ist die Verknüpfung von je einem Fructose- und einem Glucosebaustein.

60 **Lösung d)**
Glaubersalz mit der chemischen Bezeichnung Natriumsulfat *(Na_2SO_4)* wirkt in Dosen von 10–15 g auf 0,25–0,5 l Wasser abführend.
Hirschhornsalz (Ammoniumcarbonat $(NH_4)_2CO_3$) wird bei der Lebkuchenzubereitung verwendet. Als Magenmittel bei Sodbrennen dient *Bullrichsalz (Natriumhydrogencarbonat $NaHCO_3$).*

61 Handelt es sich bei dem abgebildeten Gegenstand

☐ **a)** um eine Bürette?

☐ **b)** um eine Pipette?

☐ **c)** um eine Pinzette?

☐ **d)** um ein Reagenzglas?

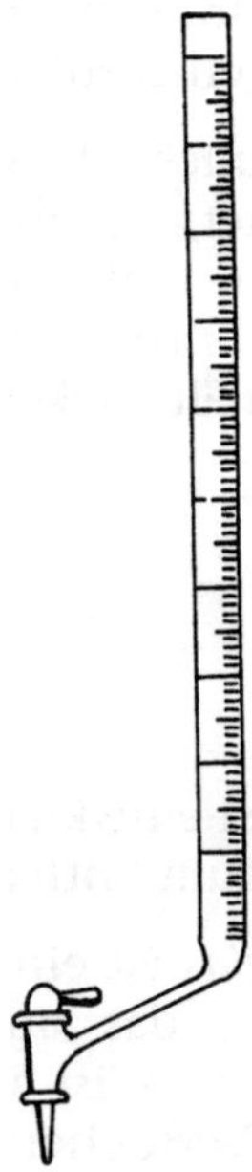

62 Was ist ein Sulfit?

☐ **a)** Salz der Schwefelsäure

☐ **b)** Schwefelverbindung vornehmlich mit Metallen

☐ **c)** Salz der Phosphorsäure

☐ **d)** Salz der schwefeligen Säure

63 Was versteht man unter einer Emulsion?

☐ **a)** Aussendung von Wellen- oder Teilchenstrahlung

☐ **b)** Gemisch zweier Flüssigkeiten

☐ **c)** Abtrennung von Atomen aus einem Molekül

☐ **d)** Andere Bezeichnung für Wundsalbe

61 **Lösung a)**
Die Bürette ist ein geeichtes Glasröhrchen mit regulierbarem Ablauf. Sie wird verwendet, um kleine exakt bemessene Flüssigkeitsmengen abrufen zu können.

Die *Pipette,* auch als Stechheber bezeichnet, ist ein kleines Glasröhrchen mit verengter Spitze zum Entnehmen oder Zugeben von Flüssigkeiten.

Die *Pinzette* ist eine kleine federnde Zange zum Fassen kleiner Körper, z. B. zum Entfernen von Spreißeln (Splittern).

Das *Reagenzglas* ist ein kleines Glasröhrchen, das auf einer Seite geschlossen ist und bei chemischen Versuchen vielseitig Verwendung findet.

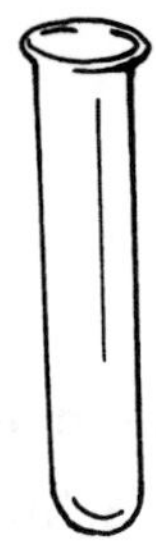

62 **Lösung d)**
Sulfit ist das Salz der schwefeligen Säure.
Unter *Sulfat* versteht man das Salz der Schwefelsäure. Schwefelverbindungen vornehmlich mit Metallen werden *Sulfide* genannt. Das Salz der Phosphorsäure heißt *Phosphat.*

63 **Lösung b)**
Eine Emulsion ist ein Gemisch, bei dem Flüssigkeitströpfchen eines Stoffes in einer anderen Flüssigkeit verteilt sind, z. B. Essig in Öl bei der Salatsoße, Milchfett in der Milch. Es gibt auch feste Emulsionen, z. B. gekühlte Butter.
Die Aussendung von Wellen- oder Teilchenstrahlung heißt *Emission.*

64 Was ist Königswasser?

☐ **a)** Ein Eau de Toilette

☐ **b)** Gemisch aus Salpeter- und Salzsäure

☐ **c)** Verbindung aus Kohlen- und Wasserstoff

☐ **d)** Moderator zur Abbremsung der Neutronen bei der Kernspaltung

65 Was ist ein Hypochonder?

☐ **a)** Mensch, der abnorm stark zu Gemütserregungen neigt

☐ **b)** Mensch, der fortwährend Angst hat, zu erkranken

☐ **c)** Ausgestorbene riesige Echse

☐ **d)** Blutsaugendes Gespenst in Menschengestalt

66 Wofür steht die Abkürzung PVC?

☐ **a)** Sammelbezeichnung für Plastik, Vinyl und Chemoprodukte

☐ **b)** Privatärztliche Verrechnungsstelle

☐ **c)** Polyvinylchlorid

☐ **d)** Prüfzeichen der Vereinigung der Chemieindustrie (Gütesiegel)

67 Woraus wird Porzellan hergestellt?

☐ **a)** Lackmusmasse, Gips, Kreide ☐ **b)** Gips, Gießharz, Lehm

☐ **c)** Kaolin, Quarz und Feldspat ☐ **d)** Ton, Kreide, Wasser

68 Was versteht man unter einer exergonischen Reaktion?

☐ **a)** Bei der Reaktion wird Energie verbraucht.

☐ **b)** Bei der Reaktion wird Energie freigesetzt.

☐ **c)** Bei der Reaktion tritt keine Veränderung des Energiepotentials auf.

☐ **d)** Bei der Reaktion muß mit Funkenbildung gerechnet werden.

64 **Lösung b)**
Königswasser ist ein Gemisch aus drei Teilen konzentrierter Salzsäure *(HCl)* und einem Teil konzentrierter Salpetersäure *(HNO_3)*. Königswasser ist derart aggressiv, daß sogar Platin und Gold darin gelöst werden.
Kölnisch Wasser ist ein Eau de Toilette.
Verbindungen aus Kohlenstoff und Wasserstoff sind sogenannte *Kohlenwasserstoffe*. Sie sind die Grundlage aller organischen Verbindungen.
Schweres Wasser D_2O dient bei Schwerwasser-Kernreaktoren als Moderator zum Abbremsen der Neutronen.

65 **Lösung b)**
Ein Hypochonder ist ein Mensch, der fortwährend Angst hat zu erkranken. Er beschäftigt sich sehr stark mit seinem eigenen (in seinen Augen kontinuierlich stark gefährdeten) Gesundheitszustand.
Ein labiler Mensch, der krankhaft stark zu Gemütserregungen neigt, wird *Hysteriker* genannt. Die *Dinosaurier* sind ausgestorbene Riesenechsen. Der *Vampir* ist dem Volksglauben nach ein Verstorbener, der nachts in Menschengestalt als blutsaugendes Gespenst umherwandelt.

66 **Lösung c)**
Polyvinylchlorid (PVC) ist ein chemisches Kunststoffprodukt, das z.B. als Bodenbelag oder für Wasserschläuche etc. verwendet wird.

67 **Lösung c)**
Porzellan wird aus 50% Kaolin, 25% Feldspat und 25% Quarz hergestellt. Kaolin wird auch Porzellanerde genannt und ist ein sehr reiner Ton.
Lackmusmasse, Kreide und *Gips* dienten früher zur Herstellung von Färbungsmitteln.

68 **Lösung b)**
Von einer exergonischen Reaktion spricht man, wenn bei ihrem Ablauf Energie freigesetzt wird. Bei einer endergonischen Reaktion wird Energie verbraucht. Die Kopplung exergonischer und endergonischer Reaktionen in der Zelle ist eine wichtige Funktion zur Sicherung des Energiehaushaltes.

69 Wozu wird die Broca-Formel verwendet?

☐ **a)** Berechnung des Normalgewichtes

☐ **b)** Berechnung der Geschwindigkeit chemischer Reaktionen im Vakuum

☐ **c)** Berechnung der Steigerung des Pflanzenwachstums bei Verwendung von Kunstdüngern

☐ **d)** Berechnung der Gewichtsabnahme bei Durchführung einer Obstdiät

70 Was ist die Galle?

☐ **a)** Sekret

☐ **b)** Organ

☐ **c)** Drüse

☐ **d)** Hormon

⑥⑨ **Lösung a)**
Die Broca-Formel dient der Bestimmung des Soll-Körpergewichtes. Dieses wird errechnet, indem man von der Körpergröße 100 abzieht, vom Ergebnis werden bei Männern 10%, bei Frauen 15% abgezogen, um das Idealgewicht zu erhalten: Danach hat z. B. eine 170 cm große Frau ein Idealgewicht von $(170–100) \times 0,85 = 59,5$ kg.

⑦⓪ **Lösung a)**
Die Galle ist ein Sekret, das in der Leber gebildet wird. Es ist ein Verdauungssaft, der in den Darm abgesondert wird.
Die Leber ist die größte *Drüse* des Menschen und ca. 1500 g schwer.
Die *Gallenblase* ist eine blasenförmige Ausstülpung des Lebereingangs; sie ist der »Vorratsraum« für die Galle.

5 Natur – Biologie

Fragen

❶ Was versteht man unter Doline?

☐ **a)** Betrieb zur Gewinnung von Kochsalz aus Meerwasser und kochsalzhaltigen Quellen durch Verdunstung des Wassers

☐ **b)** Salzbergwerk

☐ **c)** Trichterförmige Vertiefungen im Karstgestein

☐ **d)** Stürzende Schnee- und Eismassen

❷ Zu welcher Tiergattung gehört die Blindschleiche?

☐ **a)** Schlangen

☐ **b)** Eidechsen

☐ **c)** Kröten

☐ **d)** Würmer

❸ Wie heißt dieser Baum, der ein- bis zweimal jährlich blüht?

☐ **a)** Drachenbaum

☐ **b)** Mispelbaum

☐ **c)** Eukalyptusbaum

☐ **d)** Bananenbaum

Lösungen

① **Lösung c)**
Dolinen sind trichterförmige Vertiefungen im Karstgestein. Sie entstehen entweder durch Einsturz unterirdischer Hohlräume (Einsturzdolinen) oder durch Lösung des Gesteins an der Oberfläche (Lösungsdolinen).
Betriebe, in denen Salz aus Meerwasser durch Verdunstung gewonnen wird, nennt man *Salinen.*
Stürzende Schnee- und Eismassen, die besonders häufig nach Neuschnee auftreten, nennt man Lawinen.

② **Lösung b)**
Die lebendgebärende Blindschleiche gehört zu den Eidechsen. Im Gegensatz zu der *Schlange* hat sie Augenlider. Ihre Rücken- und Bauchschuppen sind gleichförmig.

③ **Lösung a)**
Es handelt sich um den Drachenbaum *(Dracaena draco)* mit dem blutroten undurchsichtigen Harz, Drachenblut genannt, welches früher zur Herstellung von Heilsalben und zur Mumifizierung von Toten genutzt wurde. Der Drachenbaum gehört zur Gattung der Liliengewächse, seine Heimat ist auf den kanarischen Inseln.

Bananenbaum

❹ **Was ist Symbiose?**

☐ **a)** Windpocken

☐ **b)** Das Zusammenleben verschiedenartiger Lebewesen zu beiderseitigem Nutzen

☐ **c)** Gefühl der Zuneigung

☐ **d)** Verbindungsstelle zwischen Nervenzellen

❺ **Worin besteht der Unterschied zwischen Hummer und Languste?**

☐ **a)** Bei der Languste handelt es sich um einen Krebs, der Hummer gehört zur Gruppe der Lurche.

☐ **b)** Es gibt keinen Unterschied.

☐ **c)** Bei Langusten handelt es sich um junge Hummer.

☐ **d)** Die Languste hat im Gegensatz zum Hummer keine Scheren.

❻ **Woraus besteht Lanolin?**

☐ **a)** Leinölfirnis, Kork, Harzen und Farbstoffen

☐ **b)** Glycerinphosphorsäure, Fettsäure und Cholin

☐ **c)** Salmiak und Wasser

☐ **d)** Wollwachs, Wasser und Paraffin

❼ **Versteht man unter Domestikation**

☐ **a)** das Züchten von Haustieren aus Wildtieren?

☐ **b)** die Altersheilkunde?

☐ **c)** eine erbliche Veränderung?

☐ **d)** das Abrichten von Tieren?

④ **Lösung b)**
Das Zusammenleben verschiedener Pflanzen oder Tiere zum gegenseitigen Nutzen wird als Symbiose bezeichnet. Ein Beispiel dafür liefern die Putzerfische, die von den Hautparasiten verschiedener Fische leben.
Varicella ist der medizinische Begriff für die Kinderkrankheit *Windpocken.* Die Verbindungsstelle zwischen Nervenzellen nennt man *Synapse.*

⑤ **Lösung d)**
Languste und Hummer gehören zur Gruppe der Zehnfußkrebse *(Decapoda).* Die Languste verfügt nicht über die beim Hummer am ersten Beinpaar angebrachten Scheren.

⑥ **Lösung d)**
Lanolin ist eine salbenartige Masse, die aus dem Fett der Schafwolle gewonnen wird. Sie besteht aus Wollwachs, Wasser und Paraffin.
Der Bodenbelag *Linoleum* besteht aus Leinölfirnis, Kork, Harzen und Farbstoffen. Glycerinphosphorsäure, Fettsäure und Cholin sind die Grundstoffe des *Lecithins.*

⑦ **Lösung a)**
Unter Domestikation versteht man das Zähmen oder Züchten von Haustieren aus Wildtieren sowie die Züchtung von kultivierten Pflanzen aus Wildpflanzen.
Als *Mutation* wird die erbliche Veränderung von Organismen bezeichnet, die Grundlage der Evolution ist. Das Abrichten von Tieren wird als *Dressur* bezeichnet.

❽ Um was für einen Pilz handelt es sich?

☐ **a)** Maronenröhrling

☐ **b)** Flaschenbovist

☐ **c)** Grüner Knollenblätterpilz

☐ **d)** Steinpilz

❾ Wie entsteht der Wechsel von Tag und Nacht?

☐ **a)** Durch die Linksdrehung der Erde in bezug zur Sonne

☐ **b)** Durch die Drehung der Sonne um die Erde

☐ **c)** Durch die Rotation der Erde um die eigene Achse

☐ **d)** Durch den Neigungswinkel der Erdachse zur Erdbahn

❿ Wie nennt man zerklüftete Küstenformationen, wie man sie in Norwegen vorfindet?

☐ **a)** Fjorde

☐ **b)** Marschen

☐ **c)** Schären

☐ **d)** Siele

⓫ Was wird mit der Beaufort-Skala gemessen?

☐ **a)** Wind

☐ **b)** Erdbeben

☐ **c)** Temperatur

☐ **d)** Lärm

⑧ **Lösung d)**
Die Zeichnung zeigt den Steinpilz, der auch als Herrenpilz bezeichnet wird. Der Steinpilz hat einen braunen Hut, einen derben bis knolligen Stiel und weißes Fleisch. Es handelt sich, wie auch beim *Maronenröhrling* um einen Röhrenpilz. Röhrenpilze unterscheiden sich deutlich von den sogenannten Lamellenpilzen. Der giftigste Lamellenpilz ist der *grüne Knollenblätterpilz.*

Maronenröhrling *Flaschenbovist* *Grüner Knollenblätterpilz*

⑨ **Lösung c)**
Die Erde dreht sich innerhalb von 24 Stunden einmal um sich selbst. Durch die Rotation entsteht der Wechsel von Tag zu Nacht. Die *Jahreszeiten* entstehen durch den Neigungswinkel von 66°33', den die Erdachse zur Erdbahn beschreibt.

⑩ **Lösung a)**
Fjorde sind die Bezeichnung für ehemalige Gletschertäler, deren Talsohle unter den Meeresspiegel gesunken ist. Wunderbare Fjord-Küstenlandschaften findet man u. a. in Schottland, Norwegen und Neuseeland.
Marschen sind niedrig gelegene Landstriche an der Küste, die bei Flut teilweise unter Wasser liegen können.
Schären sind flache Inselchen an den Küsten Finnlands und Schwedens, die durch das Eindringen des Meeres vom Festland abgeschnitten wurden.

⑪ **Lösung a)**
Die Beaufort-Skala ist eine in 17 Stärkeklassen aufgeteilte Skala für Windstärke. Sie wird in m/sec., km/h oder Seemeilen/h gemessen.

⓬ Wie nennt man Nadelhölzer noch?

☐ **a)** Koniferen

☐ **b)** Koriander

☐ **c)** Koryphäen

☐ **d)** Korinthen

⓭ Welche Stadt wurde 1906 durch ein Erdbeben zerstört?

☐ **a)** San Francisco

☐ **b)** Leninakan

☐ **c)** Agadir

☐ **d)** Tokio

⓮ Versteht man unter einem Meridian

☐ **a)** einen Breitenkreis?

☐ **b)** einen Längenkreis?

☐ **c)** den Äquator?

☐ **d)** die jeweils kürzeste Verbindung zwischen zwei auf der Erde gelegenen Orten?

⓯ Was versteht man unter Eklipse?

☐ **a)** Sonnen- und Mondfinsternis

☐ **b)** Metamorphes Gestein

☐ **c)** Geometrische Form

☐ **d)** Tiefdruckgebiet

⑫ **Lösung a)**
Nadelhölzer werden auch als Koniferen bezeichnet.
Der *Koriander* ist eine im Mittelmeerraum beheimatete Gewürzpflanze. *Koryphäen* sind Personen, die durch besondere Leistungen hervortreten. *Korinthen* sind kleine getrocknete Weinbeeren.

⑬ **Lösung a)**
Vom 18. bis 22. 4. 1906 bebte in San Francisco die Erde. Dadurch und durch ein nachfolgendes Feuer wurde fast die gesamte Stadt zerstört. Doch schon in den Jahren 1857, 1865 und 1868 war es zu Erdbeben in San Francisco gekommen, die auf die Verschiebungen in der San-Andreas-Verwerfungszone zurückzuführen sind.
Am 7. 12. 88 kamen durch ein schweres Erdbeben in *Leninakan, Spitak* und anderen Städten in *Armenien* ca. 250000 Menschen ums Leben.
1960 wurde *Agadir* an der Westküste Marokkos durch ein Erdbeben zerstört und in der Nähe wieder aufgebaut.
1703 und 1923 wurde *Tokio* durch Erdbeben stark zerstört.

⑭ **Lösung b)**
Meridiane sind Längenkreise, so auch der Null-Meridian bei Greenwich in Großbritannien. Alle Meridiane sind gleich lang und haben aufgrund der Erdabplattung am Nord- und Südpol eine Länge von 40008 km, während der Breitenkreis Äquator eine Länge von 40075 km hat.

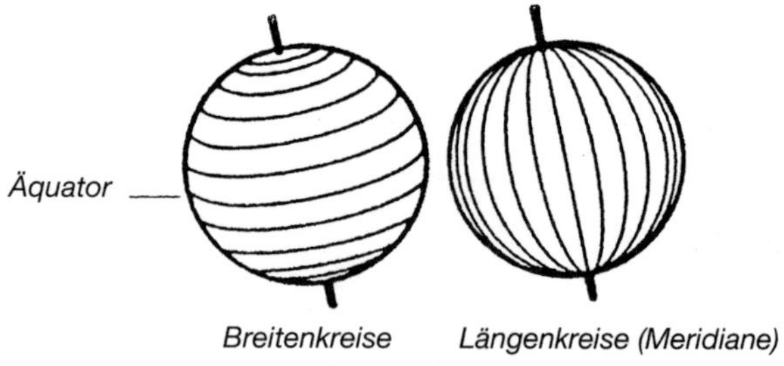

⑮ **Lösung a)**
Eine Sonnen- und Mondfinsternis wird als Eklipse bezeichnet.
Ein Gestein, das durch Druck, Temperatur oder Bewegung in der Erdkruste eine Umwandlung erfahren hat, ist ein metamorphes Gestein, auch als *Eklogit* bezeichnet.

⓰ In welcher Reihenfolge wechselten sich die nachfolgenden Eiszeiten ab?

☐ **a)** Donau-Eiszeit – Günz-Eiszeit – Mindel-Eiszeit – Riß-Eiszeit – Würm-Eiszeit

☐ **b)** Günz-Eiszeit – Riß-Eiszeit – Würm-Eiszeit – Donau-Eiszeit – Mindel-Eiszeit

☐ **c)** Mindel-Eiszeit – Würm-Eiszeit – Günz-Eiszeit – Riß-Eiszeit – Donau-Eiszeit

☐ **d)** Riß-Eiszeit – Donau-Eiszeit – Günz-Eiszeit – Würm-Eiszeit – Mindel-Eiszeit

⓱ Welcher der nachfolgenden Stadtparks ist am größten?

☐ **a)** Hyde Park in London

☐ **b)** Parque do Ibirapuera in São Paulo

☐ **c)** Central Park in New York

☐ **d)** Englischer Garten in München

⓲ Welche der nachfolgenden Kreislinien hat die größte Länge?

☐ **a)** 0° Meridian bei Greenwich (Großbritannien)

☐ **b)** Äquator

☐ **c)** 45. Breitenkreis bei Turin

☐ **d)** 90. Längenkreis bei Dhaka (Bangladesch)

⓳ Was ist ein Wandelstern?

☐ **a)** Planet ☐ **b)** Komet

☐ **c)** Meteorit ☐ **d)** Fixstern

⓴ Was sind Whippets?

☐ **a)** Australische Beuteltiere ☐ **b)** Bezeichnung für junge Hunde

☐ **c)** Russische Haushundrasse ☐ **d)** Englische Windhunde

⑯ **Lösung a)**

Die Eiszeiten des quartären Eiszeitalters begannen vor etwa 1 Mio. Jahren und endeten vor ca. 10000 Jahren. Zwischen den Eiszeiten gab es immer wieder Warmzeiten, die nach den zeitlich zuvor und danach liegenden Eiszeiten genannt wurden.
So wechselten sich im Pleistozän, die Biber-Eiszeit – Biber/Donau-Warmzeit – Donau-Eiszeit – Donau/Günz-Warmzeit – Günz-Eiszeit – Günz/Mindel-Warmzeit – Mindel-Eiszeit – Mindel/Riß-Warmzeit – Riß-Eiszeit – Riß/Würm-Warmzeit – Würm-Eiszeit ab.

⑰ **Lösung d)**

Der Englische Garten in München mit 373 ha wurde 1789 im Auftrag von Kurfürst Karl Theodor angelegt.
Der im Westen Londons angelegte *Hyde Park* hat eine Größe von 125 ha.
Der *Parque do Ibirapuera* ist der größte Park São Paulos mit 160 ha Grundfläche. Der *Central Park* in New York hat eine Größe von 340 ha.

⑱ **Lösung b)**

Der Äquator hat einen Umfang von 40075 km.
Die *Meridiane* haben alle eine Länge von 40008 km, so der 0°-Meridian bei Greenwich und der 90°-Längenkreis bei Dhaka.

⑲ **Lösung a)**

Wandelsterne, auch als Planeten bezeichnet, sind nichtselbstleuchtende Himmelskörper, die in elliptischen Bahnen einen Zentralstern umziehen.
Kometen sind Sterne, die sich in exzentrischen Bahnen um die Sonne bewegen. *Meteoriten* sind Festkörper, die in die Erdatmosphäre eindringen und dabei eine Lichterscheinung bewirken.

⑳ **Lösung d)**

Whippets sind englische Windhunde, die speziell für Hunderennen gezüchtet wurden.
Die australischen etwa bibergroßen Beuteltiere heißen *Wombats*. Junge Hunde werden als *Welpen* bezeichnet. *Barsoi* heißt eine russische Haushunderasse, die aufgrund ihrer Schnelligkeit zur Wolfsjagd eingesetzt wurde.

㉑ Was verbirgt sich hinter dem Begriff Magma?

☐ **a)** Gesteinsschmelze im Erdinneren

☐ **b)** Glühende flüssige Gesteinsmasse beim Ausbruch eines Vulkans

☐ **c)** Eingeborenenstamm in Ostafrika

☐ **d)** Immergrüne Buschwaldart des Mittelmeerraumes

㉒ Zu welcher Tiergattung gehört der Frosch?

☐ **a)** Amphibien ☐ **b)** Reptilien

☐ **c)** Molche ☐ **d)** Lurche

㉓ Ordnen Sie die abgebildeten Schattenrisse den entsprechenden Vogelnamen zu:

☐ **a)** 1 = Star, 2 = Hühnerhabicht, 3 = Wildente, 4 = Schwalbe, 5 = Wellensittich, 6 = Mäusebussard, 7 = Möwe

☐ **b)** 1 = Amsel, 2 = Bussard, 3 = Wildente, 4 = Schwalbe, 5 = Möwe, 6 = Falke, 7 = Adler

☐ **c)** 1 = Fink, 2 = Adler, 3 = Gans, 4 = Kolibri, 5 = Blaumeise, 6 = Taube, 7 = Möwe

☐ **d)** 1 = Falke, 2 = Geier, 3 = Storch, 4 = Schwalbe, 5 = Drossel, 6 = Milan, 7 = Möwe

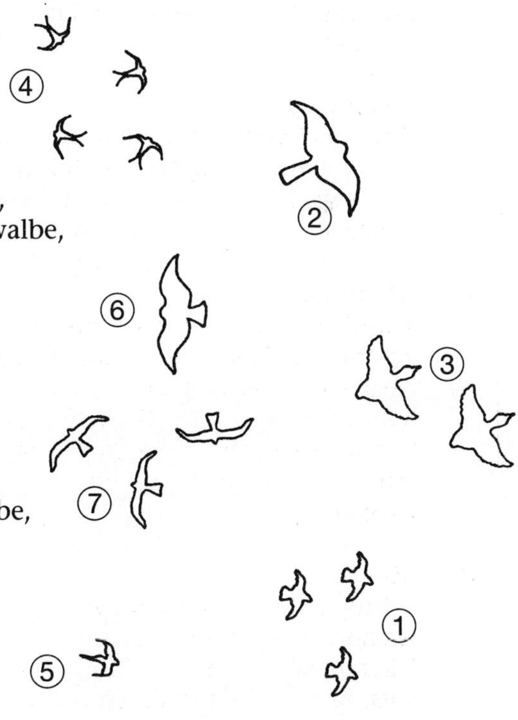

㉑ **Lösung a)**
Das geschmolzene Gestein im Erdinneren wird Magma genannt. Hauptbestandteile sind Siliciumdioxid und Aluminiumoxid.
Tritt Magma bei einem Vulkanausbruch an die Oberfläche, bezeichnet man es als *Lava.* Die immergrüne Buschwaldart im Mittelmeerraum nennt man *Macchia.*

㉒ **Lösung a)**
Die Frösche gehören der Klasse der Lurche an, die auch Amphibien genannt werden. Sie leben in der Jugend fast ausnahmslos im Wasser und atmen durch Kiemen; das Erwachsenenstadium wird vorwiegend auf dem Land verbracht, und die Atmung erfolgt über die Lunge. Dies unterscheidet sie von den *Reptilien,* die auch in der Jugend durch Lungen atmen.

㉓ **Lösung a)**
Bei Bild 1 handelt es sich um einen Star. Bild 2 ist ein Hühnerhabicht, er gehört wie Bild 6 (der Mäusebussard) zu den Raubvögeln (Greifvögeln). Bild 3 zeigt die Silhouette einer Wildente. Der Wellensittich, Bild 5, gehört zur Gruppe der Papageien und ist ein häufig gezüchteter Käfigvogel. Die Möwe ist auf Bild 7 zu sehen.

㉔ Welche zwei Planeten haben keinen Mond?

☐ **a)** Mars, Merkur ☐ **b)** Venus, Merkur

☐ **c)** Saturn, Pluto ☐ **d)** Pluto, Jupiter

㉕ Welcher der olgenden Begriffe »Roggen, Hirse, Kleie, Hafer, Gerste« paßt nicht in die Aufzählung?

☐ **a)** Hirse ☐ **b)** Kleie

☐ **c)** Gerste ☐ **d)** Hafer

㉖ Was versteht man unter »Pekinese«?

☐ **a)** Langarmaffe ☐ **b)** Abstammungsnachweis von Tieren

☐ **c)** Chinesische Hunderasse ☐ **d)** Spezielle Hausentenart

㉗ Was sind Amphibien?

☐ **a)** Einzellige Lebewesen

☐ **b)** Andere Bezeichnung für Kriechtiere

☐ **c)** Tiere, die sowohl im Wasser als auch auf dem Land leben

☐ **d)** Versteinerte Lebewesen

㉘ Ordnen Sie die nachfolgenden Begriffe richtig zu

I männliche Biene — *1* Zippe

II weibliches Mutterschaf — *2* Ganter

III männliche Ente — *3* Erpel

IV männliche Gans — *4* Rammler

V männlicher Hase — *5* Drohne

☐ **a)** I 1, II 5, III 2, IV 3, V 4

☐ **b)** I 5, II 1, III 3, IV 2, V 4

☐ **c)** I 2, II 5, III 4, IV 1, V 3

☐ **d)** I 5, II 1, III 4, IV 3, V 2

㉔ **Lösung b)**
Die Planeten Venus und Merkur haben keinen Mond.
Der vierte Planet des Sonnensystems *Mars* hat zwei Monde mit den Namen Phobos und Demos. Der *Saturn* ist der zweitgrößte Planet des Sonnensystems, er hat ein ca. 3 km dickes Ringsystem, das aus staubförmigen und sandkorngroßen Feststoffteilchen besteht, in das einzelne Satelliten eingebettet sind. Der *Jupiter* hat 13 nachgewiesene Monde, ein 14. wird vermutet.

㉕ **Lösung b)**
Bei der Kleie handelt es sich um ein Abfallprodukt beim Mahlen des Getreidekorns. Sie wird vorwiegend als Viehfutter verwendet.
Gerste, Hafer, Hirse und *Roggen* sind Getreidearten.

㉖ **Lösung c)**
Pekinesen sind kleine, seidenhaarige, kurzbeinige Haushunde. Diese chinesische Hunderasse wird auch als Palasthund bezeichnet.
Als *Gibbon* wird eine Langarmaffenart aus dem tropischen Teil Asiens bezeichnet. Der Abstammungsnachweis von Tieren (besonders von Pferden) und Pflanzen wird als *Pedigree* bezeichnet.

㉗ **Lösung c)**
Amphibien sind Tiere, die sowohl im Wasser als auch auf dem Land leben.
Einzellige Lebewesen nennt man *Amöben.* Kriechtiere werden auch als *Reptilien* bezeichnet. Versteinerte Tiere und Pflanzen sind *Fossilien.*

㉘ **Lösung b)**
Eine männliche Biene wird als Drohne bezeichnet. Ein weibliches Mutterschaf ist eine Zippe.· Erpel nennt man eine männliche Ente. Ganter oder auch Gänserich wird eine männliche Gans genannt. Der Rammler ist ein männlicher Hase.

29 Wie ist der Mond bei Neumond zu sehen?

☐ a) ☐ b) ☐ c) ☐ d) gar nicht

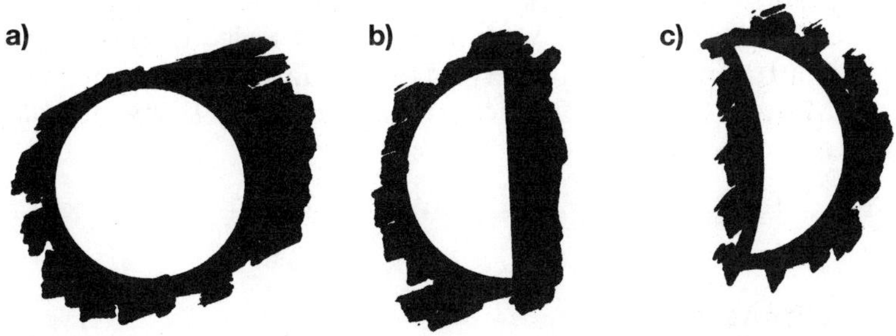

30 Was ist Ethnologie?

☐ a) Vergleichende Verhaltensforschung
☐ b) Völkerkunde
☐ c) Vogelkunde
☐ d) Wissenschaft der Vererbung

31 Aus welchen Basisbestandteilen setzt sich Beton zusammen?

☐ a) Wasser, Sand, Kies und Zement
☐ b) Bauxit, Wasser, Kies
☐ c) Stahl, Sand, Erdöl
☐ d) Zement, Kalk, Lehm, Wasser

32 Nach welchem Gewürz schmecken die alkoholhaltigen Getränke Ouzo und Raki?

☐ a) Zimt
☐ b) Bittermandel
☐ c) Anis
☐ d) Ingwer

33 Welcher der nachfolgenden Begriffe paßt nicht in die Aufzählung: »Dohle, Pfauenauge, Kuckuck, Goldammer, Wellensittich, Rotkehlchen«?

☐ a) Dohle
☐ b) Goldammer
☐ c) Pfauenauge
☐ d) Rotkehlchen

(29) **Lösung d)**
Die von der Erde aus unterscheidbaren Mondphasen sind von der Stellung von Sonne und Mond zueinander abhängig. Bei Neumond wird die der Erde abgewandte Seite des Mondes beschienen, d.h., der Mond ist von der Erde aus nicht oder nur konturenhaft sichtbar. Wird die der Erde zugewandte Seite des Mondes von der Sonne ganz angestrahlt, herrscht *Vollmond* (siehe Zeichnung **a**).

(30) **Lösung b)**
Die Ethnologie ist die Völkerkunde. Sie beschäftigt sich mit den sozialen, kulturellen und geschichtlichen Eigenarten von Völkern.
Die vergleichende Verhaltensforschung bei Tieren nennt man *Ethologie*. Die Vogelkunde bezeichnet man als *Ornithologie*.

(31) **Lösung a)**
Die Grundbestandteile, aus denen sich Beton zusammensetzt, sind Wasser, Sand, Kies und Zement. Eine starke Erweiterung der Anwendungsgebiete fand der Beton seit 1855 durch die Zugabe von Stahl. Stahlbeton ist ein äußerst belastbarer Baustoff.

(32) **Lösung c)**
Der griechische Ouzo und der türkische Raki sind hochprozentige Alkoholika, die ihren typischen Geschmack durch das Gewürz Anis erhalten. Die Getränke werden sehr gerne mit Wasser verdünnt getrunken.
Der Likör *Amaretto* hat einen Geschmack nach Bittermandeln.

(33) **Lösung c)**
Das Pfauenauge ist ein Schmetterling.
Bei allen übrigen aufgezählten Tieren handelt es sich um Vögel.

34 Was ist ein Tukan?

☐ a) Brasilianischer Urwaldvogel

☐ b) Tauchvogel, der an nordischen Küsten lebt

☐ c) Neuseeländischer Vogel, der nicht fliegen kann

☐ d) Männlicher Hühnervogel

35 Wie nennt man den Punkt der Himmelskugel, der dem Scheitelpunkt gegenüber liegt?

☐ a) Zenit

☐ b) Nadir

☐ c) Fixstern

☐ d) Antipode

36 Welche der nachfolgenden Pflanzen gehört zur Familie der Korbblütler?

☐ a) Tulpe

☐ b) Veilchen

☐ c) Sonnenblume

☐ d) Glockenblume

37 Was verbirgt sich hinter dem Begriff Kopra?

☐ a) Giftschlange

☐ b) Australisches Beuteltier

☐ c) Fleisch der Kokosnuß

☐ d) Südamerikanischer Strauch

38 Was ist der Hauptbestandteil der Luft?

☐ a) Helium

☐ b) Sauerstoff

☐ c) Stickstoff

☐ d) Wasserstoff

㉞ **Lösung a)**
Der Tukan ist ein spechtartiger brasilianischer Urwaldvogel, auch Pfefferfresser genannt.
Der Tauchvogel, der an nordischen Küsten lebt heißt *Alk*. Der *Kiwi* ist ein in Neuseeland lebender nicht flugfähiger Vogel. Der *Truthahn* ist ein männlicher Hühnervogel.

㉟ **Lösung b)**
Der senkrecht über dem Beobachter befindliche Punkt der Himmelskugel ist der Scheitelpunkt oder auch *Zenit* genannt. Dem gegenüber liegt auf der anderen Seite der Himmelskugel der Fußpunkt oder auch Nadir genannt.
Antipoden sind die Menschen, die genau auf der anderen Seite der Erde leben. Von Europa aus gesehen wären dies beispielsweise die Neuseeländer.

㊱ **Lösung c)**
Die Sonnenblume als Vertreter der Korbblütler besitzt einen Hüllkelch, der viele einzelne, kleine Blüten enthält.
Die *Tulpe* gehört der Gattung der Liliengewächse an.

㊲ **Lösung c)**
Kopra heißt das weiße, sehr fetthaltige Fruchtfleisch der Kokosnuß.
Die *Kobra* ist eine Vertreterin der Giftnattern. Der *Kokastrauch* ist eine in Südamerika beheimatete Pflanze, aus deren Blättern die Droge Kokain hergestellt wird. Der *Koala* ist ein australisches Beuteltier, das sich vorwiegend von Eukalyptusblättern ernährt.

㊳ **Lösung c)**
Die trockene Luft besteht durchschnittlich aus 78,10% Stickstoff, 20,93% *Sauerstoff* sowie in kleinsten Mengen anderen chemischen Elementen. Darunter ist *Helium* mit 0,0005% und *Wasserstoff* mit 0,00005%. Der Anteil des Wasserdampfes in der Luft variiert stark. Er ist abhängig von der Lufttemperatur.

39 **Drei Sekunden nach dem Blitz hören Sie bei einem Gewitter den Donner. Wie weit ist das Gewitter entfernt?**

☐ **a)** 1,2 km ☐ **b)** 0,9 km

☐ **c)** 2,9 km ☐ **c)** 5,0 km

40 **Um was für eine Getreideart handelt es sich?**

☐ **a)** Hafer

☐ **b)** Gerste

☐ **c)** Roggen

☐ **d)** Weizen

41 **Was sind Primaten?**

☐ **a)** Die ersten im Frühjahr geernteten Tomaten

☐ **b)** Kristallformen

☐ **c)** Bezeichnung für Affen und Menschen

☐ **d)** Weihnachtsgebäck

42 **Welche Aussage stimmt?**

☐ **a)** Wasser siedet bei 90° C.

☐ **b)** Beim Gefrieren nimmt das Volumen von Wasser ab.

☐ **c)** Bei 100° C nimmt Wasser den kleinsten Raum und die größte Dichte ein.

☐ **d)** Wasser nimmt einen größeren Raum ein, wenn es gefriert.

39 **Lösung b)**
Schall breitet sich mit einer Geschwindigkeit von ungefähr 300 m/sec. aus. Da Blitz und Donner sich immer gleichzeitig ereignen, der Donner durch die Ausbreitung des Schalls jedoch in unserem Beispiel drei Sekunden benötigte, ist das Gewitter ungefähr (3×300=) 0,9 km vom eigenen Standort entfernt.

40 **Lösung a)**
Es handelt sich um Hafer. Hafer wird als Futtermittel für Tiere angebaut, aber auch zur Herstellung der Haferflocken. Weltweit werden jährlich ca. 50 Mio. Tonnen Hafer angebaut, damit liegt der Hafer an sechster Stelle hinter der Weizen-, Reis-, Mais-, Gerste- und Hirseproduktion.
Nachfolgend die Abbildungen von *Gerste, Roggen* und *Weizen.*

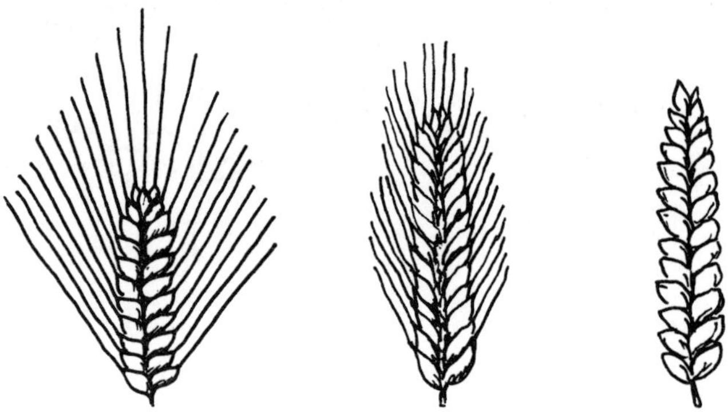

41 **Lösung c)**
Primaten ist eine andere Bezeichnung für Herrentiere, unter denen man im zoologischen System Halbaffen, Affen und auch den Menschen versteht.
Prismen sind säulenförmige Kristalle, deren Flächen alle zu einer Achse parallel laufen.
Printen sind ein lebkuchenartiges Weihnachtsgebäck.

42 **Lösung d)**
Wasser nimmt einen größeren Raum ein, wenn es gefriert. Unter Normaldruck gefriert Wasser bei 0°C und siedet bei 100°C. Bei 4°C nimmt Wasser den kleinsten Raum und die größte Dichte ein. Dabei besitzt 1 cm^3 Wasser von 4°C die Masse von 1 Gramm.

43 Was ist eine Meerkatze?

☐ **a)** Langschwänziger afrikanischer Affe

☐ **b)** Plattfisch

☐ **c)** Afrikanisch-asiatischer Wildhund

☐ **d)** Amerikanische Raubkatze

44 Was versteht man unter Kondensation?

☐ **a)** Die Aggregatszustandsänderung von flüssig zu fest

☐ **b)** Die Aggregatszustandsänderung von gasförmig zu flüssig

☐ **c)** Die Aggregatszustandsänderung von fest zu gasförmig

☐ **d)** Die Aggregatszustandsänderung von flüssig zu gasförmig

45 Was versteht man unter Taiga?

☐ **a)** Vegetationszone mit Mooren, Moosen, Gräsern, Sträuchern

☐ **b)** Sibirisches Waldland

☐ **c)** Regenwald

☐ **d)** Gebirgszug im Norden der Tschechoslowakei

46 Handelt es sich bei der nachfolgenden Abbildung um

☐ **a)** ein Ahornblatt?

☐ **b)** ein Brennesselblatt?

☐ **c)** ein Eichenblatt?

☐ **d)** ein Löwenzahnblatt?

43 **Lösung a)**
Die Meerkatze gehört zur Gruppe der Hundsaffen. Sie kommt in den Wäldern und Baumsavannen südlich der Sahara vor. Der *Schakal* ist ein afrikanisch-asiatischer Wildhund, der etwa fuchsgroß ist. Die *Schollen* gehören zur Gruppe der Plattfische, sie kommen in meist sandigem oder schlammigem Grund der Küstengewässer vor. Der *Puma* ist eine amerikanische Katzenart mit grauem bis orange-braunem Fell.

44 **Lösung b)**
Die Aggregatszustandsänderung von gasförmig zu flüssig heißt Kondensation, von flüssig zu fest *Gefrieren.* Von fest zu gasförmig nennt man den Übergang *Sublimation* und von flüssig zu gasförmig *Verdunstung.*

45 **Lösung b)**
Als Taiga bezeichnet man die nördliche, besonders aus Fichten und Lärchen bestehende Nadelwaldzone des eurasischen Waldgürtels.
Tundra ist der Begriff für die jenseits der Waldgrenze liegende Vegetationszone, in der aufgrund niedriger Temperaturen und Dauerfrostböden nur Moose, Flechten und einige Sträucher existieren können.
Die *Tatra* ist der höchste Teil der Karpaten, entlang der tschechoslowakisch-polnischen Grenze.

46 **Lösung b)**
Es handelt sich um ein Brennesselblatt. Nachfolgend die Blätter von *Ahorn, Eiche* und *Löwenzahn.*

47 Was ist Ökologie?

☐ **a)** Landwirtschaftstheorie

☐ **b)** Wissenschaft von Pflanzen und Tieren in ihrer Umwelt

☐ **c)** Wirtschaftlichkeit

☐ **d)** Wissenschaft der Geschichte und des Aufbaus der Erdkruste

48 Nennt man das vom Gletscher bewegte und dann abgelagerte Gestein

☐ **a)** Couloir?

☐ **b)** Kamin?

☐ **c)** Zunge?

☐ **d)** Moräne?

49 Bei welchem der folgenden Begriffe handelt es sich nicht um einen Edelstein?

☐ **a)** Opal

☐ **b)** Smaragd

☐ **c)** Achat

☐ **d)** Akan

50 Um was für einen Baum handelt es sich?

☐ **a)** Trauerweide

☐ **b)** Eiche

☐ **c)** Tanne

☐ **d)** Lärche

47 **Lösung b)**

Als Ökologie bezeichnet man nach dem bereits 1866 geprägten Begriff von Haeckel die Wissenschaft von den Beziehungen des Organismus zur umgebenden Umwelt und den damit verbundenen Wechselwirkungen.
Die *Ökonomie* ist der Fachausdruck für die Wirtschaftlichkeit. Die *Geologie* befaßt sich mit der Geschichte und dem Aufbau der Erdkruste.

48 **Lösung d)**

Als Moränen bezeichnet man den von den Gletschern mitgeführten Gesteinsschutt, der an den verschiedensten Stellen abgelagert wird, am Ende der Gletscherzunge (Endmoräne) oder an den Seiten des Gletschers (Seit-, Rand- oder Ufermoräne).
Ein *Couloir* ist eine steil ansteigende Rinne im Hochgebirge, durch das bei bestimmten Witterungen Regenwasser und Geröll ins Tal schießen. Als *Kamin* bezeichnet man eine enge Felsspalte, die von Kletterern durch Abstützen an dem gegenüberliegenden Felsen genutzt wird.

49 **Lösung d)**

Bei Akan handelt es sich nicht um einen Edelstein, sondern um eine Sprache, die in Ghana gesprochen wird.
Der *Opal* ist ein in den Farben Weiß, Rot und Grün, oft mit einem Farbenspiel verbundener Edelstein. Der *Smaragd* hat eine gelbgrüne, blaugrüne Färbung. Bis zum Anfang des 19. Jh. wurden *Achate* in größeren Mengen in dem Gebiet um Idar-Oberstein gefunden, dies führte zum Aufbau der dortigen Schmuckindustrie.

50 **Lösung a)**

Es handelt sich um eine Trauerweide. Diese Weidenart hat hängende Zweige. Die Weide ist eine schnellwachsende Pflanze, sie dient neben der Korbflechterei der Befestigung von Bachufern und rutschgefährdeten Hängen.
Nachfolgend die Abbildungen von *Eiche, Tanne* und *Lärche.*

51 Was bedeutet die Bezeichnung Beerenauslese?

☐ a) Aus überreifen oder edelfaulen Beeren gewonnener Wein

☐ b) Aus rosinenartig eingeschrumpften edelfaulen Beeren gewonnener Wein

☐ c) Aus vollreifen Trauben unter Aussonderung von minderwertigen Beeren gewonnener Wein

☐ d) Aus reifen, in gefrorenem Zustand geernteten und gekelterten Beeren gewonnener Wein

52 Welches ist der höchste Berg in Afrika?

☐ a) Mt. Everest ☐ b) Kilimandscharo

☐ c) Mt. McKinley ☐ d) Ruwenzori

53 Wie heißt das Gericht, das hauptsächlich aus Auberginen, Zucchini und Tomaten besteht?

☐ a) Minestrone ☐ b) Bouillabaisse

☐ c) Ratatouille ☐ d) Moussaka

54 Was versteht man unter »Externsteine«?

☐ a) Tropfstein, der vom Boden nach oben gewachsen ist.

☐ b) Durch Wasser gerundete Gesteinsstücke

☐ c) Eine zerklüftete Felsgruppe in Nordrhein-Westfalen

☐ d) Gesteinsblöcke, die weit von ihrem Ursprung entfernt gefunden werden.

55 Aus welcher Pflanze stammt das Alkaloid Atropin?

☐ a) Tollkirsche ☐ b) Tabakpflanze

☐ c) Schlafmohn ☐ d) Ginster

(51) **Lösung a)**
Für Wein mit der Bezeichnung Beerenauslese dürfen nur überreife und edelfaule Beeren verwendet werden, die einzeln mit der Schere aus dem Traubenbüschel geschnitten werden. Rosinenartig geschrumpfte, edelfaule Beeren ergeben eine *Trockenbeerenauslese. Eiswein* wird aus im gefrorenen Zustand geernteten Beeren gewonnen.

(52) **Lösung b)**
Mit 5895 Metern ist der im Grenzgebiet von Kenia und Tanzania liegende Kilimandscharo der höchste Berg in Afrika. Der an der Grenze von Zaïre und Uganda liegende *Ruwenzori* hat eine Höhe von 5119 Metern. Der *Mt. Everest* im Himalaya ist der höchste Berg der Erde mit einer Höhe von 8848 Metern. Der *Mt. McKinley* in Alaska ist 6194 Meter hoch.

(53) **Lösung c)**
Ratatouille ist eine Gemüsespezialität aus Nizza, die auch gerne als kalte Vorspeise gegessen wird.
Bouillabaisse ist eine aus Marseille stammende Fischsuppe. Aus Italien stammt die Gemüsesuppe *Minestrone.* Die Hauptbestandteile des griechischen Auflaufs *Moussaka* sind Auberginen, Eier und Kartoffeln bzw. Reis sowie Hammel- oder Lammfleisch.

(54) **Lösung c)**
Externsteine nennt man eine zerklüftete Felsgruppe bei Horn-Bad Meinberg. Diese Kreidesandstein-Felsen werden als heidnische Kultstätte betrachtet. Als *Findlinge* bezeichnet man Gesteinsblöcke, die durch die Gletscher der Eiszeit sehr weit von ihrem Herkunftsort wegtransportiert wurden.

(55) **Lösung a)**
Atropin stammt aus der Tollkirsche *(Atropa belladonna).* Schon wenige der kirschenähnlichen Beeren können aufgrund ihres Atropingehaltes bei Kindern tödlich wirken.
Vergiftungserscheinungen sind: stark erweiterte Pupillen (*bella donna* = schöne Frau; Tollkirschen wurden früher als Schönheitsmittel bzw. Augenkosmetikum verwendet), Mundtrockenheit, Herzjagen und gerötete Haut.

56 Gehört die Anemone zu den

☐ **a)** Hahnenfußgewächsen?

☐ **b)** Schiefblattgewächsen?

☐ **c)** Heidekrautgewächsen?

☐ **d)** Schwertliliengewächsen?

57 Was versteht man unter Epizoon?

☐ **a)** Schmarotzer, der Tiere befällt.

☐ **b)** Ausbruch eines Vulkans

☐ **c)** Abtragung der Erdoberfläche durch Wind, Wetter und Wasser

☐ **d)** Gebiet, das an der Erdoberfläche über dem Erdbebenherd liegt.

58 Um was für einen Hund handelt es sich?

☐ **a)** Schäferhund

☐ **b)** Dogge

☐ **c)** Dobermann

☐ **d)** Dalmatiner

56 **Lösung a)**
Die Anemone gehört zur Gattung der Hahnenfußgewächse. Sie tritt in zahlreichen unterschiedlichen Arten auf, so z.B. dem Buschwindröschen.
Zur Gattung der *Schiefblattgewächse* gehört beispielsweise die Begonie. Die Gattung der *Heidekrautgewächse* umfaßt mehr als 2500 Arten, dabei sind es meist Sträucher oder kleine Holzpflanzen. Der Familie der *Schwertliliengewächse* gehören u.a. die Gladiole, der Krokus und selbstverständlich die Schwertlilie selbst an.

57 **Lösung a)**
Das Epizoon ist ein Schmarotzer, wie beispielsweise die Laus, die andere Tiere und Menschen befällt.
Der Ausbruch eines Vulkans wird als *Eruption* bezeichnet. Unter *Erosion* versteht man die Abtragung der Erdoberfläche durch Wind, Wetter, Flüsse, Gletscher und Wellen. Das *Epizentrum* ist das Gebiet, das an der Erdoberfläche über dem Erdbebenherd liegt.

58 **Lösung c)**
Es handelt sich um einen Dobermann. Der kurzhaarige Dobermann wird etwa 60 bis 70 cm hoch und ist ein Wach- und Schutzhund.
Der *deutsche Schäferhund* ist ein ca. 60 cm hoher, kräftiger Hund, der u.a. als Wach-, Schutz-, Blinden- und Botenhund eingesetzt wird. Der Begriff *Dogge* steht für mehrere Hunderassen, so beispielsweise für Deutsche Dogge (Abbildung), Mops, Bulldogge und Bordeaux-Dogge. *Dalmatiner* sind eine kurzhaarige Haushunderasse (50–60 cm hoch) mit einem verhältnismäßig langen Hals.

Schäferhund *Deutsche Dogge* *Dalmatiner*

59 **Auf welchen Vogel trifft diese Beschreibung zu?**
»Die Männchen haben einen kastanienbraunen Rücken mit schwarzen Streifen. Ihre Kopfplatte ist grau. Die Backen sind weiß, und am Hals tragen sie einen schwarzen Latz. Das Weibchen ist wesentlich unscheinbarer, es ist auf dem Rücken mattbraun und auf der Bauchseite schmutzigweiß.«

☐ **a)** Türkentaube ☐ **b)** Buchfink

☐ **c)** Blaumeise ☐ **d)** Haussperling

60 **Was ist ein Takin?**

☐ **a)** Rindergemse, aus dem östlichen Zentralasien

☐ **b)** Starenart, die in Hinterindien und Sri Lanka beheimatet ist.

☐ **c)** Falterart, die im mediterranen Klima zu finden ist.

☐ **d)** Eine australische Straußenart

61 **Welche normale Körpertemperatur hat der Pinguin?**

☐ **a)** 35°C ☐ **b)** 38°C

☐ **c)** 39°C ☐ **d)** keine beständige, da sich seine Körpertemperatur immer der Außentemperatur anpaßt

62 **Um was für eine Pflanze handelt es sich?**

☐ **a)** Wacholder

☐ **b)** Pinie

☐ **c)** Kokospalme

☐ **d)** Ölbaum

59 **Lösung d)**

Bei dem beschriebenen Vogel handelt es sich um den Haussperling, auch Spatz genannt.
Türkentauben sind graubraun, haben ein schwarzes Nackenband, und ihr Schwanzfächer enthält viel Weiß. Das wichtigste Merkmal des *Buchfinken* sind die blütenweißen Flügelbinden. Die *Blaumeise* ist die einzige Meise, bei der Scheitel, Flügel und Schwanz blaugefärbt sind.

60 **Lösung a)**

Der Takin ist eine Rindergemse aus dem östlichen Zentralasien. Er lebt in kleinen Herden in sehr großen Höhen (2000–2500 Meter Höhe).
Der *Beo* ist eine Starenart, die in Hinterindien und Sri Lanka beheimatet ist. Der *Emu* ist eine australische Straußenart.

61 **Lösung c)**

Der Pinguin gehört zu den Warmblütern, die unabhängig von der Außentemperatur eine konstante Körpertemperatur haben. Diese Eigenschaft hat nur 1% der Tierwelt. Beim Pinguin liegt diese Körpertemperatur bei 39°C.
35°C beträgt sie beim *Blauwal* und 37°C beim *Menschen.*

62 **Lösung b)**

Es handelt sich um die Pinie. Sie ist eine Kiefernart, die im Mittelmeergebiet verbreitet ist, mit einer schirmartigen flachen Krone.
Nachfolgend sind der *Wacholder,* die *Kokospalme* und der *Ölbaum* abgebildet.

63 Was sind Isothermen?

☐ **a)** Linien gleicher Niederschlagsmenge auf einer Wetterkarte

☐ **b)** Linien gleicher Höhe auf einer geographischen Karte

☐ **c)** Linien gleicher Temperatur auf einer Wetterkarte

☐ **d)** Linien gleichen Luftdrucks auf einer Wetterkarte

64 Bei welchem Luftdruckwert spricht man von »Normal-Luftdruck«?

☐ **a)** 750 Torr ☐ **b)** 1013 hPa

☐ **c)** 700 mm Quecksilbersäule ☐ **d)** 1000 hPa

65 Ein Lichtstrahl trifft ein Glasprisma. Wie wird der Lichtstrahl danach weitergehen?

☐ **a)**
☐ **b)**
☐ **c)**
☐ **d)**

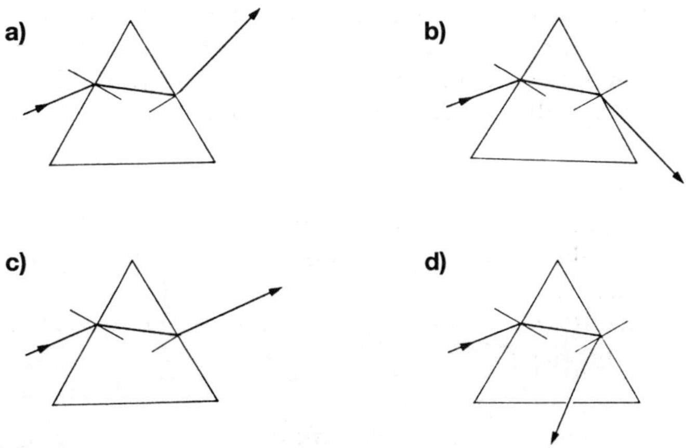

66 Was versteht man unter Lanthaniden?

☐ **a)** Die volkstümlich als Geranie bezeichnete zur Gruppe der Storchenschnabelgewächse gehörende Pflanze

☐ **b)** Blütenlose Pflanzen

☐ **c)** Einzellige Urtiere

☐ **d)** Seltene Erdmetalle

63 **Lösung c)**
Linien gleicher Temperatur auf einer Temperatur-/Wetterkarte nennt man *Isothermen*.
Unter *Isohyeten* versteht man Linien, die Orte gleicher Niederschlagsmenge in einem bestimmten Zeitabschnitt miteinander verbinden. Linien gleicher Höhe auf einer geographischen Karte nennt man *Isohypsen*. Die auf der Wetterkarte eingezeichneten Linien gleichen Luftdrucks heißen *Isobaren*.

64 **Lösung b)**
Der Normal-Luftdruck, auch Standard-Luftdruck, für die Höhenmessereinstellung in der Luftfahrt, ist 1013 hPa (die frühere Bezeichnung war Millibar – mb).
Der Normal-Luftdruck auf Meeresniveau beträgt im Mittel 760 Torr oder 760 mm Quecksilbersäule. Der Luftdruck wird dadurch gemessen, daß das Gewicht der Luftsäule (Querschnitt 1 cm^2) über dem Beobachtungsort dem Gewicht einer Quecksilbersäule das Gleichgewicht hält.

65 **Lösung b)**
Der Lichtstrahl wird beim Durchgang durch ein Glasprisma zweimal gebrochen, und zwar so, daß er von der »brechenden Kante« weg gebrochen wird. Die »brechende Kante« ist die Schnittkante der sich schneidenden Prismenebenen. Wie groß der gesamte Ablenkwinkel des Prismas ist, hängt von dem an der »brechenden Kante« anliegenden Prismenwinkel ab.

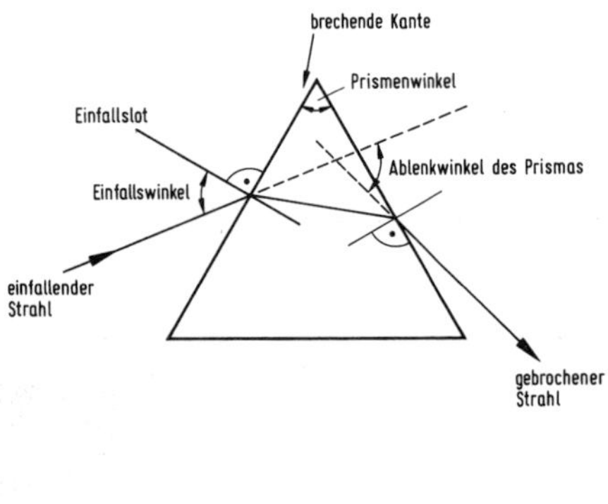

66 **Lösung d)**
Lanthaniden sind seltene Erdmetalle.
Lanthanoid ist ein seltenes unedles Metall. Die volkstümlich als Geranie bezeichnete *Pelargie* gehört zur Gruppe der Storchschnabelgewächse. Blütenlose Pflanzen, Sporenpflanzen, wie z.B. Algen und Farne, bezeichnet man als *Kryptogamen*. Einzellige Urtiere nennt man *Protozoen*.

67 Welche Reihenfolge des Aufbaus der Atmosphäre ist richtig?

☐ **a)** Tropospähre – Tropopause – Stratosphäre – Stratopause – Mesosphäre – Mesopause – Ionosphäre

☐ **b)** Stratosphäre – Stratopause – Troposphäre – Tropopause – Ionosphäre – Ionopause – Mesosphäre – Mesopause

☐ **c)** Tropopause – Troposphäre – Stratopause – Stratosphäre – Mesopause – Mesosphäre – Ionopause – Ionosphäre

☐ **d)** Stratopause – Stratosphäre – Tropopause – Troposphäre – Mesopause – Mesosphäre – Ionosphäre

68 Was ist das Pantoffeltierchen?

☐ **a)** Käfer
☐ **b)** Säugetier
☐ **c)** Einzeller
☐ **d)** Insekt

69 Was ist eine Drainage?

☐ **a)** Flußbegradigung
☐ **b)** Entwässerungssystem
☐ **c)** Bewässerungssystem
☐ **d)** Wurzeltiefe Lockerung des Erdreichs

70 Handelt es sich bei dem abgebildeten Körperbau des Mannes um

☐ **a)** einen pyknischen Typ?
☐ **b)** einen leptosomen Typ?
☐ **c)** einen athletischen Typ?
☐ **d)** einen asthenischen Typ?

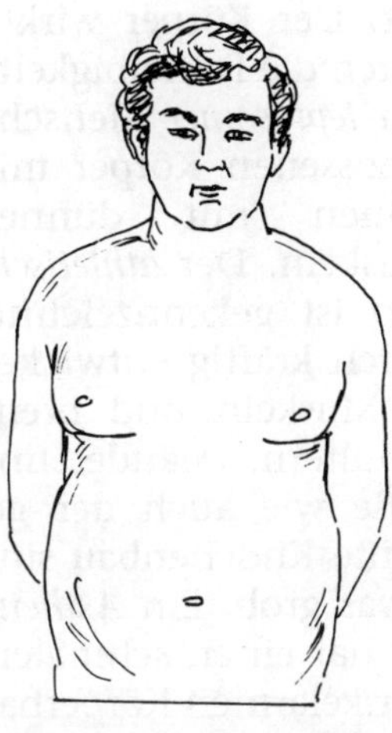

⑰ **Lösung a)**
Die Atmosphäre ist von der Erde her gesehen wie folgt aufgebaut: Bis zu 11 km Höhe geht die Troposphäre, es folgt die schmale Übergangsschicht (Tropopause) zur Stratosphäre. Diese erstreckt sich bis zu einer Höhe von 45 km, es folgt wiederum eine Übergangsschicht mit dem Namen Stratopause zur Mesosphäre. Diese reicht bis zu einer Höhe von 85 km. Nach der Übergangsschicht (Mesopause) folgt die Ionosphäre, der eine bestimmte Obergrenze fehlt.

⑱ **Lösung c)**
Das Pantoffeltierchen ist ein im Süßwasser wohnender Einzeller, der ca. 0,3 mm groß wird. Er hat ungefähr die Form einer Schuhsohle.

⑲ **Lösung b)**
Eine Drainage ist eine Entwässerung. Soll z.B. eine sumpfige Wiese entwässert werden, so wird ein System von Sickerleitungen, die das Wasser ablaufen lassen, in den Wiesenboden verlegt.
Die wurzeltiefe Lockerung des Erdreichs zur Belüftung des Bodens, damit Dünger und Wasser besser eindringen können, nennt man *Vertikutieren.*

⑳ **Lösung a)**
Der Körperbau des abgebildeten Mannes repräsentiert einen pyknischen Typ. Der Knochenbau ist schwächlich ausgebildet. Der Körper wirkt gedrungen, unterstrichen wird dies durch die Fettleibigkeit.
Ein *leptosomer* Mensch besitzt einen schmalen, hochaufgeschossenen Körper mit langem Brustkorb und schwachen Armen mit dünnen Muskeln. Der *athletische* Typ ist gekennzeichnet durch kräftig entwickelte Muskeln und breite Schultern. Hände und Füße wie auch der gesamte Knochenbau sind etwas grob. Ein *Astheniker* hat einen schmalen, muskelarmen Körperbau.

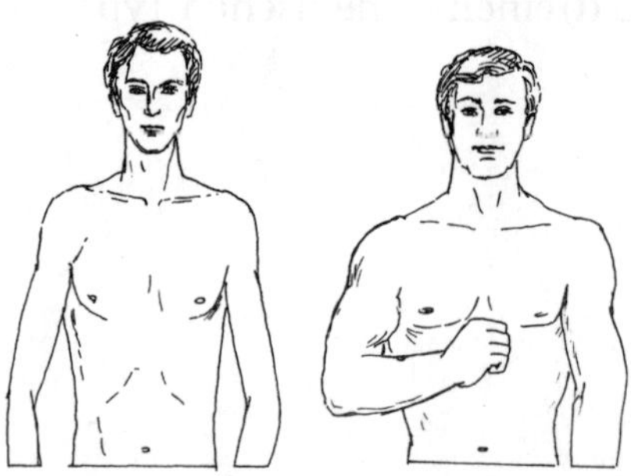

Leptosomer Typ   Athletischer Typ

6 Kunst – Literatur

Fragen

❶ Verbinden Sie mit Agatha Christie

☐ **a)** Sherlock Holmes?

☐ **b)** Lord Peter Wimsey?

☐ **c)** Hercules Poirot?

☐ **d)** George Smiley?

❷ Welcher der nachfolgenden Romane ist nicht von Günter Grass?

☐ **a)** »Die Blechtrommel«

☐ **b)** »Der Butt«

☐ **c)** »Aus dem Tagebuch einer Schnecke«

☐ **d)** »Deutschstunde«

❸ Welcher Maler schuf das Bild „Der Mann mit dem Goldhelm"?

☐ **a)** Rembrandt

☐ **b)** Carl Spitzweg

☐ **c)** Peter Paul Rubens

☐ **d)** Albrecht Dürer

❹ Wer waren die Argonauten?

☐ **a)** Zwergvolk, das Troja angegriffen hat.

☐ **b)** Münzpräger in Athen

☐ **c)** Helden der griechischen Sage, die das goldene Vlies gewinnen wollten.

☐ **d)** Kunstrichtung, die den materiellen Wert der Kunstgegenstände stark hervorgehoben hat.

Lösungen

① **Lösung c)**
Hercules Poirot, der kleine belgische Meisterdetektiv, ist genauso wie Miss Marple, eine Erfindung der Schriftstellerin Agatha Christie.
Sherlock Holmes ist der Detektiv und Watson dessen Assistent in den Romanen von Sir Arthur Conan Doyle.
Lord Peter Wimsey ist ein Hobbydetektiv in den Romanen von Dorothy Sayers.
George Smiley ist ein Mitarbeiter des englischen Geheimdienstes, der in den Büchern von John le Carré gegen die russische Spionage kämpft.

② **Lösung d)**
Die *»Deutschstunde«* ist ein 1968 veröffentlichter Roman von Siegfried Lenz.
Günter Grass wurde am 16. 10. 1927 in Danzig geboren. Mit dem Roman »Die Blechtrommel« gelang dem Schriftsteller 1959 der internationale Durchbruch. Die Romane »Aus dem Tagebuch einer Schnecke« und »Der Butt« erschienen 1972 und 1977.

③ **Lösung a)**
Rembrandt Harmensz van Rijn, wie der eigentliche Name des Künstlers lautet, lebte von 1606 bis 1669. In den fünfziger Jahren des 17. Jahrhunderts entstand das Bild »Der Mann mit dem Goldhelm«.
Bekannte Bilder von *Carl Spitzweg* sind »Der arme Poet« und »Der Kaktusfreund«. Von *Albrecht Dürer* sind die Bilder »Der Hase« und »Die betenden Hände« sehr berühmt geworden.

④ **Lösung c)**
Die Argonauten sind nach ihrem Schiff Argo benannte Helden der griechischen Mythologie, darunter auch Herakles, die das von einem Drachen bewachte goldene Vlies nach Griechenland holten.

❺ **Aus welchem Werk stammt das Zitat:**
»Denn was man schwarz auf weiß besitzt, kann man getrost nach Hause tragen«?

☐ **a)** »Don Carlos« ☐ **b)** »Die Bürgschaft«

☐ **c)** »Faust« ☐ **d)** »Hamlet«

❻ **Was ist eine Ode?**

☐ **a)** Festliches reimloses Gedicht

☐ **b)** Würdigung einer Person

☐ **c)** Singende Darbietung schauriger Geschichten zu Drehorgelmusik

☐ **d)** Opfer- und Festgesang zu Ehren der griechischen Götter

❼ **In welchem Werk von Schiller kommt »Lady Milford« vor?**

☐ **a)** »Maria Stuart« ☐ **b)** »Kabale und Liebe«

☐ **c)** »Don Carlos« ☐ **d)** »Ring des Polykrates«

❽ **Wer schrieb das Buch »Das fliegende Klassenzimmer«?**

☐ **a)** Enid Blyton ☐ **b)** Ottfried Preussler

☐ **c)** Astrid Lindgren ☐ **d)** Erich Kästner

❾ **Welchen Inhalt hat das Drama »Othello«?**

☐ **a)** Ein Feldherr im Dienst Venedigs wird durch hinterhältiges Spiel dazu gebracht, seine Geliebte zu erwürgen.

☐ **b)** Der Sohn des Regenten von Spanien ist in seine junge Stiefmutter verliebt. Diese Liebe zwingt ihn zur Flucht, die jedoch in letzter Minute scheitert.

☐ **c)** Ein zu ewiger Seefahrt verdammter Kapitän kann nur durch die bis zum Tode reichende Liebe eines jungen Mädchens von seinem Fluch befreit werden.

☐ **d)** Ein Richter wird bei der Abhaltung des Prozesses selbst als Schuldiger entlarvt.

⑤ **Lösung c)**
In der Schülerszene des »Faust« sagt der Schüler zu Mephisto: »Mir wird von alledem so dumm, als ging mir ein Mühlrad im Kopf herum. Denn was man schwarz auf weiß besitzt, kann man getrost nach Hause tragen.«

⑥ **Lösung a)**
Die Ode ist eine erhabene festliche Dichtung.
Eine *Laudatio* ist eine Würdigung einer Person bei Ehrungen oder Verabschiedungen. Der Gesang der Bänkelsänger zur Drehorgelmusik wird *Moritat* genannt. *Hymnen* haben ihren Ursprung in den Opfer- und Festgesängen zu Ehren der griechischen Götter.

⑦ **Lösung b)**
Mit dem 1784 uraufgeführten Stück »Kabale und Liebe« brachte der junge Schiller seine Empörung gegen Freiheitsbeschränkung und Standesunterschiede zum Ausdruck.
Lady Milford spielt darin die Rolle der fürstlichen Mätresse, mit der der fürstliche Berater, Präsident von Walter, seinen Sohn verheiraten möchte. Dieser liebt jedoch die Tochter eines Musikers.

⑧ **Lösung d)**
Das Buch »Das fliegende Klassenzimmer« wurde 1933 von Erich Kästner (1899–1974) geschrieben. Weitere bekannte Kinderbücher von Kästner sind: »Emil und die Detektive« (1929) und »Das doppelte Lottchen« (1949).

⑨ **Lösung a)**
»Othello« ist eine Tragödie von Shakespeare in fünf Aufzügen. Sie handelt von dem hinterhältigen Spiel des in der Beförderung übergangenen Jago gegen seinen Vorgesetzten, den Feldherrn Othello. Jago bringt Othello dazu, die Geliebte zu erwürgen und den Freitod zu suchen.
Bei dem Regentensohn, der seine Stiefmutter liebt, handelt es sich um *»Don Carlos«*, einem Drama von Schiller.
Der zu ewiger Seefahrt verdammte Kapitän ist *»Der fliegende Holländer«*.
Im *»Zerbrochenen Krug«*, einer Komödie von Kleist, entlarvt sich der Richter als der Schuldige.

⑩ Mit welchem Werk verbinden Sie den Namen »Dostojewski«?

☐ a) »Krieg und Frieden« ☐ b) »Schuld und Sühne«

☐ c) »Archipel Gulag« ☐ d) »Eugen Onegin«

⑪ In London fand im April 1957 die Uraufführung eines Stückes von Samuel Beckett statt, in dem eine Frau und ein Mann in Mülltonnen leben. Wie heißt dieses Stück?

☐ a) »Warten auf Godot« ☐ b) »Godot ist gekommen«

☐ c) »Das letzte Tonband« ☐ d) »Endspiel«

⑫ Wer schrieb das Buch »Der Name der Rose«?

☐ a) Umberto Eco ☐ b) James Fenimore Cooper

☐ c) Curzio Malaparte ☐ d) Jean Paul Sartre

⑬ Wie nennt man diese Rätselform?

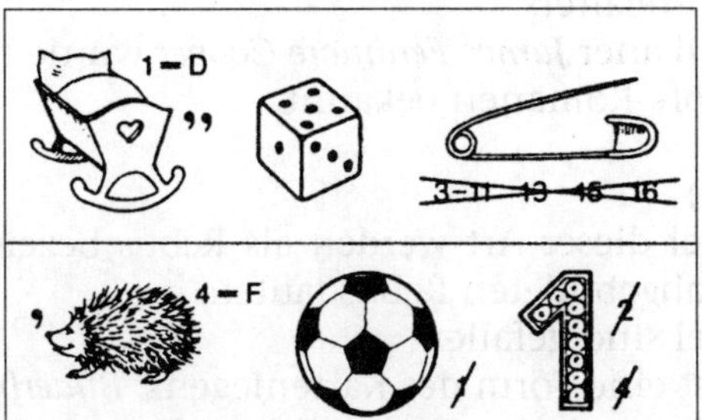

☐ a) Rebus ☐ b) Bilderbogen

☐ c) Domino ☐ d) Patience

⑭ Wie hieß der französische Schriftsteller, der während des zweiten französischen Kaiserreichs emigrieren mußte?

☐ a) Gustave Flaubert ☐ b) Victor Hugo

☐ c) Henri Charrière ☐ d) Daniel Defoe

⑩ **Lösung b)**
Fjodor Michajlowitsch Dostojewski (1821–1881) ist ein bedeutender russischer Dichter. Seine bekanntesten Werke sind: »Die Gebrüder Karamasow«, »Der Spieler«, »Die Dämonen«. *»Krieg und Frieden«* ist ein Roman von Leo (Lew) Tolstoj. Der *»Archipel Gulag«* von Solschenizyn ist eine Beschreibung der Verfolgung von Sowjetbürgern im eigenen Land. *»Eugen Onegin«* von Aleksander Puschkin ist ein 1825 entstandener Versroman.

⑪ **Lösung d)**
Der irische Schriftsteller Samuel Beckett (1906–1989) ist der bedeutendste Vertreter des absurden Theaters. In seinem am 3. 4. 1957 in London uraufgeführten Theaterstück »Endspiel« fehlen radikal alle Zukunftsperspektiven, die Personen des Stücks vegetieren teilweise in Mülltonnen dahin.
Das Stück *»Godot ist gekommen«* von Miodrag Bulastovic ist die Fortführung des Beckett-Dramas *»Warten auf Godot«*.

⑫ **Lösung a)**
Umberto Eco beschreibt in seinem Roman »Der Name der Rose« u. a. Situation und Denkrichtungen in den Klöstern des frühen Mittelalters.
Der Amerikaner *James Fenimore Cooper* wurde mit seinen »Lederstrumpf«-Romanen bekannt.

⑬ **Lösung a)**
Bilderrätsel dieser Art werden als Rebus bezeichnet. Die Lösung des abgebildeten Rebus lautet:
Die Würfel sind gefallen.
Patience ist eine Form des Kartenlegens. *Bilderbogen* sind Bildfolgen mit gereimten Texten, die seit dem 15. Jahrhundert sehr populär sind. Besonders berühmt sind die Bilderbogen des 19. Jahrhunderts aus Epinal.

⑭ **Lösung b)**
Victor Hugo (1802–1885) floh vor Louis Napoleon auf die englischen Kanalinseln Jersey und Guernsey und lebte dort 15 Jahre (1855–1870). Während dieser Zeit entstand eines seiner bekanntesten Werke »Les Misérables«.
Der französische Schriftsteller *Henri Charrière* (1906 – 1973) schildert in seinem Buch »Papillon« seine Fluchtgeschichte.

⓯ **Welcher der nachfolgenden Titel ist kein Buch von Heinrich Böll?**

☐ **a)** »Gruppenbild mit Dame« ☐ **b)** »Wo warst du Adam?«

☐ **c)** »Frauen vor Flußlandschaft« ☐ **d)** »Ein Fremdling«

⓰ **In welchem Roman ist Scarlett O'Hara die weibliche Hauptperson?**

☐ **a)** »Vom Winde verweht« ☐ **b)** »Der Scharlachbuchstabe«

☐ **c)** »Brave New World« ☐ **d)** »Wuthering Heights«

⓱ **Wer malte das Bild »Die sixtinische Madonna«?**

☐ **a)** Michelangelo ☐ **b)** Dürer

☐ **c)** Da Vinci ☐ **d)** Raffael

⓲ **Wer malte dieses Bild?**

☐ **a)** Van Gogh ☐ **b)** Seurat

☐ **c)** Manet ☐ **d)** Sisley

⓳ **Welcher Schriftsteller hat die Erzählung »Der alte Mann und das Meer« geschrieben?**

☐ **a)** Somerset Maugham ☐ **b)** George Orwell

☐ **c)** William Faukner ☐ **d)** Ernest Hemingway

⑮ **Lösung d)**
»Ein Fremdling« ist ein 1983 erschienener Roman von Hermann Lenz, der von Eugen Rapp, einem Schriftsteller, handelt. Dieser kämpft nach der Wirtschaftsreform 1948 mit geringem Einkommen ums Überleben.
Die Romane von Heinrich Böll *»Wo warst du Adam?«* und *»Gruppenbild mit Dame«* sind 1951 und 1971 erschienen. *»Frauen vor Flußlandschaft«* ist Bölls letztes Buch, das er kurz vor seinem Tod (1985) abschloß.

⑯ **Lösung a)**
In dem einzigen Roman von Margaret Mitchell »Vom Winde verweht« ist Scarlet O'Hara die weibliche Hauptperson. Der Roman spielt in den amerikanischen Südstaaten während des Sezessionskrieges.
In dem Roman *»Der Scharlachbuchstabe«* von Nathaniel Hawthorne heißt die Hauptperson Hester Prymne.
Die dramatische Familiengeschichte *»Wuthering Heights«* mit dem deutschen Titel »Sturmhöhe« stammt von Emily Brontë.

⑰ **Lösung d)**
»Die sixtinische Madonna« malte um 1513 der italienische Maler und Architekt Raffael, eigentlich Raffael Santi (1483–1520). Das Bild ist in der Staatlichen Kunstsammlung Dresden zu besichtigen.

⑱ **Lösung a)**
Es handelt sich um ein Gemälde des niederländischen Impressionisten Vincent van Gogh (1853–1890). Das Bild mit dem Titel »Iris« entstand 1890 und ist im Metropolitan-Museum in New York ausgestellt.

⑲ **Lösung d)**
»Der alte Mann und das Meer« wurde 1952 von Ernest Hemingway (1899–1961) geschrieben. Der amerikanische Schriftsteller erhielt 1954 den Nobelpreis für Literatur.

⓴ Tennessee Williams ist der Künstlername von

☐ **a)** Robert Zimmermann?

☐ **b)** Alexej Maximowitsch Peschkow?

☐ **c)** Thomas Lanier?

☐ **d)** Eric Arthur Blair?

㉑ Versteht man unter Rocaille

☐ **a)** das Leitmotiv des Rokoko?

☐ **b)** ein kleines Türmchen zur Bekrönung von Pfeilern?

☐ **c)** einen gotischen Ziergiebel?

☐ **d)** ineinander verschlungene Wendeltreppen?

㉒ Wer malte das Bild »Der Turm der blauen Pferde«?

☐ **a)** Franz Marc

☐ **b)** Wassily Kandinsky

☐ **c)** Charles-Edouard Le Corbusier

☐ **d)** August Macke

㉓ Welche Eigenschaften kennzeichnen den Bauhaus-Stil?

☐ **a)** Zweckbezogen, schlicht, gegenwartsnah

☐ **b)** Geschwungen, antik, verziert

☐ **c)** Feierlich, verspielt, prunkvoll

☐ **d)** Überdimensional, abstrakt, zweckentfremdet

⑳ **Lösung c)**
Tennessee Williams hieß mit bürgerlichem Namen Thomas Lanier.
Bob Dylan ist der Künstlername von *Robert Zimmermann.*
Das Pseudonym des Autors *Alexej Maximowitsch Peschkow* ist Maxim Gorki.
Eric Arthur Blair schrieb unter dem Künstlernamen George Orwell.

㉑ **Lösung a)**
Rocaille bedeutet Muschelwerk, es ist das Leitmotiv des Rokoko und ist ein muschelförmiges, asymmetrisches Ornament.
Die *Fiale* ist ein kleines Türmchen, das als gotisches Architekturmittel zur Bekrönung von Pfeilern dient.
Als *Wimberg* bezeichnet man einen gotischen Ziergiebel.

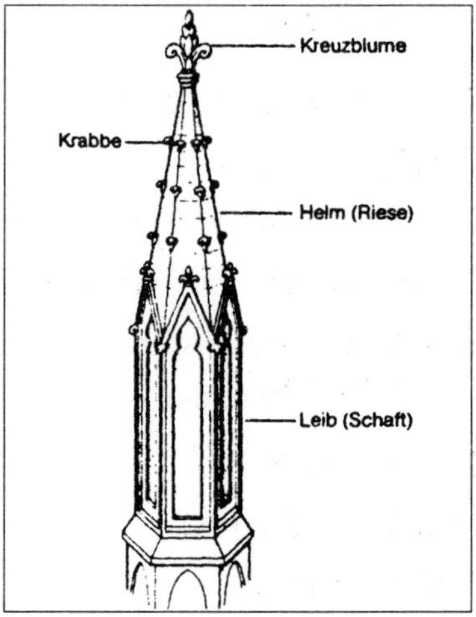

㉒ **Lösung a)**
Franz Marc (1880– 1916) gründete mit Kandinsky die Künstlergemeinschaft »Blauer Reiter«. Marc malte vornehmlich Tiermotive, wobei die Farben und Formen des Tieres sich immer mehr mit seiner Umgebung vermischten. Das Bild »Der Turm der blauen Pferde« zählt zu den wichtigsten Werken dieser Epoche.

㉓ **Lösung a)**
Der Bauhaus-Stil, hervorgegangen aus dem von W. Gropius 1919 gegründeten Institut, zeichnet sich durch Zweckbezogenheit und Schlichtheit aus. Die Bauhaus-Künstler wandten sich gegen die überkommenen Stile und schufen Formen, die sich auch heute noch in vielen Gebrauchsgegenständen wiederfinden.
Mitglieder des Bauhauses waren u.a. Schlemmer, Klee, Kandinsky.

24 Vom wem stammt das Gedicht zu dem bekannten Volkslied: »Der Mai ist gekommen, die Bäume schlagen aus«?

☐ a) Emanuel Geibel

☐ b) Matthias Claudius

☐ c) Friedrich Rückert

☐ d) Nikolaus Lenau

25 Was versteht man unter dem Simplizissimus?

☐ a) Naive Malerei

☐ b) Humoristische satirische Wochenzeitschrift

☐ c) Baukunst, die klare einfache Linien bevorzugt.

☐ d) Literarische Richtung, die die konventionelle Kunstauffassung ablehnt.

26 Wie heißt der Autor der Romanfigur »Kommissar Maigret«?

☐ a) Mario Simmel

☐ b) John le Carré

☐ c) Georges Simenon

☐ d) Edgar Wallace

27 Von wem stammt »Deutschland – ein Wintermärchen«?

☐ a) Franz Schubert

☐ b) Clemens von Brentano

☐ c) Gustav Meyrink

☐ d) Heinrich Heine

28 Welcher Künstler hat den Greglinger Altar geschaffen?

☐ a) Tillman Riemenschneider

☐ b) Jörg Lederer

☐ c) Veit Stoß

☐ d) Michael Pacher

㉔ **Lösung a)**
Emanuel Geibel (1815–1884) schrieb Gedichte und Lieder. Die Melodie zu dem Gedicht stammt von Justus Lyra.
Matthias Claudius (1740–1815) ist der Verfasser des Liedertextes »Der Mond ist aufgegangen, die goldnen Sternlein prangen am Himmel hell und klar ...«.

㉕ **Lösung b)**
Der Simplizissimus ist eine politische Wochenzeitschrift, die 1896 von Albert Langer und Th. Th. Heine in München gegründet wurde. Die Zeitschrift existierte bis 1944. 1954 bis 1967 wurde ein zweiter Versuch gemacht, eine politische Zeitschrift unter dem Titel Simplizissimus herauszugeben.
Der *Dadaismus* ist eine Kunstrichtung, die alle bürgerlichen, konventionellen Kunstauffassungen ablehnt.

㉖ **Lösung c)**
Kommissar Maigret ist eine Erfindung von Georges Simenon. In den Romanen von John le Carré geht es oft um den Mitarbeiter des britischen Geheimdienstes George Smiley.
Edgar Wallace ließ den Inspektor Elk von Scotland Yard des öfteren Kriminalfälle lösen.

㉗ **Lösung d)**
»Deutschland – ein Wintermärchen« ist ein satirischer Gedichtzyklus von Heinrich Heine.
Franz Schubert hat 24 Gedichte, die durch eine melancholische Grundstimmung gekennzeichnet sind, unter dem Namen »Die Winterreise« vertont.

㉘ **Lösung a)**
Der Bildschnitzer und Bildhauer Tillman Riemenschneider (1460–1531) hat u.a. die Altäre in Greglingen und in Rothenburg o.d. Tauber geschaffen.
Der Bildschnitzer *Jörg Lederer* ist bekannt für seinen Flügelaltar in Bad Oberdorf bei Hindelang. *Veit Stoß* ist u.a. mit seinen Heiligenfiguren in der Nürnberger St. Lorenzkirche sowie dem Hochaltar der Marienkirche in Krakau berühmt geworden.
Michael Pacher hat die Altäre in Gries bei Bozen und in St. Wolfgang am Wolfgangsee geschaffen.

㉙ Versteht man unter dem Plateresken-Stil

☐ **a)** die im 14. Jahrhundert von den Mauren in Spanien eingeführte Art, die Wände mit farbigen Fliesen zu verkleiden?

☐ **b)** eine Stilrichtung, die die maurischen und gotischen Formen verbindet?

☐ **c)** einen spätgotischen Stil in England und Frankreich?

☐ **d)** einen kleinteiligen Dekorationsstil der spanischen Renaissance-Baukunst?

㉚ Welche der nachfolgenden Kirchen ist nicht im Barock-Stil erbaut?

☐ **a)** Marienkirche in Lübeck ☐ **b)** Dresdner Frauenkirche

☐ **c)** Klosterkirche Birnau ☐ **d)** Theatinerkirche in München

㉛ Ordnen Sie die in der nachfolgenden Abbildung mit 1 bis 5 bezeichneten Gebäude einer bestimmten Stilrichtung zu.

☐ **a)** 1 Barock, 2 Renaissance, 3 Romanik, 4 Gotik, 5 Klassizismus

☐ **b)** 1 Romanik, 2 Klassizismus, 3 Gotik, 4 Barock, 5 Renaissance

☐ **c)** 1 Klassizismus, 2 Barock, 3 Renaissance, 4 Romanik, 5 Gotik

☐ **d)** 1 Gotik, 2 Romanik, 3 Barock, 4 Klassizismus, 5 Renaissance

㉜ Wer schrieb den Roman »Doktor Schiwago«?

☐ **a)** Maxim Gorki ☐ **b)** Boris Pasternak

☐ **c)** Alexander Puschkin ☐ **d)** Lew Tolstoi

㉙ **Lösung d)**
Der Plateresken-Stil ist ein Dekorationsstil der im 16. Jahrhundert zur Anwendung gekommenen Renaissance-Baukunst.
Beim spanischen *Azulejos-Stil* sind vielfarbig bemalte und glasierte keramische Kacheln als Wandverkleidung verwendet worden.
Als *Mudejar-Stil* bezeichnet man die Stilrichtung, die die maurischen und gotischen Formen im 14. und 15. Jahrhundert verbunden hat. Der spätgotische Stil in Frankreich und England, dessen Hauptmerkmale reiche, flammenartige Verzierungen sind, wird *Flamboyant* genannt.

㉚ **Lösung a)**
Die Marienkirche in Lübeck, auch Ratskirche genannt, ist ein gotisches Backstein-Bauwerk.

㉛ **Lösung d)**
Bei der Kirche im Hintergrund oben links im Bild handelt es sich um einen gotischen Bau **(1)**; in der Mitte befindet sich eine romanische Kirche **(2)**, rechts eine barocke Kirche **(3)**. Rechts unten handelt es sich um ein Haus im Renaissance-Baustil **(5)**, unten links um einen klassizistischen Bau **(4)**.

㉜ **Lösung b)**
Der russische Dichter Boris Pasternak (1890–1960) beschreibt in seinem bekanntesten Werk »Doktor Schiwago« (1957) das Schicksal eines Arztes in den Jahren 1904–1930 in Rußland. Pasternak war in der UdSSR bis zu seinem Tod verfemt; den ihm 1958 verliehenen Nobelpreis wies er unter politischem Druck zurück.

33 Ordnen Sie die Geburts- und Sterbedaten den nachfolgenden Künstlern zu.

I	Piet Mondrian	1) 1886–1969
II	Ludwig Mies van der Rohe	2) 1841–1919
III	Auguste Renoir	3) 1781–1841
IV	Paul Klee	4) 1606–1669
V	Rembrandt	5) 1872–1944
VI	Karl Friedrich Schinkel	6) 1879–1940

☐ **a)**	I 6	II 5	III 1	IV 3	V 2	VI 4
☐ **b)**	I 5	II 1	III 2	IV 6	V 4	VI 3
☐ **c)**	I 3	II 2	III 5	IV 4	V 6	VI 1
☐ **d)**	I 2	II 6	III 4	IV 3	V 1	VI 5

34 Wer malte das Bild »Das Abendmahl«?

☐ **a)** Albrecht Dürer ☐ **b)** Leonardo da Vinci

☐ **c)** Rembrandt Harmensz van Rijn ☐ **d)** Peter Paul Rubens

35 Von wem stammt der Roman »Unsere kleine Stadt«?

☐ **a)** Oscar Wilde ☐ **b)** Ernest Hemingway

☐ **c)** Thornton Wilder ☐ **d)** Tennessee Williams

36 Wie nennt man die Maltechnik, bei der Farben dick aufgetragen werden und nach dem Trocknen teilweise wieder abgekratzt werden?

☐ **a)** Grattage ☐ **b)** Dendrochronologie

☐ **c)** Inkrustation ☐ **d)** Kalligraphie

37 Wer schrieb das Buch »Am Sonntag blieb der Rabbi weg«?

☐ **a)** Giovanni Guareschi ☐ **b)** John Knittel

☐ **c)** Harry Kemelman ☐ **d)** Ephraim Kishon

㉝ **Lösung b)**
Piet Mondrian (1872–1944), Ludwig Mies van der Rohe (1886–1969), Auguste Renoir (1841–1919), Paul Klee (1879 bis 1940), Rembrandt (1606–1669), Karl Friedrich Schinkel (1781–1841).

㉞ **Lösung b)**
Das italienische Universal-Genie Leonardo da Vinci (1452 bis 1519) malte in den Jahren 1495 bis 1497 in der Mailänder Kirche Santa Maria delle Grazie »Das Abendmahl« als Wandbild.

㉟ **Lösung c)**
Der amerikanische Dramatiker und Erzähler Thornton Wilder (1897–1975) schildert in seinem Schauspiel das tägliche Leben der Bewohner einer Kleinstadt. Das Schauspiel (1938) hat eher einen Hörspielcharakter, da sämtliche Kulissen fehlen und nur die Anmerkungen des Spielleiters sowie Geräusche das Stück kommentieren.

㊱ **Lösung a)**
Die Maltechnik, dick aufgetragene, größtenteils durchgetrocknete Farben teilweise wieder zu entfernen, wurde von Max Ernst erfunden und wird als Grattage bezeichnet.
Dendrochronologie, auch als Jahresring-Chronologie bezeichnet, ist die Altersbestimmung von Bauwerken mittels einer Baumringdatierung des zum Bau verwendeten Holzes.
Das Verkleiden von Böden und Wänden mit Marmorplatten nennt man *Inkrustation.*
Unter *Kalligraphie* versteht man die Schönschreibekunst.

㊲ **Lösung c)**
Harry Kemelman läßt seine Hauptfigur Rabbi David Small Kriminalfälle lösen.
Giovanni Guareschi schrieb die Geschichten um den streitbaren Pfarrer Don Camillo und den kommunistischen Bürgermeister Peppone. *Ephraim Kishon* wurde vor allem durch seine satirischen Bücher bekannt.

㊳ Was ist ein Arkadengang?

☐ **a)** Gang, dessen Decke auf geradem Gebälk ruht, die von Säulen getragen werden.

☐ **b)** Bogengang, bei dem die Bögen auf Pfeilern oder Säulen ruhen.

☐ **c)** Gang, der mit Balken gedeckt ist, die wiederum von Säulenreihen getragen werden.

☐ **d)** Gang, der bei Klosteranlagen oder Kirchen den Hof umgibt.

㊴ Eine reiche Frau kommt nach Jahren in ihren Geburtsort zurück. Sie beabsichtigt, an ihrem Jugendfreund Rache zu nehmen und ihn umbringen zu lassen. Wie heißt dieses Stück?

☐ **a)** »Der Richter von Zalamea«

☐ **b)** »Spiel des Lebens«

☐ **c)** »Der Besuch der alten Dame«

☐ **d)** »Die weiße Dame«

㊵ Wie nannte sich die Künstlervereinigung deutscher Expressionisten, die 1905 in Dresden gegründet wurde?

☐ **a)** Worpsweder Kreis

☐ **b)** Blauer Reiter

☐ **c)** Die Brücke

☐ **d)** De Stijl

(38) **Lösung b)**
Eine Arkade ist ein Bogengang, bei dem die Bögen auf Pfeilern oder Säulen ruhen. Eine *Kolonnade* ist ein Gang, dessen Decke auf geradem Gebälk gelagert ist. Als *Architrav* bezeichnet man den von einer Säulenreihe getragenen Balken. Der *Kreuzgang* ist der den Hof umgebende Gang, wobei eine Seite an die Kloster- oder Domkirche anlehnt.

Arkaden. Romanisches Kirchenschiff

(39) **Lösung c)**
Das Dürrenmatt-Stück »Der Besuch der alten Dame« handelt von einer Frau, die in ihrem Heimatdorf verführt und geschwängert und dann mit dem Kind im Stich gelassen wurde. Daraufhin war sie ins Ausland gegangen und kehrt nun als reiche, alte Dame zurück, um Rache an ihrem treulosen Liebhaber zu nehmen. Sie bietet ihrem Heimatdorf ein verlockend großes Geldgeschenk für die Tötung ihres Liebhabers.
»Der Richter von Zalamea« ist ein Drama von Calderón de la Barca.
Von Knut Hamsun ist das als Teil einer Trilogie verfaßte Stück *»Spiel des Lebens«*.

(40) **Lösung c)**
Die Brücke ist eine 1905 in Dresden gegründete Künstlergemeinschaft expressionistischer Maler, darunter Kirchner, Heckel, Pechstein, Schmidt-Rottluff und Müller.
Die *Worpsweder Künstlerkolonie* ist eine seit 1889 im Ort Worpswede (Niedersachsen) existierende Künstlergemeinde, der u.a. die Maler Mackensen, Modersohn und Ende angehörten. Die Künstlergemeinschaft *Blauer Reiter* wurde 1911 von Kandinsky, Marc und Kubin in München gegründet.

41 Wie nennt man die Wiederholung eines Kunstwerkes durch den Künstler selbst?

☐ a) Kopie ☐ b) Replik

☐ c) Reprint ☐ d) Reproduktion

42 Welche politische Affaire wird in dem 1972 erschienenen Buch von Carl Bernstein und Bob Woodward mit dem Titel »All the president's men« beschrieben?

☐ a) Amerikanische Invasion in der Schweinebucht

☐ b) Das Kennedy-Ultimatum über den Abzug von russischen Raketen aus Kuba

☐ c) Die Watergate-Affaire

☐ d) Der Abschuß des amerikanischen Spionageflugzeugs U 2 über der Sowjetunion

43 Wer sagte: »Etwas ist faul im Staate Dänemark«?

☐ a) Faust zu Mephisto ☐ b) Hamlet zu Ophelia

☐ c) Marcellus zu Horatio ☐ d) Polonius zu Laertes

44 Was versteht man unter Fayence?

☐ a) Verwendung älterer Bauten oder Fragmente in späteren Bauwerken

☐ b) Bildung feiner Risse in alten Gemälden durch Austrocknung

☐ c) Diebstahl und Verbreitung fremden geistigen Eigentums

☐ d) Keramik mit einer weißdeckenden Glasur

45 Versteht man unter einem Inspizienten

☐ a) den Verantwortlichen für den reibungslosen Ablauf von Proben und Aufführungen?

☐ b) einen Teilnehmer an Massenszenen ohne eigene Textrolle?

☐ c) eine Person, die für die Auswahl und Realisierung von Stücken verantwortlich ist?

☐ d) den Leiter eines staatlichen Theaters, der für die Geschäftsführung und die künstlerische Arbeit verantwortlich ist?

41 **Lösung b)**
Eine Replik ist die Wiederholung eines Kunstwerkes durch den Künstler selbst.
Eine *Kopie* eines Kunstwerkes ist die Nachbildung des Werkes. Als *Reprint* versteht man einen unveränderten Nachdruck. Als *Reproduktion* bezeichnet man die Vervielfältigung eines Werkes oder die Wiedergabe mittels Druck.

42 **Lösung c)**
Den hartnäckigen Recherchen der beiden Korrespondenten der Washington-Post ist die Aufdeckung der Watergate-Affaire zu verdanken, die letztlich zum Rücktritt des amerikanischen Präsidenten Nixon führte. Diese Recherchen wurden in dem Buch nochmals zusammengefaßt und mit Robert Redford und Dustin Hoffmann in den Hauptrollen verfilmt.

43 **Lösung c)**
In Shakespeares Drama »Hamlet« spricht am Ende der vierten Szene des ersten Aktes Marcellus zu Horatio den bekannten Satz: »Etwas ist faul im Staate Dänemark«, nachdem die beiden Freunde Hamlet von dem Geist seines Vaters wegführen.

44 **Lösung d)**
Die Fayence ist ein nach der italienischen Stadt Faenza benannte Tonware, die weiß glasiert ist.
Als *Spolien* bezeichnet man die Wiederverwendung älterer Bauteile aus anderen Bauwerken. Als *Craquelure,* auch Krakelüre, bezeichnet man die Bildung feiner Haarrisse in Keramiken und alten Gemälden aufgrund von Austrocknung.

45 **Lösung a)**
Der Inspizient ist ein Spielwart, der für den reibungslosen Ablauf von Proben und Aufführungen verantwortlich ist.
Als *Komparsen* oder *Statisten* bezeichnet man einen Teilnehmer an Massenszenen ohne Text. Der *Dramaturg* ist für die Auswahl und Realisierung von Stücken am Theater, bei Funk und Fernsehen verantwortlich. Der Leiter eines staatlichen Theaters ist der *Intendant.*

46 Wer malte das Bild »Die Toteninsel«?

☐ **a)** Anselm Feuerbach

☐ **b)** Arnold Böcklin

☐ **c)** Hieronymus Bosch

☐ **d)** Pieter Breughel d. Ä.

47 Um welches Buch handelt es sich? Ein älterer Vertreter wird von seiner Firma, für die er jahrzehntelang tätig war, entlassen. Er täuscht einen Unfall vor, um die Familie mit Hilfe der Versicherungssumme von der finanziellen Not zu befreien.

☐ **a)** »Tod eines Handlungsreisenden« von Henry Miller

☐ **b)** »Tod eines Handlungsreisenden« von Arthur Miller

☐ **c)** »Tod eines Vertreters« von Arthur Hailey

☐ **d)** »Tod eines Versicherungsvertreters« von Glenn Miller

48 Wie heißt der Hauptdarsteller des Films »Geboren am 4. Juli«?

☐ **a)** Richard Gere

☐ **b)** Silvester Stallone

☐ **c)** Gérard Dépardieu

☐ **d)** Tom Cruise

49 Wie nennt man die Lehre von der Dichtkunst?

☐ **a)** Parömiologie

☐ **b)** Rhetorik

☐ **c)** Pantomimik

☐ **d)** Poetik

㊻ **Lösung b)**
Die Gemälde von Arnold Böcklin (1827–1901) beinhalten meist Sagen- und Fabelwesen und sind durch Motive der Dichtung angeregt. Die vier Fassungen des Bildes »Die Toteninsel« entstanden 1880 bis 1884.
Der sich an einer idealisierten Darstellung der Antike orientierende Maler *Anselm Feuerbach* lebte von 1829 bis 1880. Der niederländische Maler *Hieronymus Bosch* ist durch seine grausamen Darstellungen der Versuchung, des Jüngsten Gerichts usw. bekannt. Der durch die Bilder von Bosch inspirierte Landsmann *Pieter Breughel d.Ä.* ist der Vater der bekannten Malerfamilie.

㊼ **Lösung b)**
Im Jahr 1948 verfaßte Arthur Miller das sozialkritische Drama um den Handlungsreisenden Willy Loman mit dem Originaltitel »Death of a salesman«.
Henry Miller (1891–1980) war ebenfalls ein berühmter amerikanischer Schriftsteller (Werke: »Wendekreis des Krebses«, »Stille Tage in Clichy« etc.)
Arthur Hailey ist ein überaus erfolgreicher Roman-Schriftsteller mit Büchern wie »Airport«, »Hotel«, etc.
Glenn Miller (1904–1944) war ein bekannter Jazzposaunist und Bandleader.

㊽ **Lösung d)**
Tom Cruise ist der Hauptdarsteller in dem Antikriegsfilm »Geboren am 4. Juli«. Bekannt wurde er auch als Fliegerkönig in dem Film »Top Gun«.
Richard Gere spielt die männliche Hauptrolle in dem Film »Ein Offizier und ein Gentleman«. *Gérard Dépardieu* spielt neben *Catherine Deneuve* die Hauptrolle in dem Film »Die letzte Métro«.

㊾ **Lösung d)**
Die Poetik ist die wissenschaftliche Lehre der Dichtkunst.
Als *Parömiologie* bezeichnet man die Sprichwörterkunde. Unter *Rhetorik* versteht man die Redekunst. Ausdrucksbewegungen ohne Worte werden *Pantomimik* genannt.

50 Aus welchem Stück stammt das Zitat: »Wo ein Brutus lebt, muß ein Cäsar sterben«?

☐ **a)** »Julius Cäsar« von Shakespeare ☐ **b)** »Faust« von Goethe

☐ **c)** »Die Räuber« von Schiller ☐ **d)** »Cäsar und Cleopatra« von Shaw

51 War Albrecht Dürer ein Zeitgenosse von

☐ **a)** Leonardo da Vinci? ☐ **b)** Paul Gauguin?

☐ **c)** Rembrandt Harmenz van Rijn? ☐ **d)** Peter Paul Rubens?

52 Handelt es sich bei einer Collage um

☐ **a)** ein Klebebild?

☐ **b)** eine Bildergeschichte, in der Gedanken und Sprechblasen in die Bilder integriert sind?

☐ **c)** eine übertriebene Darstellung, die charakteristische Merkmale herausstellt?

☐ **d)** eine parodistische Witzzeichnung?

53 In welcher Stadt spielt der Roman von Thomas Mann »Buddenbrooks«?

☐ **a)** Hamburg ☐ **b)** Frankfurt

☐ **c)** Lübeck ☐ **d)** Berlin

54 Was bedeutet »ex libris«?

☐ **a)** Es ist das Zeichen des Bucheigentümers, zeigt neben dem Namen auch oft dessen Wappen mit an.

☐ **b)** Lateinisch für »er hat es verlegt«, dahinter steht der Name des Verlegers.

☐ **c)** Lateinisch für »er hat es gegossen«, dahinter steht bei Plastiken meist der Name des Gießers.

☐ **d)** Lateinisch für »er hat es gemacht«, dahinter steht dann der Name des Künstlers bei Bildern.

(50) **Lösung c)**
In dem Schauspiel »Die Räuber« von Friedrich Schiller, das am 13. 1. 1782 in Mannheim uraufgeführt wurde, singt im vierten Akt fünfte Szene der Räuber Moor ein Lied, das ein Gespräch zwischen Cäsar und Brutus zum Inhalt hat. Aus diesem Lied stammt das Zitat.

(51) **Lösung a)**
Der Nürnberger Maler Albrecht Dürer (1471–1528) und der Italiener Leonardo da Vinci (1452–1519), berühmt als Maler, Bildhauer, Architekt und Naturforscher, waren Zeitgenossen. Der Holländer *Rembrandt Harmenz van Rijn* (1606–1669) war Zeitgenosse des flämischen Barockmalers *Peter Paul Rubens* (1577–1640). *Paul Gauguin* lebte von 1848 bis 1903.

(52) **Lösung a)**
Eine Collage ist ein Klebebild, bei dem Papier und andere Materialien auch kombiniert zu einem Gesamtbild verwendet werden.
Eine *Karikatur* ist eine übertriebene Darstellung, die durch Hervorhebung und Überbetonung charakteristische Merkmale herausstellt. Ein *Comic* ist eine Bildergeschichte mit Sprechblasen. Als *Cartoon* bezeichnet man eine parodistische Zeichnung oder Bildergeschichte.

(53) **Lösung c)**
Thomas Mann wurde 1875 in Lübeck im Haus Mengstr. 4 geboren. Dort hat er auch die Geschichte der Familie Buddenbrook angesiedelt.

(54) **Lösung a)**
»Ex libris« zeigt den Namen des Bucheigentümers an.
»Ex cudit« steht für: er hat es verlegt. *»Fundit«* heißt: er hat es gegossen. *»Fecit«* heißt: er hat es gemacht.

55 Welches der nachfolgenden Kunstmuseen befindet sich in Lissabon?

☐ **a)** Guggenheim

☐ **b)** Prado

☐ **c)** Thorwaldsen

☐ **d)** Gulbenkian

56 Wer malte das Bild »Der Bücherwurm«?

☐ **a)** Carl Spitzweg

☐ **b)** Moritz von Schwind

☐ **c)** Peter Paul Rubens

☐ **d)** Gustave Courbet

57 Wem hat Kriemhild die verwundbare Stelle ihres Mannes verraten?

☐ **a)** Achilles

☐ **b)** Brunhild

☐ **c)** Siegfried

☐ **d)** Hagen

58 Was versteht man unter einer »polyvalenten Perspektive«?

☐ **a)** Jedes einzelne Teil ist perspektivisch richtig, aber im Gesamten fehlt eine einheitliche perspektivische Zuordnung.

☐ **b)** Eine zweidimensionale Zeichnung wird dreidimensional dargestellt.

☐ **c)** Dreidimensionale Aufnahme eines bei der Holographie entstandenen Bildes

☐ **d)** Versuch der vierdimensionalen Darstellung eines Bildes

55 **Lösung d)**
Das Kunstmuseum, das von dem Handelskaufmann Calouste Gulbenkian eingerichtet und finanziert wurde, befindet sich in Lissabon.
Der *Prado* ist das größte Kunstmuseum in Madrid. Das *Guggenheim-Museum* ist in New York.
Das nach dem dänischen Bildhauer benannte *Thorwaldsen-Museum* befindet sich in Kopenhagen.

56 **Lösung a)**
Carl Spitzweg (1808–1885) ist der Maler des Bildes »Der Bücherwurm«.
Der österreichische Maler *Moritz von Schwind* lebte von 1804 bis 1871. *Gustave Courbet* (1819–1877) ist der Wegbereiter des Realismus, einer Stilrichtung in der zweiten Hälfte des letzten Jahrhunderts.

57 **Lösung d)**
Siegfried, der Mann Kriemhilds, war an einer Stelle am Rücken, die bei dem Bad im Blut des Drachens durch ein Lindenblatt abgedeckt war, verwundbar. Kriemhild hatte dies Hagen von Tronje mitgeteilt.
Die Königin von Island, *Brunhild,* veranlaßte Hagen, Siegfried auf einer Jagd hinterhältig zu ermorden.

58 **Lösung a)**
Bei einer polyvalenten Perspektive ist jedes einzelne Teil perspektivisch richtig gezeichnet, da aber eine einheitliche Zuordnung fehlt, stellt der Betrachter fest, daß die Abbildung so real nicht existieren kann.

59 Wer schrieb »Die neuen Leiden des jungen W.«?

☐ **a)** Ulrich Plenzdorf

☐ **b)** Rainer Kunze

☐ **c)** Alfred Andersch

☐ **d)** Jurek Becker

60 Welches Buch von Anna Seghers handelt von der Flucht eines KZ-Insassen?

☐ **a)** Die Hochzeit von Haiti

☐ **b)** Der Kopflohn

☐ **c)** Das siebte Kreuz

☐ **d)** Die Aula

61 Nennt man die Darstellung einer trauernden Maria mit dem Leichnam Jesu

☐ **a)** Quadriga?

☐ **b)** Vestibül?

☐ **c)** Pietà?

☐ **d)** Vedute?

62 Von wem wurde die »Fromme Helene« geschrieben?

☐ **a)** Wilhelm Busch

☐ **b)** Heinrich Hoffmann

☐ **c)** Theodor Fontane

☐ **d)** Heinrich von Kleist

63 Handelt es sich bei dieser Säule

☐ **a)** um eine korinthische Säule?

☐ **b)** um eine ionische Säule?

☐ **c)** um eine romanische Säule?

☐ **d)** um eine dorische Säule?

59 **Lösung a)**
Ulrich Plenzdorf knüpft mit seinem Buch »Die neuen Leiden des jungen W.« an Goethes »Die Leiden des jungen Werthers« an. Das 1973 erschienene Stück des damaligen DDR-Autors beschäftigt sich mit den Leiden eines jungen Mannes, verursacht durch seine unglückliche Liebe zu einer verheirateten Frau und durch seine Labilität und komplexe Sicht der Umwelt.

60 **Lösung c)**
Anna Seghers ist 1900 in Mainz geboren und lebte seit 1947 in Ostberlin (gestorben 1983), Mitglied der KPD. Das Buch »Das siebte Kreuz« schildert die Flucht von sieben KZ-Häftlingen, von denen nur einer überlebt.
»Die Hochzeit von Haiti« und *»Der Kopflohn«* sind weitere Bücher von Anna Seghers. *»Die Aula«* ist ein Roman von Hermann Kant.

61 **Lösung c)**
Pietà ist die Darstellung der trauernden Maria mit dem Leichnam Jesu in ihren Händen.
Das *Vestibül* ist die Vorhalle eines Hauses, unter *Vedute* versteht man eine möglichst realitätsnahe Darstellung einer Landschaft oder Stadt.

62 **Lösung a)**
Wilhelm Busch (1832–1908) war Maler, Zeichner und Dichter. Er schrieb 1872 die bebilderte Verserzählung »Die fromme Helene«.
Der Struwwelpeter ist ein von dem Frankfurter Arzt *Heinrich Hoffmann* 1845 verfaßtes Kinderbilderbuch.

63 **Lösung b)**
Bei der abgebildeten Säule handelt es sich um eine ionische Säule. Diese ist gekennzeichnet durch eine reich verzierte Basis, einen schlanken Schaft und ein schneckenförmig aufgedrehtes Polster am Kapitell der Säule.
Die *korinthische Säule* ist gekennzeichnet durch ein reich geschmücktes Kapitell, die *dorische Säule* ist eine gedrungene, einfache, leicht nach oben zulaufende Säule ohne Verzierungen.

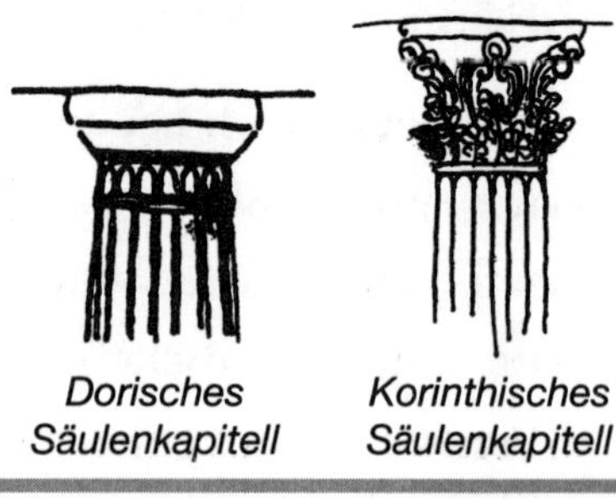

Dorisches Säulenkapitell — Korinthisches Säulenkapitell

64 Um was für ein Ereignis handelt es sich bei einer Vernissage?

☐ **a)** Die Versteigerung von Kunstgegenständen

☐ **b)** Das Schminken eines Schauspielers

☐ **c)** Die Eröffnung einer Kunstausstellung

☐ **d)** Die Einführung höherer Töchter in die Gesellschaft

65 Was ist das Albertinum?

☐ **a)** Belgischer Königspalast

☐ **b)** Festungsartiger Palast in Granada

☐ **c)** Impressionisten-Museum in einem ehemaligen Bahnhof in Paris

☐ **d)** Skulpturensammlung in Dresden

66 Wie heißt das Stück von Bert Brecht, in dem es um den Gedanken der Hauptperson geht, daß der Krieg einen Profit bietet?

☐ **a)** Dreigroschenoper

☐ **b)** Der kaukasische Kreidekreis

☐ **c)** Mutter Courage und ihre Kinder

☐ **d)** Der aufhaltsame Aufstieg des Arturo Ui

67 In welcher deutschen Stadt befindet sich das Folkwang-Museum?

☐ **a)** Frankfurt a.M.

☐ **b)** Köln

☐ **c)** Berlin

☐ **d)** Essen

68 Was versteht man unter einem Hexameter?

☐ **a)** Griechischer sechsfüßiger Vers

☐ **b)** Metrisch gegliederte Wortreihe eines Gedichtes

☐ **c)** Fünffüßiger Vers

☐ **d)** Versfuß, der aus einer Länge und zwei Kürzen besteht

64 **Lösung c)**
Bei einer Vernissage werden, oftmals in einer Galerie, die Werke eines lebenden Künstlers einem kleineren Kreis geladener Gäste vorgestellt.
Die Versteigerung von Kunstgegenständen erfolgt auf einer *Auktion.* In Österreich z.B. werden jährlich die Töchter der Oberschicht auf dem *Debütantinnenball* in Wien in die Gesellschaft eingeführt.

65 **Lösung d)**
Das Albertinum in Dresden ist eine Skulpturensammlung.
Die festungsartige, islamische Palastanlage in Granada (Spanien) heißt *Alhambra.* Das Impressionisten-Museum in Paris ist im ehemaligen Bahnhof *Gare d'Orsay* untergebracht.

66 **Lösung c)**
Mutter Courage lebt vom Krieg, indem sie hinter den Truppen im Dreißigjährigen Krieg herzieht, um an die Soldaten zu verkaufen. Während ihrer Wanderschaft verliert sie alle drei mitreisenden Kinder durch den Krieg. Dennoch läßt sie sich durch diese bitteren Ereignisse nicht von ihrer Überzeugung abbringen, daß der Krieg ihr einen Profit bietet.

67 **Lösung d)**
Das Folkwang-Museum in Essen ist 1922 aus der Zusammenlegung der Sammlung des Hagener Mäzens Osthaus und dem Städtischen Kunstmuseum hervorgegangen. Das Museum hat eine berühmte Sammlung von Kunstwerken von 1800 bis zur Gegenwart.

68 **Lösung a)**
Die Bezeichnung Hexameter stammt aus dem griechischen »Sechsmaß«. Es ist ein Vers mit sechs Versfüßen ohne Endreim.
Der *Pentameter* ist ein ebenfalls aus der Antike stammender fünffüßiger Vers. Als *Daktylus* bezeichnet man den Versfuß, der aus einer Länge und zwei Kürzen besteht.

69 **Von wem wurde die »Göttliche Komödie« geschrieben?**

☐ **a)** Honoré de Balzac

☐ **b)** Aurelius Augustinus

☐ **c)** Dante Alighieri

☐ **d)** Michael Ende

70 **Wie heißt der Schiffbrüchige, der von Zwergen gefangen wird und vor seiner Rettung noch unter Riesen gerät?**

☐ **a)** Peter Pan

☐ **b)** Münchhausen

☐ **c)** Pinocchio

☐ **d)** Gulliver

69 **Lösung c)**

Die »Göttliche Komödie« ist ein sehr umfangreiches Dichtwerk in 100 Gesängen von dem größten italienischen Dichter Dante Alighieri (1265–1321).

Honoré de Balzac (1799–1850) ist der Autor der »Menschlichen Komödie«. Der Kirchenlehrer *Aurelius Augustinus* (354 bis 430) verfaßte nach dem Fall Roms (410) eine große Abhandlung mit dem Titel »Über den Gottesstaat«.

70 **Lösung d)**

Jonathan Swift beschreibt in dem Buch »Gullivers Reisen« einen schiffbrüchigen Engländer, der u.a. von Zwergen gefangen genommen wird.

»Die Abenteuer des *Baron Münchhausen«* beruhen auf den Erzählungen des Karl Friedrich Hieronymus Freiherr von Münchhausen.

Pinocchio ist der Name einer Holzpuppe, die die Hauptgestalt eines italienischen Kinderbuches ist.

7 Kultur – Musik

Fragen

❶ **Dieses Gebäude in München stellt die Glyptothek dar. Was enthält sie?**

☐ **a)** Werke moderner Malerei

☐ **b)** Es handelt sich um eine Kunsthalle mit wechselnden Ausstellungen.

☐ **c)** Antike Plastiken

☐ **d)** Bilder alter Meister

❷ **Wie heißt die altgriechische Kultstätte an den Südhängen des Parnaß, nördlich des Golfes von Korinth, die dem Gott Apoll gewidmet war?**

☐ **a)** Delphi ☐ **b)** Knossos

☐ **c)** Paestum ☐ **d)** Pergamon

❸ **Ist Claude Débussy der Komponist von**

☐ **a)** dem Klavierstück »Für Elise«? ☐ **b)** der Ballettsuite »Coppélia«?

☐ **c)** dem »Lied von der Erde«? ☐ **d)** der Suite »Bergamasque«?

❹ **Unter welchem Namen wurde Maria Magdalena von Losch berühmt?**

☐ **a)** Sophia Loren ☐ **b)** Marlene Dietrich

☐ **c)** Doris Day ☐ **d)** Marilyn Monroe

❺ **Versteht man unter Choreographie**

☐ **a)** Notenmaterial für Chormusik? ☐ **b)** Aufbau und Gestaltung eines Tanzes?

☐ **c)** Chorleiterhandbuch? ☐ **d)** Generalprobe eines Musikstückes?

Lösungen

① **Lösung c)**
Die von Klenze in den Jahren 1816 bis 1830 erbaute Glyptothek in München ist ein bedeutendes Antikenmuseum. Werke moderner Malerei findet man in der *Neuen Pinakothek* sowie im Haus der Kunst. In der *Alten Pinakothek* in München befinden sich Bilder alter Meister.

② **Lösung a)**
Delphi ist eine bedeutende griechische Kultstätte, die dem Gott Apoll gewidmet war. Die Priesterin von Delphi (Pythia) sagte in Orakelsprüchen Zukünftiges vorher. Delphi galt in der Antike lange Zeit als Nabel (Mittelpunkt) der Welt. *Knossos* ist eine große ehemalige Palastanlage, die vor ca. 3600 Jahren auf Kreta entstanden ist. *Paestum* ist eine alte Ruinenstadt südöstlich von Salerno, Italien. In der heutigen Türkei liegt das antike *Pergamon,* heute Bergama genannt.

③ **Lösung d)**
Der französische Komponist Claude Débussy (1862–1918) schuf die Suite »Bergamasque«. Das Klavierstück *»Für Elise«* ist von L. v. Beethoven, die Ballettsuite *»Coppélia«* wurde von P. I. Tschaikowskij komponiert, und von G. Mahler stammt das *»Lied von der Erde«*.

④ **Lösung b)**
Der Künstlername von Maria Magdalena von Losch ist Marlene Dietrich. Die gebürtige Berlinerin wurde 1930 durch den Film »Der blaue Engel« weltbekannt. Sie starb im Mai 1992 in Paris.
Sophia Loren hieß ursprünglich Sophia Scicolone. *Doris Day* ist das Pseudonym von Doris von Kappelhoff. Mit Geburtsnamen hieß *Marilyn Monroe* Norma Jean Mortenson.

⑤ **Lösung b)**
Die Choreographie ist die Festlegung des künstlerischen Aufbaus eines Tanzes. Sie ist die Tanzschrift, in der die Bewegungen und Schritte eines Tanzes/Balletts aufgezeichnet sind.

❻ Welche Epoche dauerte von 1815 bis 1848?

☐ **a)** Biedermeier

☐ **b)** Empire

☐ **c)** Rokoko

☐ **d)** Romantik

❼ Welches ist die größte Pyramide der Welt?

☐ **a)** Castillo-Pyramide

☐ **b)** Cheops-Pyramide

☐ **c)** Nischen-Pyramide in El Tajin (Mexiko)

☐ **d)** Sonnen-Pyramide

❽ Was ist ein Libretto?

☐ **a)** Textbuch von Opern und Operetten

☐ **b)** Singstimme

☐ **c)** Sologesang

☐ **d)** Ein im Wechselgesang mit der Gemeinde gehaltener Teil des Gottesdienstes

❾ Wer veranlaßte den Bau der Akropolis in Athen?

☐ **a)** Perikles

☐ **b)** Parthenon

☐ **c)** Agrippa

☐ **d)** Plutarch

⑥ **Lösung a)**
In der Epoche zwischen Romantik und Realismus, zur Zeit des klassizistischen Baustils, entwickelte sich in der Innenraumarchitektur und Möbelkunst ein eigener Stil, Biedermeier genannt, der durch bescheidene und schlichte Formen gekennzeichnet war.

⑦ **Lösung b)**
Die Cheops-Pyramide in Giseh (Ägypten) wurde um 2520 v. Chr. für den ägyptischen König Cheops errichtet. Sie ist mit 230 Metern Basislänge und einer Höhe von 146,6 Metern die größte Pyramide.

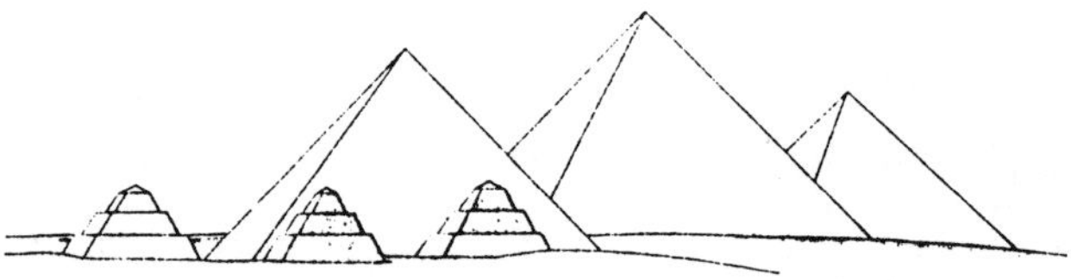

Pyramiden von Giseh

Die *Castillo-Pyramide* befindet sich in Chichén Itzá, Mexiko.
Die *Nischen-Pyramide* in El Tajin (Mexiko) ist eine mit bemaltem Stuck verzierte 24 Meter hohe Pyramide.
Die *Sonnenpyramide* mit 65 Metern Höhe befindet sich in Teotihuacán, Mexiko.

⑧ **Lösung a)**
Unter Libretto versteht man ein Textbuch für Opern und Operetten. Bekannte Librettisten (Verfasser von Operntexten) sind Schikaneder, Metastasio und Hofmansthal.
Als *Liturgie* wird ein im Wechselgesang mit der Gemeinde gehaltener Teil des Gottesdienstes bezeichnet.

⑨ **Lösung a)**
Perikles veranlaßte den Bau der Akropolis nach dem Sieg über die Perser (Mitte des 5. Jh. vor Christus). Der Parthenon, der Haupttempel der Akropolis, der der jungfräulichen Göttin Athena Parthenos geweiht wurde, ist von 448 bis 432 v. Chr. erbaut worden.
Das *Pantheon* in Rom ist ein Kuppelbau, der 27 v. Chr. von Agrippa erbaut und von 115 bis 125 n. Chr. unter Kaiser Hadrian vollkommen erneuert wurde.

⑩ Handelt es sich beim Kölner Dom um einen

☐ **a)** klassizistischen Baustil? ☐ **b)** barocken Baustil?

☐ **c)** gotischen Baustil? ☐ **d)** romanischen Baustil?

⑪ Wer war Andy Warhol?

☐ **a)** Popgitarrist

☐ **b)** Amerikanischer Filmschauspieler und Oskar-Preisträger

☐ **c)** Vertreter der Pop Art und Regisseur

☐ **d)** Modeschöpfer

⑫ Was ist der Escorial?

☐ **a)** Museum in Madrid ☐ **b)** Berühmter Platz in Sevilla

☐ **c)** Stierkampf-Arena ☐ **d)** Klosteranlage

⑬ Mit welchem Pseudonym wurde Archibald Alexander Leach weltberühmt?

☐ **a)** Fred Astaire ☐ **b)** Charlie Chaplin

☐ **c)** Yssur Danielowitsch Demsky ☐ **d)** Cary Grant

⑭ Die Kunstsammlung Uffizien befindet sich in

☐ **a)** Rom ☐ **b)** Florenz

☐ **c)** Siena ☐ **d)** Mailand

⑮ Was ist ein Olifant?

☐ **a)** Jagd- oder Signalhorn aus Elfenbein ☐ **b)** Zeichentrickfigur von Otto Waalkes

☐ **c)** Kirchenmusiker ☐ **d)** Reiterspiel in Algerien

⑩ **Lösung c)**
Der Kölner Dom – eine fünfschiffige Basilika mit dreischiffigem Querhaus – ist das größte gotische Bauwerk in Deutschland.

⑪ **Lösung c)**
Andy Warhol (1930–1987) war ein amerikanischer Popkünstler und Filmregisseur. Besonders bekannt sind seine künstlerischen Reproduktionen der alltäglichen Bild- und Werbekultur, wie z. B. Bilder einer Dose eines Suppenherstellers sowie die in verschiedenen Farbkompositionen hergestellten Portraits bekannter Persönlichkeiten, z. B. von Marilyn Monroe.

⑫ **Lösung d)**
Der Escorial ist eine Klosteranlage, die unter König Phillip II. von Spanien ca. 60 km nordwestlich von Madrid errichtet wurde.
Die berühmte Bildergalerie in Madrid heißt *Prado.*

⑬ **Lösung d)**
Der amerikanische Filmschauspieler Cary Grant (geb. 18. 1. 1904 in Bristol [GB], gest. 30. 11. 1986 in Davenport [USA], hieß eigentlich Archibald Alexander Leach.
Das Pseudonym von Frederick Austerlitz (1899–1987) war *Fred Astaire. Charlie Chaplin* war der Künstlername von Charles Spencer. Und Yssur Danielowitsch Demsky wurde als *Kirk Douglas* weltberühmt.

⑭ **Lösung b)**
In dem ursprünglich für die Staatsbehörden in Florenz erbauten Gebäude, mit dem Namen Uffizien, wurde im Obergeschoß die Kunstsammlung der Medici untergebracht. Heute beinhalten die Uffizien Meisterwerke der italienischen, niederländischen und deutschen Malerei.

⑮ **Lösung a)**
Ein Olifant ist ein aus Elfenbein geschnitztes Jagd- oder Signalhorn. Es wurde in der Karlssage als das Horn Rolands bekannt.
Der *Ottifant* ist die von dem Komiker Otto Waalkes geschaffene Zeichentrickfigur. *Organist* ist die Bezeichnung für einen Kirchenmusiker. Die Reiterspiele in Algerien heißen *Fantasia.*

⑯ Wer komponierte das Forellen-Quintett?

☐ **a)** Mozart ☐ **b)** Brahms

☐ **c)** Schubert ☐ **d)** Schumann

⑰ Um was für ein Musikinstrument handelt es sich bei der Abbildung?

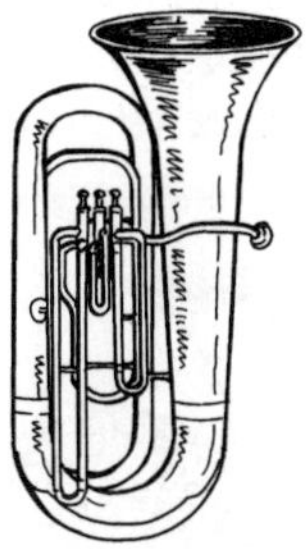

☐ **a)** Tuba

☐ **b)** Trompete

☐ **c)** Waldhorn

☐ **d)** Posaune

⑱ Wie heißen die drei Abschnitte des Mittelalters?

☐ **a)** Frühmittelalter, Hochmittelalter, Spätmittelalter

☐ **b)** Frühmittelalter, Mittelalter, Spätmittelalter

☐ **c)** Vormittelalter, Hochmittelalter, Nachmittelalter

☐ **d)** Jungmittelalter, Mittelalter, Altmittelalter

⑲ Anläßlich welcher Filmfestspiele wird die Goldene Rose als Preis verliehen?

☐ **a)** Filmfestspiele von Cannes

☐ **b)** Filmbiennale von Venedig

☐ **c)** Filmfestspiele von Berlin

☐ **d)** Filmfestspiele von Montreux

⑳ Was versteht man unter Kapitell?

☐ **a)** Waagerechter Streifen, der den oberen Abschluß einer Wandfläche bildet.

☐ **b)** Oberer Abschluß einer Säule

☐ **c)** Einer der sieben Hügel Roms

☐ **d)** Abschnitt eines Schriftwerks

⑯ **Lösung c)**
Das Forellen-Quintett ist eine Komposition von Franz Schubert. Der vierte Satz mit seinen Variationen über das Forellenlied von Schubert gab dem Werk seinen Namen.

⑰ **Lösung a)**
Es handelt sich um eine Tuba. Alle vier abgebildeten Musikinstrumente gehören zur Gruppe der Blechblasinstrumente.

Waldhorn

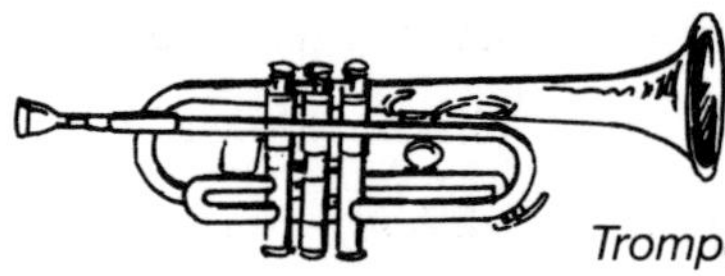

Trompete

Posaune

⑱ **Lösung a)**
Das Mittelalter ist das Zeitalter zwischen dem Altertum und der Neuzeit. Es wird unterteilt in Frühmittelalter (ca. 300 n. Chr. – 900 n. Chr.), Hochmittelalter (ca. 900 n. Chr. – 1300 n. Chr.) und dem Spätmittelalter (ca. 1300 n. Chr. – 1500 n. Chr.).

⑲ **Lösung d)**
Bei den Filmfestspielen von Montreux wird der beste Film mit einer Goldenen Rose ausgezeichnet.
Bei den Filmfestspielen von Cannes wird die *Goldene Palme* verliehen, in Berlin der *Goldene Bär.*
Die *Filmbiennale* in Venedig findet alle zwei Jahre statt.

⑳ **Lösung b)**
Unter Kapitell verseht man den oberen Abschluß einer Säule.
Den waagerechten, bandartigen Streifen am oberen Abschluß einer Wandfläche nennt man *Fries.*
Das *Kapitol* in Rom ist einer der sieben Hügel, auf dem ein Platz mit dem Konservatoren-, Senatorenpalast und dem kapitolinischen Museum angelegt ist. Ein *Kapitel* ist der Abschnitt eines Schriftwerks.

㉑ Kolossalbauten aus der Neuzeit mit symmetrischen Linien nennt man:

☐ **a)** Barock ☐ **b)** Klassizistisch

☐ **c)** Impressionistisch ☐ **d)** Neoklassizistisch

㉒ Wofür steht die Abkürzung *RIAS?*

☐ **a)** Rundfunk im amerikanischen Sektor

☐ **b)** Rundfunk im Auftrage des Senats

☐ **c)** Radiosendungen im Namen aller freien Bewohner Berlins

☐ **d)** Radio-, Informations- und Amusement-Sendungen im freien Berlin

㉓ Welche Musik stammt nicht von Andrew Lloyd Webber?

☐ **a)** Musik zu »Phantom of the Opera« ☐ **b)** Musik zu »Starlight Express«

☐ **c)** Musik zu »Cats« ☐ **d)** Musik zu »Porgy and Bess«

㉔ Wie nennt man ein solches Bauwerk?

☐ **a)** Baptisterium ☐ **b)** Konvikt

☐ **c)** Kaiserpfalz ☐ **d)** Campanile

㉑ **Lösung d)**
Neoklassizismus ist eine Stilrichtung der Architektur zwischen 1900 und 1950, die auf der Übernahme klassizistischer Ideen, wie einfache Grundrisse, schlichte Formen und Rechtwinkligkeit, basiert. Monumentalbauten z. B. des Dritten Reiches entstanden im neoklassizistischen Stil.

㉒ **Lösung a)**
Die Abkürzung *RIAS* steht für Rundfunk im amerikanischen Sektor. Es handelt sich um eine 1946 von der amerikanischen Militärverwaltung gegründete Rundfunkstation in Berlin, die Hörfunkprogramme für Berlin und für die Bevölkerung der ehemaligen DDR sendete.

㉓ **Lösung d)**
»Porgy und Bess« ist eine Oper von George Gershwin, die 1935 in New York uraufgeführt wurde. Sie handelt von dem labilen Mädchen Bess, das zwischen einem haltlosen Leben in der Umgebung von Kokainhändlern und der Geborgenheit bei dem zärtlichen, gelähmten Bettler Porgy hin und her gerissen ist.

㉔ **Lösung a)**
Die Abbildung zeigt das Baptisterium in Florenz. Dabei handelt es sich um eine achteckige Taufkapelle aus dem 11. Jahrhundert. Die Außenwände sind mit grünem und weißem Marmor verkleidet.
Ein *Konvikt* ist ein Haus für katholische Theologiestudenten. *Campanile* nennt man einen freistehenden Glockenturm. Bei der nebenstehenden Abbildung handelt es sich um den 1334 von Giotto entworfenen Kirchturm des Florenzer Doms.

❷❺ **Nach welcher historischen Begebenheit wurde der Fernsehfilm »Die Gentlemen bitten zur Kasse« gedreht?**

☐ **a)** Erpressung der Familie Oetker

☐ **b)** Entführung der Kronzucker-Kinder in der Toscana

☐ **c)** Britischer Postzugraub

☐ **d)** Verkauf der gefälschten Hitler-Tagebücher an das Nachrichtenmagazin Stern

❷❻ **Wie heißt das Musical, das sich als Protest gegen den Krieg, gesellschaftliche Konventionen sowie sexuelle und gesellschaftliche Tabus versteht?**

☐ **a)** Jesus Christ Superstar ☐ **b)** Evita

☐ **c)** West Side Story ☐ **d)** Hair

❷❼ **Um was für ein Intervall handelt es sich?**

☐ **a)** Prim ☐ **b)** Quinte

☐ **c)** Sexte ☐ **d)** Septime

❷❽ **In welcher Stadt spielt die Oper »Carmen«?**

☐ **a)** Venedig ☐ **b)** Malaga

☐ **c)** Sevilla ☐ **d)** Verona

❷❾ **Was versteht man unter einer Rhapsodie?**

☐ **a)** Musikalische Totenmesse in der katholischen Kirche

☐ **b)** Thema mit Variationen

☐ **c)** Volksliedhaft melodische Phantasie

☐ **d)** Vertontes Gedicht

㉕ **Lösung c)**
Der britische Postzugraub des später nach Rio de Janeiro geflohenen Räubers Ronald Biggs in der Nähe von Glasgow 1963 diente als Vorbild für den Fernsehfilm. Horst Tappert spielte die Hauptrolle in dem Film mit dem Titel »Die Gentlemen bitten zur Kasse«.

㉖ **Lösung d)**
Das Musical »Hair« von Galt MacDermot wurde 1967 in New York uraufgeführt. Es beschäftigt sich mit dem Denken der jugendlichen Hippies der sechziger Jahre, die aus der bürgerlichen Gesellschaft ausbrechen und sich gegen Krieg, Rassismus und gesellschaftliche Tabus wenden.
Das Musical »*Evita*« handelt vom Leben der Evita Peron, der Frau des ehemaligen argentinischen Staatschefs.

㉗ **Lösung a)**
Bei dem abgebildeten Intervall handelt es sich um eine Prim. Dabei unterscheiden sich die beiden Töne nicht.

㉘ **Lösung c)**
Carmen, die Zigeunerin aus einer Tabakfabrik in Sevilla, verliebt sich in den Soldaten Don José, den sie später wegen des Matadors Escamillo verläßt. Das tragische Ende der Oper ist der Tod Carmens durch die Hand Don Josés.
In *Venedig* spielt »Othello« von Shakespeare. Zu diesem Drama schrieb Verdi die Oper. *Verona* ist der Ort der Handlung der tragischen Liebesgeschichte von »Romeo und Julia«.

㉙ **Lösung c)**
Eine musikalische Rhapsodie ist eine volksliedhaft melodische Phantasie mit romantischem, balladeskem Charakter.
Die musikalische Totenmesse in der katholischen Kirche nennt man *Requiem*.

㉚ Wer komponierte den Boléro?

☐ **a)** George Gershwin

☐ **b)** Maurice Ravel

☐ **c)** Modest Mussorgski

☐ **d)** George Enescu

㉛ Was versteht man unter »a capella«?

☐ **a)** Eine Kapelle innerhalb eines Doms

☐ **b)** Chormusik ohne Instrumentalbegleitung

☐ **c)** Ein großes Symphonieorchester

☐ **d)** Folkloregruppe mit Musikbegleitung

㉜ Wie heißt der Volkstanz in den USA?

☐ **a)** Square-Dance

☐ **b)** Boogie

☐ **c)** Potpourri

☐ **d)** Break-Dance

㉝ Welche der nachfolgenden Opern gehört nicht zu Wagners »Ring der Nibelungen«?

☐ **a)** Rheingold

☐ **b)** Walküre

☐ **c)** Siegfried

☐ **d)** Lohengrin

30 **Lösung b)**

Der französische Komponist Maurice Ravel (1875–1937) komponierte 1928 das Orchesterwerk »Boléro«, das ursprünglich als Ballett gedacht war.
Das bekannteste Werk des amerikanischen Komponisten und Pianisten *George Gershwin* (1898–1937) ist die Oper »Porgy und Bess«.
Modest Mussorgski (1839–1881) ist ein wichtiger Vorläufer der modernen Musik. Bekannte Werke sind die Oper »Boris Godunow« und das Klavierstück »Bilder einer Ausstellung«.
Der gebürtige Rumäne *George Enescu* (1881–1955) war Komponist und Violinist.

31 **Lösung b)**

»A capella« bedeutet, daß es sich um ein mehrstimmiges Gesangswerk ohne Instrumentalbegleitung handelt. Im frühen Mittelalter war jedes Musikinstrument in Kirchen und Kapellen (die Orgel kam erst später) verboten, da es die Zwiesprache mit Gott stören könnte.

32 **Lösung a)**

Square-Dance ist ein in Amerika sehr populärer Tanz für mehrere Paare in einer Gruppenformation. Die Anweisungen werden während des Tanzes nacheinander im Sprechgesang von einem »Caller« gegeben.
Ein *Potpourri* ist ein aus verschiedenen bekannten Melodien zusammengesetztes Musikstück. *Break-Dance* ist ein Modetanz seit Mitte der achtziger Jahre, der durch sehr kantige, roboterhaft gesteuerte Bewegungen gekennzeichnet ist.

33 **Lösung d)**

Der Ring des Nibelungen von Richard Wagner ist ein mehrtägiges Bühnenfestspiel, bestehend aus der als Vorspiel fungierenden Oper »Rheingold«, gefolgt von »Die Walküre«. »Siegfried« und »Götterdämmerung« bilden den Abschluß des Festspiels, welches komplett erstmals im August 1876 in Bayreuth aufgeführt wurde.

34 Wie lautet die deutsche Bezeichnung für Viola?

☐ **a)** Bratsche

☐ **b)** Violine

☐ **c)** Geige

☐ **d)** Cello

35 Welchen Takt hat der Cha-Cha-Cha?

☐ **a)** $^3/_4$-Takt

☐ **b)** $^4/_4$-Takt

☐ **c)** $^2/_4$-Takt

☐ **d)** $^3/_8$-Takt

36 Was ist eine Serenade?

☐ **a)** Kleine mit Schellen besetzte Handtrommel

☐ **b)** Mittelalterliche Liebeslyrik, vertont

☐ **c)** Gemütlicher Nachmittagsspaziergang

☐ **d)** Abendmusik, Ständchen

37 Welche Bezeichnung in der Instrumentalmusik steht für »langsam«?

☐ **a)** allegro

☐ **b)** andante

☐ **c)** presto

☐ **d)** largo

38 Welche der nachfolgenden Göttinnen gehört nicht zu den drei Grazien der Anmut und Festfreude?

☐ **a)** Hera

☐ **b)** Aglaia

☐ **c)** Euphorsyne

☐ **d)** Thalia

③④ **Lösung a)**
Der Name Bratsche kommt von der italienischen Bezeichnung »viola da braccio« und bedeutet Armgeige. Die Bratsche, auch als Altgeige bezeichnet, hat einen tiefen Klang. Sie wird vor allem im Orchester und Quartettspiel eingesetzt.

③⑤ **Lösung b)**
Die lateinamerikanischen Tänze Cha-Cha-Cha und Rumba werden im $^4/_4$-Takt getanzt.
Walzer ist ein Tanz im $^3/_4$-Takt, *Tango* im $^2/_4$-Takt. Der italienische Nationaltanz *Tarantella* ist im $^3/_8$- oder $^6/_8$-Takt.

③⑥ **Lösung d)**
Als Serenade bezeichnet man eine Abendmusik oder ein kleines Ständchen.
Eine kleine Trommel, die mit Fellen bespannt ist, nennt man *Tambourin.* Der mittelalterliche Liebesgesang wird als *Minnesang* bezeichnet.

③⑦ **Lösung d)**
Largo ist eine Bezeichnung für langsames Tempo.
Nachfolgend haben wir die in der Instrumentalmusik verwendeten Tempobezeichnungen in die Gruppen langsam, mittel und schnell unterteilt, wobei jede Bezeichnung sich von der Geschwindigkeit der danach folgenden und vorhergehenden Bezeichnung abhebt.

langsam	**mittel**	**schnell**
grave	adante	allegro
largo	moderato	vivace
lento	allegretto	presto
adagio		

③⑧ **Lösung a)**
Die drei Grazien, auch Chariten genannt, sind Töchter des Zeus. Aglaia (Glanz), Euphrosyne (Frohsinn), Thalia (Blüte).
Hera ist die Gemahlin von Zeus.

39 Was ist ein Konvikt?

☐ **a)** Haus für katholische Theologiestudenten

☐ **b)** Kirchenversammlung

☐ **c)** Vertrag mit dem Vatikan

☐ **d)** Römische Badeanstalt

40 Bei welchem der nachfolgenden Friese spricht man vom »deutschen Band«?

☐ **a)**

☐ **b)**

☐ **c)**

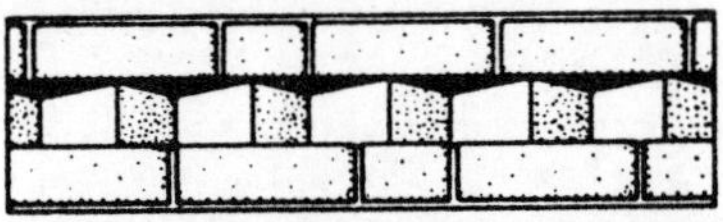

☐ **d)**

41 Wer komponierte die Oper »Der Rosenkavalier«?

☐ **a)** Richard Strauß ☐ **b)** Richard Wagner

☐ **c)** Béla Bartók ☐ **d)** Josef Haydn

42 Versteht man unter einem »Tabernakel«

☐ **a)** Behälter zur Aufbewahrung von Gebeinen und Asche?

☐ **b)** Kelch, in dem die geweihte Hostie aufbewahrt wird?

☐ **c)** Kopfbedeckung katholischer Bischöfe?

☐ **d)** Schränkchen zur Aufbewahrung des Allerheiligsten?

(39) **Lösung a)**
Ein Konvikt ist ein für katholische Schüler und Studenten errichtetes Gemeinschaftsheim.
Als *Konzil* bezeichnet man die Kirchenversammlung. Ein Vertrag zwischen einem Staat und dem Vatikan wird als *Konkordat* bezeichnet.

(40) **Lösung c)**
Bei dem als »deutschen Band« oder auch »Zahnfries« bekannten Fries aus der romanischen Baukunst handelt es sich um übereck angeordnete Backsteine.
Antwortalternative **a)** zeigt einen *Mäander,* der unter **b)** abgebildete Fries heißt *»Laufender Hund«,* **d)** ist ein *Würfelfries.*

(41) **Lösung a)**
Der Komponist und Dirigent Richard Strauß (1864–1949) schuf viele seiner Opern in Zusammenarbeit mit dem Dichter Hugo von Hofmannsthal. So auch die Oper »Der Rosenkavalier«, die 1911 in Dresden uraufgeführt wurde. Hauptpersonen sind die alternde Feldmarschallin Fürstin Werdenberg, deren Liebhaber Octavian; dieser heiratet zu guter Letzt Sophie, die Tochter des Herrn von Faninal anstelle des vorgesehenen Barons Ochs von Lerchenau.

(42) **Lösung d)**
Ein Tabernakel ist ein Schränkchen oder Ziergehäuse, in dem das bei der Abendmahlsfeier verwandelte Brot, die Hostie, in der katholischen Kirche aufbewahrt wird.
Den Speisekelch, in dem die geweihten Hostien liegen, nennt man *Ziborium.* Als *Reliquar* bezeichnet man Behälter zum Aufbewahren von Gebeinen und Asche. *Mitra* ist die Bezeichnung für die Kopfbedeckung der katholischen Bischöfe.

43 **Ordnen sie die jeweilige griechische Bezeichnung der Götter den entsprechenden römischen Namen zu.**

I	Aphrodite	**1**	Juno
II	Hera	**2**	Ceres
III	Herakles	**3**	Jupiter
IV	Demeter	**4**	Neptun
V	Poseidon	**5**	Vulcanus
VI	Hephäst	**6**	Herkules
VII	Zeus	**7**	Venus

☐ **a)** I 2	II 7	III 6	IV 5	V 4	VI 1	VII 3
☐ **b)** I 7	II 2	III 5	IV 7	V 4	VI 1	VII 3
☐ **c)** I 1	II 6	III 7	IV 2	V 5	VI 4	VII 3
☐ **d)** I 7	II 1	III 6	IV 2	V 4	VI 5	VII 3

44 **Bezeichnet man als Abakus**

☐ **a)** eine quadratische oder rechteckige Platte als unterstes Bauteil einer Säule?

☐ **b)** die senkrechten Rillen entlang des Schafts einer Säule?

☐ **c)** einen spiralförmig behauenen Stein?

☐ **d)** die Deckplatte eines Kapitells?

45 **Wie heißen die Fabelwesen der griechischen Mythologie mit einem menschlichen Oberkörper und einem Pferdeleib?**

☐ **a)** Kentauren

☐ **b)** Minotauren

☐ **c)** Nixen

☐ **d)** Satyrn

43 **Lösung d)**

Die griechische Göttin der sinnlichen Liebe und der Schönheit ist Aphrodite, bei den Römern Venus genannt (I, 7). Hera, Schwester und Gemahlin des Zeus, heißt bei den Römern Juno (II, 1). Herakles, der Sohn des Zeus, heißt bei den Römern Herkules (III, 6). Demeter ist die Göttin des Ackerbaus und der Feldfrucht, bei den Römern Ceres (IV, 2). Der griechische Gott des Meeres, Poseidon, wird von den Römern als Neptun bezeichnet (V, 4). Hephäst ist der Gott des Feuers und der Schmiedekunst, bei den Römern als Vulcanus bezeichnet (VI, 5). Zeus selbst wird bei den Römern als Jupiter bezeichnet (VII, 3).

44 **Lösung d)**

Als Abakus wird die Deckplatte eines Kapitells bezeichnet, auf dieser ruht dann die von der Säule getragene Last.

Die Platte als unterstes Bauteil einer Säule wird *Plinthe* genannt. Als *Kanneluren* bezeichnet man die Rillen entlang des Schafts einer Säule oder eines Pfeilers. Ein spiralförmig behauener Stein am Kapitell einer Säule wird *Volute* (lat. schneckenförmige Einrollung) genannt.

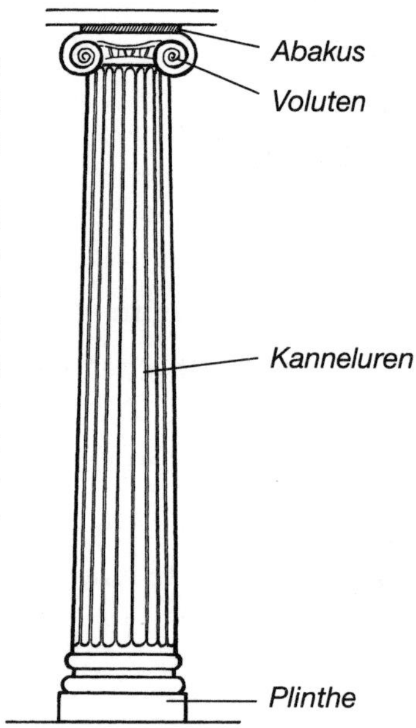

45 **Lösung a)**

Die Fabelwesen der griechischen Mythologie mit einem menschlichen Oberkörper und einem Pferdeleib nennt man Kentauren oder auch Zentauren.

Ein *Minotaurus* ist eine Figur der griechischen Mythologie mit Menschenleib und Stierkopf.

Auch die *Satyrn* sind griechische Fabelwesen in Menschengestalt, aber mit Pferdeohren, Pferdeschwanz und Pferdehufen.

46 Wo liegt Mykene?

☐ **a)** Zypern

☐ **b)** Kreta

☐ **c)** Türkei

☐ **d)** Peloponnes

47 Wie nennt man die mittlere Männerstimme?

☐ **a)** Tenor

☐ **b)** Baß

☐ **c)** Sopran

☐ **d)** Bariton

48 Wem erschien Gott Zeus als Stier?

☐ **a)** Europa

☐ **b)** Danae

☐ **c)** Leda

☐ **d)** Io

49 Wie nennt man die Versammlung der Kardinäle zur Papstwahl?

☐ **a)** Konklave

☐ **b)** Konzil

☐ **c)** Zölibat

☐ **d)** Konkordat

46 **Lösung d)**
Mykene ist eine antike griechische Ruinenstätte auf dem Peleponnes. Die Königsstadt war Mittelpunkt des mykenischen Reiches, welches von ca. 1600–1200 v. Chr. existierte. In dieser Epoche entstanden gewaltige Palast- und Befestigungsanlagen. Berühmt sind das aus dieser Zeit stammende Löwentor und das Schatzhaus in Mykene.

47 **Lösung d)**
Die mittlere Männerstimme wird Bariton genannt.
Tenor und *Baß* sind die höchste und tiefste Männerstimme. Die höchste Stimmlage für Frauen und Knaben wird *Sopran* genannt.

48 **Lösung a)**
Zeus erschien der Europa als Stier, der *Danae* als goldener Regen und der *Leda* als Schwan.
Die Frau des Zeus, Hera, verwandelte die schöne *Io* aus Eifersucht in eine Kuh.

49 **Lösung a)**
Wenn sich die Kardinäle der katholischen Kirche in Rom zur Papstwahl einfinden, nennt man diese Versammlung sowie den Versammlungsort Konklave.
Ein *Konzil* ist eine Versammlung von Bischöfen und anderen Würdenträgern der katholischen Kirche. Unter dem *Zölibat* versteht man die pflichtmäßige Ehelosigkeit von katholischen Geistlichen. Verträge, die zwischen dem Vatikan und einem anderen Staat geschlossen werden, nennt man *Konkordate.*

50 Wie nennt man einen halbkreisförmigen mit einer Halbkuppel überwölbten Raum?

☐ **a)** Katakombe ☐ **b)** Krypta

☐ **c)** Kenotaph ☐ **d)** Apsis

51 Welche der nachfolgenden Aussagen ist richtig?

☐ **a)** Ein Spinett ist eine Klarinettenart, die bei barocken Konzerten verwendet wird.

☐ **b)** Kemenate ist der im Mittelalter verwendete Begriff für ein Herrenzimmer.

☐ **c)** Eine Pagode ist ein buddhistischer Tempel.

☐ **d)** Ein Kolosseum ist eine monumentale Grabstätte.

52 Aus welchen Musikinstrumenten besteht ein »Streichquartett«?

☐ **a)** 2 Violinen – Bratsche – Violoncello

☐ **b)** 2 Violinen – Kontrabaß – Bratsche

☐ **c)** 2 Bratschen – Violine – Violoncello

☐ **d)** Kontrabaß – Violine – Violoncello – Bratsche

53 Aus welcher Oper stammt die Arie »Oh, wie so trügerisch sind Weiberherzen«?

☐ **a)** »Don Giovanni« ☐ **b)** »Rigoletto«

☐ **c)** »Die lustigen Weiber von Windsor« ☐ **d)** »Der Barbier von Sevilla«

54 Was versteht man unter »Anno Domini«?

☐ **a)** Nach Christi Geburt ☐ **b)** Vor lang vergangener Zeit

☐ **c)** Im Jahr des Herrn ☐ **d)** Vor Christi Geburt

⑤⓪ **Lösung d)**
Eine Apsis ist eine halbrunde Altarnische, die den Kirchenraum abschließt. Die Apsis wird von einer Halbkugel überwölbt (*Abb.*).
Eine *Katakombe* ist eine unterirdische Grabanlage, die aus Gängen und Räumen besteht. Ein unter einer Kirche angelegter gewölbter Raum oder Gang wird *Krypta* genannt. Als *Kenotaph* bezeichnet man ein Denkmal für einen an einer anderen Stelle beigesetzten Verstorbenen.

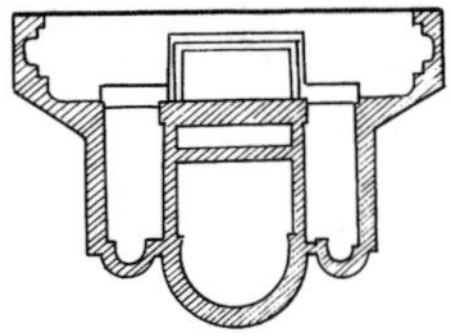

⑤① **Lösung c)**
Eine Pagode ist ein ostasiatischer, stockwerkartiger, buddhistischer Tempel, der sich aus der indischen Tempelform der Stupa entwickelt hat.
Das *Spinett* ist der Vorläufer heutiger Klaviere, bei dem die Tasten von Kielen angerissen werden, im Gegensatz zum Klavier, bei dem sie von Hämmern angeschlagen werden.
Als *Kemenaten* bezeichnet man im Mittelalter die heizbaren Frauengemächer, später auch generell einen beheizbaren Wohnraum.
Das *Kolosseum* ist das größte Amphitheater der antiken Welt in Rom.

⑤② **Lösung a)**
Ein Streichquartett ist ein Musikstück für zwei Violinen, Violoncello und Bratsche.
Ein *Klavierquartett* ist für Klavier, Violine, Bratsche und Violoncello.

⑤③ **Lösung b)**
In der Verdi-Oper singt im dritten Akt der als Offizier verkleidete Hofnarr Rigoletto das Lied »Oh, wie so trügerisch sind Weiberherzen ...«

⑤④ **Lösung c)**
Anno Domini bedeutet im Jahr des Herrn. 1700 a.D., oder auch A.D. abgekürzt, bedeutet, daß es sich um das Jahr 1700 nach der Geburt Christi handelt.

55 Wie hieß der Lead-Sänger der Popgruppe »Rolling Stones«?

☐ **a)** Mick Jagger

☐ **b)** Paul McCartney

☐ **c)** Ian Fleming

☐ **d)** Michael Jackson

56 Welche Schreibweise ist richtig?

☐ **a)** C-Dur

☐ **b)** C-dur

☐ **c)** c-dur

☐ **d)** c-Dur

57 In welchem Land hat das Ballett seinen Ursprung?

☐ **a)** Italien

☐ **b)** Frankreich

☐ **c)** Deutschland

☐ **d)** Österreich

58 Wie nennt man eine monumentale Grabstätte?

☐ **a)** Palas

☐ **b)** Mausoleum

☐ **c)** Sarkophag

☐ **d)** Krematorium

59 Welche musikalische Form hat J. S. Bach zur Vollendung gebracht?

☐ **a)** Fuge

☐ **b)** Passion

☐ **c)** Symphonie

☐ **d)** Sonnett

55 **Lösung a)**
Mick Jagger war das bekannteste Mitglied der legendären Pop-Gruppe »Rolling Stones«.
Paul McCartney gehörte bis zur Auflösung der Gruppe zu den Beatles.

56 **Lösung a)**
Dur (durus = hart) ist im Gegensatz zum Moll (mollus = weich) eine »harte« Tonart.
C-Dur bedeutet, daß es sich um ein Musikstück handelt, bei dem die Tonleiter mit dem C beginnt und mit der Note C aufhört. Dabei werden Tonart und die Bezeichnung der Note, mit der die Tonleiter begonnen wird, groß geschrieben.

57 **Lösung a)**
Das Ballett (abgeleitet von dem italienischen Wort *ballo* »Tanz«) hat sich aus der italienischen Schauspielkunst entwickelt, wobei jedoch Frankreich an der späteren Weiterentwicklung des Balletts wesentlichen Einfluß hatte.

58 **Lösung b)**
Das Mausoleum ist eine monumentale Grabstätte, genannt nach dem Grabmal des Königs Mausolus (377–353 v. Chr.).
Palas nennt man den Wohn- und Festsaal einer mittelalterlichen Burg. Der *Sarkophag* ist ein prunkvoller Sarg, meist aus Stein. Eine Stätte mit Totenfeierhalle und Leichenverbrennungsanlage nennt man *Krematorium.*

59 **Lösung a)**
Johann Sebastian Bach (geb. 1685 in Eisenach – gest. 1750 in Leipzig) schuf mit dem »Wohltemperierten Klavier« 1722/1744 eine Vollendung der hochbarocken Form der Fuge.
Bei der Fuge handelt es sich um ein Musikstück, wobei verschiedene, selbständige Stimmen das Thema nachahmen und kontrapunktieren. Die *Passionsmusik* ist eine besonders von Heinrich Schütz geprägte Vertonung der Leidensgeschichte Christi.

60 Was versteht man unter »Partitur«?

☐ **a)** Konzertreise eines Solisten

☐ **b)** Tastenreihe von Tastenmusikinstrumenten

☐ **c)** Nach Instrumenten und Gesangsstimmen geordnete Niederschrift größerer Musikwerke

☐ **d)** Oper von Richard Wagner

61 Von wem stammt die Operette »Land des Lächelns«?

☐ **a)** Franz Léhar

☐ **b)** Paul Lincke

☐ **c)** Franz von Suppé

☐ **d)** Nico Dostal

62 Bei welchem der nachfolgenden Notenschlüssel handelt es sich um einen Baßschlüssel?

☐ **a)**

☐ **b)**

☐ **c)**

☐ **d)**

63 Wer schrieb die Musik zu der Oper »Turandot«?

☐ **a)** Carl Maria von Weber

☐ **b)** Puccini

☐ **c)** Donizetti

☐ **d)** Rossini

⑥⓪ **Lösung c)**
Eine Partitur ist eine Aufzeichnung eines Musikstücks in Notenschrift. Dabei wird für jedes Instrument und jede Gesangsstimme eine separate Notenlinie erstellt. Die gleichzeitig von den einzelnen Stimmen gespielten/gesungenen Noten liegen dabei untereinander.
Als *Tournee* bezeichnet man die Konzertreise eines Solisten oder eines Orchesters. Die Tastenreihe von Tastenmusikinstrumenten (Klavier, Orgel) wird als *Klaviatur* oder *Tastatur* bezeichnet.

⑥① **Lösung a)**
Franz Léhar (1870–1948) hat in der romantischen Operette »Das Land des Lächelns« die kulturellen Schwierigkeiten beschrieben, die die Ehe zwischen einem chinesischen Prinzen und einer Europäerin am Anfang dieses Jahrhunderts begleiten. Trotz bester Vorsätze und großer Liebe lassen sich die Unterschiede nicht überbrücken, so daß es schließlich zum Bruch der Ehe kommt.

⑥② **Lösung b)**
Der Baßschlüssel (F-Schlüssel) ist zusammen mit dem Violinschlüssel (G-Schlüssel) am gebräuchlichsten. Die Notenschlüssel geben über die absolute Tonhöhe einer Note Aufschluß.
In der nachfolgenden Abbildung ist die Note C im Baß-, Violin-, Sopran-, Alt- und Tenorschlüssel dargestellt. Es handelt sich dabei um ein und dieselbe Note.

⑥③ **Lösung b)**
Bei der Oper »Turandot« handelt es sich um das letzte Werk von Giacomo Puccini (1858–1924), welches er selbst nicht mehr vollenden konnte. Die Handlung dreht sich um eine heiratsunwillige, chinesische Prinzessin.

64 Wie heißt der deutsche Name des Musicals »Fiddler on the roof«?

☐ **a)** »Anatevka«

☐ **b)** »Der Geiger auf dem Dach«

☐ **c)** »Der fidele Bauer«

☐ **d)** »Der Bettelstudent«

65 Wie heißt der Regisseur des Films »E.T. Der Außerirdische«?

☐ **a)** Michael Mann

☐ **b)** Steven Spielberg

☐ **c)** Leonard Katzmann

☐ **d)** Uli Edel

66 Was versteht man unter einer Symphonie?

☐ **a)** Musikform, bei der eine Melodie in zeitlicher Verschiebung von verschiedenen Stimmen gesungen oder gespielt werden.

☐ **b)** Mehrsätziges Gesangswerk

☐ **c)** Musikalisch gestaltetes Bühnenstück

☐ **d)** Instrumentalwerk in mehreren Sätzen

67 Wie heißt die dritte Symphonie von Beethoven?

☐ **a)** »Eroica«

☐ **b)** »Pastorale«

☐ **c)** »An die Freude«

☐ **d)** »Pathétique«

64 **Lösung a)**
»Anatevka« ist der deutsche Name des amerikanischen Musicals »Fiddler on the roof« von Jerry Bock, das 1964 in New York uraufgeführt wurde. Es handelt von dem jüdischen Milchmann Tevje, der in dem russischen Dorf Anatevka, trotz persönlicher Sorgen und Verfolgung bzw. Vertreibung der Gemeinde aus der Heimat, Lebensmut und Gottvertrauen bewahrt.
»Der Bettelstudent« ist eine Operette mit der Musik von Karl Millöcker.

65 **Lösung b)**
Steven Spielberg (geb. 1947) ist einer der erfolgreichsten amerikanischen Filmregisseure, der mit Filmen wie: »Der weiße Hai« (1974), »Unheimliche Begegnungen der dritten Art« (1977) und »E.T. Der Außerirdische« (1982) bekannt wurde.
Uli Edel führte in dem Film »Letzte Ausfahrt Brooklyn« Regie; für diese Leistung wurde Edel 1990 mit dem bayerischen Filmpreis (Regie) ausgezeichnet.

66 **Lösung d)**
Die Symphonie, auch Sinfonie geschrieben, ist ein Instrumentalstück in mehreren abgeschlossenen, jedoch zusammengehörenden Sätzen. In der klassischen Form besteht die Symphonie aus vier Sätzen.
Wird eine Melodie von verschiedenen Stimmen in zeitlicher Verschiebung gesungen oder gespielt, so spricht man von *Kanon.* Ein musikalisch gestaltetes Bühnenstück ist entweder eine *Oper,* eine *Operette, Musical* oder *Ballett.*

67 **Lösung a)**
Beethovens dritte Symphonie in Es-Dur hat den Namen »Eroica«. Die sechste Symphonie in F-Dur heißt *»Pastorale«.* *»An die Freude«* ist der Schlußchor in Beethovens neunter Symphonie. *»Pathétique«* ist eine von den insgesamt 32 Klaviersonaten Beethovens.

68 Mit welchem Film schaffte Liselotte Pulver den Durchbruch als Schauspielerin?

☐ **a)** »Ich denke oft an Piroschka«

☐ **b)** »Kohlhiesels Töchter«

☐ **c)** »Ein Herz und eine Krone«

☐ **d)** »Das Wirtshaus im Spessart«

69 Aus welcher Zeit stammt diese Kleidung?

☐ **a)** 1600 ☐ **b)** 1700

☐ **c)** 1770 ☐ **d)** 1900

70 Mit welchem Künstlernamen wurde Heidi Stern weltberühmt?

☐ **a)** Nicki ☐ **b)** Madonna

☐ **c)** Jennifer Rush ☐ **d)** Diana Ross

68 **Lösung a)**

Die schweizerische Filmschauspielerin Liselotte Pulver wurde 1929 in Bern geboren und schaffte mit dem Film »Ich denke oft an Piroschka«, in dem sie ein einfaches Mädchen in einem ungarischen Dorf spielt, den Durchbruch in ihrer Schauspielerkarriere.

Weitere bekannte Filme mit ihr sind »Kohlhiesels Töchter« sowie »Das Wirtshaus im Spessart«. *»Ein Herz und eine Krone«* ist ein berühmter Film mit Audrey Hepburn.

69 **Lösung b)**

Bei der Kleidung handelt es sich um die französische Hoftracht um 1700. Die Dame trägt einen nach hinten gerafften Monteau sowie den nach der Herzogin von Fontages benannten Damenkopfputz. Der Herr trägt einen als Justeaucorps bezeichneten eng anliegenden, knielangen Leibrock ohne Kragen.

70 **Lösung c)**

Die 1960 geborene Pop-Sängerin Heidi Stern wurde unter dem Künstlernamen Jennifer Rush u.a. mit dem Lied »When I look in your eyes« weltberühmt.

Die in bayerischer Mundart singende *Nicki* heißt von Geburt Doris Hrda. Auch die berühmte Pop-Sängerin *Madonna* hat eigentlich einen anderen Namen, nämlich Louise Veronica Ciccione.

8 Wirtschaft

Fragen

❶ **Wie nennt man die Lehre der Volkswirtschaft?**

☐ **a)** Mikroökonomie ☐ **b)** Nationalökonomie

☐ **c)** Haushaltsbudget ☐ **d)** Fiskalpolitik

❷ **Wie heißt der bekannteste Aktienindex Japans?**

☐ **a)** Nikkei ☐ **b)** Hanseng

☐ **c)** Dow Jones ☐ **d)** Financial Times

❸ **Welchen DM-Wert hat ungefähr dieser Geldschein?**

☐ **a)** 30 DM ☐ **b)** 300 DM

☐ **c)** 3 DM ☐ **d)** 10 DM

❹ **Sie kaufen ein festverzinsliches Wertpapier mit einem Zinssatz von 7,5% und einer Restlaufzeit von 2 Jahren. Der Kaufkurs des Wertpapiers beträgt 102%. Welche Rendite erreichen Sie mit dem Wertpapier?**

☐ **a)** 6% ☐ **b)** 7,5%

☐ **c)** 5,5% ☐ **d)** 6,5%

Lösungen

① **Lösung b)**
Die Volkswirtschaftslehre ist ein Teilgebiet der Wirtschaftswissenschaften, das sich vorwiegend mit makroökonomischen Fragestellungen beschäftigt. Bei der Nationalökonomie ist nicht ein einzelnes Unternehmen wie bei der Betriebswirtschaft Betrachtungsgegenstand *(Mikroökonomie),* sondern die Wirtschaft einer Gesamtheit, wie sie z.B. eine Nation darstellt.
Die *Fiskalpolitik* bezeichnet die Finanzpolitik des Bundes.

② **Lösung a)**
Der Nikkei-Index ist ein japanischer Aktienindex, dessen Tagesschlußkurse einen Durchschnittswert für die Gesamtentwicklung des Marktes geben. Der *Dow Jones Index* setzt sich aus 30 an der New Yorker Wertpapierbörse gehandelten Industrieaktien zusammen.

③ **Lösung a)**
Der Wert eines 100-Franc-Scheins entspricht ca. DM 30.

④ **Lösung d)**
Kaufen Sie beispielsweise ein Wertpapier mit dem rückzuzahlenden Wert von DM 100, müssen Sie bei einem Kurs von DM 102 heute DM 102 bezahlen. Verzinst werden jedoch nur DM 100 mit 7,5%, dies ergibt bei einer zweijährigen Restlaufzeit Zinsen in Höhe von DM 15, abzüglich dem erhöhten Kaufpreis von DM 2 bleibt eine Jahresrendite von (15–2:2) 6,5%.

❺ Was versteht man unter Logistik?

☐ **a)** Die Fähigkeit, folgerichtig zu denken

☐ **b)** Die Organisation und Steuerung von Materialflüssen und Abläufen

☐ **c)** Mathematische Grundlagenforschung

☐ **d)** Kommerzielle Bearbeitung des Fremdenverkehrs

❻ Wofür stehen die beiden Symbole Bulle und Bär?

☐ **a)** Die wirtschaftlich starken Industrieländer und die armen Entwicklungsländer

☐ **b)** Offizielle Embleme des World-Wildlife-Founds

☐ **c)** Markenzeichen eines russischen Wodkaherstellers

☐ **d)** Die Optimisten und die Pessimisten an Wertpapierbörsen

❼ In welchem Land gibt es »Kurus« als Währung?

☐ **a)** Türkei ☐ **b)** Equador

☐ **c)** Nicaragua ☐ **d)** Laos

❽ Wofür steht die Abkürzung RGW?

☐ **a)** Rat für gegenseitige Wirtschaftshilfe

☐ **b)** Rheinische Gaswerke

☐ **c)** Rüstungsgemeinschaft des Westens

☐ **d)** Gewerkschaft der britischen Staatsbediensteten (Reunion of Government Workers)

❾ Was bedeutet »ppa.« vor einer Unterschrift?

☐ **a)** Der Inhaber der Unterschrift schreibt vertretungsweise.

☐ **b)** Der Inhaber der Unterschrift ist berechtigt, branchenübliche Geschäfte für das Unternehmen vorzunehmen.

☐ **c)** Es handelt sich um das Aktenzeichen des Sekretariats.

☐ **d)** Der Inhaber der Unterschrift ist berechtigt alle Arten von Rechtsgeschäften für das Unternehmen vorzunehmen.

⑤ **Lösung b)**
Der Begriff Logistik stammt ursprünglich aus dem militärischen Bereich und bezeichnet die Planung und die Bereitstellung der für die Versorgung der Truppe notwendigen Güter und Dienstleistungen. In der Wirtschaft ist die Logistik heute ein breit angelegter Funktionsbereich, der sich mit dem zielgerichteten und ökonomischen Einsatz der Produktionsfaktoren in einem Unternehmen beschäftigt.
Die Wissenschaft des folgerichtigen Denkens heißt *Logik*. Unter *Logizismus* versteht man die mathematische Grundlagenforschung. Die *Touristik* ist die kommerzielle Lenkung des Fremdenverkehrs.

⑥ **Lösung d)**
Bulle und Bär stehen als Symbole für die Optimisten und die Pessimisten an Wertpapierbörsen. Vor der Frankfurter Wertpapierbörse steht eine Plastik der beiden Figuren.

⑦ **Lösung a)**
Lira und Kuru sind türkisches Geld.
In Equador heißt die Währung *Sucre* und *Centavos,* in Nicaragua *Córdoba* und *Centavos.* In Laos heißt die Währung *Kip* und *At.*

⑧ **Lösung a)**
Der Rat für gegenseitige Wirtschaftshilfe *(RGW),* auch *COMECON* genannt, ist ein Zusammenschluß der osteuropäischen (ursprünglich kommunistischen) Staaten, der als Reaktion auf den Marshall-Plan 1949 gegründet wurde. Der Vereinigung kommt aufgrund der stärkeren Westorientierung der Mitgliedsstaaten immer weniger Bedeutung zu.

⑨ **Lösung d)**
Die Abkürzung »ppa.« steht für »per procura«. Sie bedeutet, daß der Unterschreibende vom Geschäftsinhaber mit einer umfassenden Vollmacht ausgestattet wurde. Er ist dabei als Prokurist zur Ausführung aller Arten von Rechtsgeschäften berechtigt.
Im Gegensatz dazu steht der *Handlungsbevollmächtigte,* der nur branchenübliche Geschäfte tätigen darf.

⓾ Was bedeutet diese Angabe bei den Rentenkursen in der Tageszeitung?

	22.12.	21.12.
Bundesbahn		
7.125 do.v. 89 (99)	98.75	99.80

Es handelt sich um:

☐ **a)** ein Wertpapier mit einem Zinskupon von 6,375%

☐ **b)** ein Wertpapier der Bundesbahn mit einer Laufzeit bis 1999 und einem Zins von 98,75%.

☐ **c)** ein Wertpapier mit einem Tageskurs von 98,75% und einem Zinskupon von 7,125%.

☐ **d)** ein Wertpapier der Bundesbahn mit einer Nettorendite von 7,125%, wenn man das Papier bis 1999 behält.

⓫ Wer verbirgt sich hinter diesem Symbol?

☐ **a)** Arbeitsamt

☐ **b)** Aldi

☐ **c)** Allianz

☐ **d)** Commerzbank

⓬ Was bedeutet es, wenn gleichzeitig die DM auf- und die italienische Lira abgewertet wird?

☐ **a)** Deutsche Unternehmer können mehr Produkte nach Italien verkaufen.

☐ **b)** Die DM verliert an Stabilität gegenüber der Lira.

☐ **c)** Für deutsche Urlauber wird ein Italien-Aufenhalt preisgünstiger.

☐ **d)** Italiener, die als Gastarbeiter bisher in der Bundesrepublik gearbeitet haben, gehen in großer Anzahl nach Italien zurück.

⑩ **Lösung c)**

Es handelt sich um ein festverzinsliches Wertpapier der Bundesbahn mit einer Laufzeit bis 1999 und einem Zinskupon von 7,125%. Da der Tageskurs 98,75% beträgt, bezahlen Sie bei einem Kauf am 22. 12. für einen Wertpapierbetrag von DM 1000 nur DM 987,50 zuzüglich Spesen und Provision. Abhängig von der Länge der Restlaufzeit bis 1999 errechnet sich die jährliche Rendite, die aber auf jeden Fall über 7,125% liegt.

⑪ **Lösung a)**

Es handelt sich um das Arbeitsamt. Auch bei dem Symbol der *Aldi-Gruppe* handelt es sich um ein stilisiertes A. Dies sind die Symbole der *Allianz-Versicherung* und der *Commerzbank:*

Aldi

Allianz-Versicherungen

Commerzbank

⑫ **Lösung c)**

Der Wechselkurs zwischen der italienischen Lira und der DM verändert sich, indem jetzt einer DM mehr Lira gegenüberstehen als vor der Abwertung der Lira. Dies bedeutet, daß deutsche Urlauber für ihre DM in Italien jetzt mehr kaufen können, ein Urlaub wird preisgünstiger. Dagegen werden deutsche Unternehmer *weniger* Waren nach Italien verkaufen können, da die Waren für Italiener teurer geworden sind.

⓭ Was bedeutet am Kurs der Zeiss-Ikon-Aktie das B hinter dem Wert?

☐ **a)** Es lagen mehr Kaufaufträge vor als Verkaufsaufträge.

☐ **b)** Es lagen mehr Verkaufsaufträge vor als Kaufaufträge.

☐ **c)** Die Aktie war sehr gesucht, und daher stieg der Kurs.

☐ **d)** Es handelt sich um den Kurs nach Abzug der Dividendenzahlung.

VW V.A.	11	246,80b	249,50b
WMF St.A.	0	222,50b	222,00G
WMF V.A.	0	190,00bG	190,00bG
Wolldeck.Weil	0	105,00B	103,00G
Württ. Cattun	16	1120,0TG	1150,0TG
Württ. Elektro	8	285,00B	275,00TB
Württ. Leinen(100)	10	1830,0b	1830,0G
ZEAG	11	369,00G	369,00G
Zeiss Ikon(100)	10	310,00B	310,00B
ZWL	8	365,00TB	359,00b

⓮ Was versteht man unter »geldwertem Vorteil«?

☐ **a)** Vorteil, der sein Geld auf jeden Fall Wert ist.

☐ **b)** Geldvorteil, den Sie bei Abschluß eines Leasingsgeschäftes erzielen.

☐ **c)** Geldvorteil, den Sie durch Barzahlung erreichen.

☐ **d)** Geldbetrag, der einer bestimmten erhaltenen Vergünstigung oder Leistung entspricht und versteuert werden muß.

⓯ Wenn Sie Ihren Aktienkaufauftrag bis ultimo limitieren, dann ist dies

☐ **a)** bis zum letzten Tag des laufenden Monats?

☐ **b)** bis zum letzten Tag der Woche?

☐ **c)** bis auf weiteres?

☐ **d)** bis zu einem maximalen Kaufkurs, über dem Sie die Aktien nicht mehr erwerben möchten?

⓰ Wie nennt man ein Wertpapiergeschäft, das die Kursunterschiede an verschiedenen Börsen ausnutzt?

☐ **a)** Talon ☐ **b)** Bond

☐ **c)** Arbitrage ☐ **d)** Telefonverkehr

⑬ **Lösung b)**
Es wurden mehr Aktien zum Kauf angeboten, als Käufer vorhanden waren. Dies wird mit dem Buchstaben B für Brief gekennzeichnet.
Das umgekehrte Verhältnis, also es werden mehr Aktien gesucht, als zum Kauf angeboten wurden, wird mit dem Buchstaben *G* für *Geld* gekennzeichnet; *b* bedeutet bezahlt, es fand ein Aktienhandel statt. Bei *T (Tax)* wurde der Kurs geschätzt, es fanden jedoch keine Käufe/Verkäufe statt; *e* bedeutet *ex Dividende,* das heißt es handelt sich um den Kurs nach Abzug der Dividende.

⑭ **Lösung d)**
Leistungen des Arbeitgebers, wie verbilligtes Mittagessen in der Firmenkantine, ein Geschäftsleasingfahrzeug, verbilligte Einkaufsmöglichkeiten, die nicht in Form von Geldzahlungen an den Mitarbeiter erfolgen, jedoch dem Mitarbeiter Vorteile bieten, müssen von dem Mitarbeiter versteuert werden. Der für diese Leistungen anzusetzende Betrag ist der geldwerte Vorteil.

⑮ **Lösung a)**
Ultimo ist ein Begriff aus dem Lateinischen, der den letzten Tag des Monats kennzeichnet. Bis dahin gilt Ihr Aktienkaufauftrag bzw. bis zum letzten Handelstag im Monat.

⑯ **Lösung c)**
Unter Arbitrage versteht man die Ausnutzung von Preisunterschieden an verschiedenen Börsen durch Kauf an Börsenplätzen mit niedrigen Kursen und Verkauf an Börsen mit hohen Kursen. Zur Risiko-Reduzierung sind die Transaktionen möglichst zeitgleich durchzuführen.
Ein *Talon* wird auch Erneuerungsschein genannt und ist ein Nebenpapier zu einer Aktie, das zum Empfang neuer Zins- oder Dividendenscheine berechtigt. Ein *Bond* ist ein festverzinsliches Wertpapier.

⑰ Zu welchem Land gehört die Währungseinheit »Krone«?

☐ **a)** Marokko ☐ **b)** Malta

☐ **c)** Österreich ☐ **d)** Schweden

⑱ Welche Maße hat ein 10-DM-Schein?

☐ **a)** 13,0×6,5 cm ☐ **b)** 13,8×6,8 cm

☐ **c)** 14,5×7,0 cm ☐ **d)** 15,4×7,4 cm

⑲ Welchen Inhalt haben die Lomé-Abkommen?

☐ **a)** Abkommen der EG mit Ländern der Dritten Welt über Entwicklungshilfe

☐ **b)** Gründung des Internationalen Währungsfonds

☐ **c)** Begründung einer Europäischen Wirtschaftsgemeinschaft

☐ **d)** Abkommen zur Wirtschaftshilfe der EG-Länder für die GUS-Staaten

⑳ Worin besteht der Unterschied zwischen Stammaktien und Vorzugsaktien einer Gesellschaft?

☐ **a)** Stammaktien haben einen Nennwert von DM 50, Vorzugsaktien nur von DM 25.

☐ **b)** Nur Stammaktien berechtigen dazu, bei der Aktionärsversammlung ein Stimmrecht auszuüben.

☐ **c)** Vorzugsaktien haben bestimmte Vorrechte bezüglich der Gewinnverteilung.

☐ **d)** Vorzugsaktien können nur von Mitarbeitern des Unternehmens bezogen werden.

㉑ Wenn die Bundesbank den Diskontzinssatz anhebt und sonst keine wichtigen wirtschaftlichen Ereignisse berücksichtigt werden müssen,

☐ **a)** fällt die Inflation?

☐ **b)** steigt die Inflation?

☐ **c)** ist die Inflation nicht beeinflußt?

☐ **d)** erhöht sich die Geldmenge?

⑰ **Lösung d)**
Die schwedische Währung heißt Schwedische Krone = 100 Öre.
1 Dirham = 100 Centimes ist die Währung in Marokko. In Malta heißt die Währung *Lira.* In Österreich ist der *Schilling* das Zahlungsmittel.

⑱ **Lösung a)**
Die Maße des 10-DM-Scheins sind 13,0 cm×6,5 cm.
Der *20-DM-Schein* hat die Maße: 13,8 cm×6,8 cm, der *50-DM-Schein* 14,5 cm×7 cm, und der *Hunderter* mißt 15,4 cm×7,4 cm.

⑲ **Lösung a)**
1990 wurde das vierte Lomé-Abkommen unterzeichnet, das die Leistungen der EG an Länder der Dritten Welt, vornehmlich ehemalige europäische Kolonien, in Form von Entwicklungshilfe festlegt.
Im Abkommen von Bretton Woods wurde 1945 die Gründung des *Internationalen Währungsfonds* und der *Weltbank* beschlossen. In den römischen Verträgen wurde 1957 die *Europäische Wirtschaftsgemeinschaft* (EWG) begründet.

⑳ **Lösung c)**
Vorzugsaktien unterscheiden sich von den Stammaktien durch bestimmte Vorrechte bei der Gewinnverteilung. Oft ist damit jedoch verbunden, daß die Vorzugsaktien nicht zur Stimmabgabe bei Aktionärsversammlungen berechtigen; dies ist jedoch nicht zwingend notwendig.
Mitarbeiteraktien sind Unternehmensanteile, die nur von Firmenangehörigen gezeichnet werden können.

㉑ **Lösung a)**
Der Diskontsatz ist ein von der Bundesbank festgelegter Zinssatz, zu dem sich die Banken bei der Bundesbank refinanzieren können. Ein steigender Diskontsatz erhöht die Refinanzierungskosten der Banken und führt damit zu einer allgemeinen Erhöhung des Zinsniveaus, was wiederum eine verminderte Kreditnachfrage und geringere Investionen bewirkt. Diese Maßnahmen stärken den Geldwert und wirken damit einer Inflation des Geldwertes entgegen.

22 Welche Werteinheit war die Basis der festen Wechselkurse gemäß der Bretton-Woods-Abkommen?

☐ **a)** US-Dollar

☐ **b)** Japanischer Yen

☐ **c)** Gold

☐ **d)** Diamanten

23 Was ist ein Akkreditiv?

☐ **a)** Übertragung aller Rechte aus einem Wechsel an einen Dritten

☐ **b)** Verpflichtungserklärung einer Bank zur Zahlung eines Betrages, unter fest definierten Voraussetzungen

☐ **c)** Zulassung einer Bank, im Ausland Geschäfte zu tätigen.

☐ **d)** Warenbegleitpapier im Seefrachtverkehr, das gleichzeitig als Ablieferverpflichtung des Transporteurs an den legitimierten Empfänger der Ware dient.

24 Welche Zahlungsbedingung ist für den Käufer am günstigsten?

☐ **a)** Zahlung nach Auftragsbestätigung

☐ **b)** Netto Kasse

☐ **c)** 14 Tage 2% Skonto, 30 Tage netto

☐ **d)** 30 Tage netto

25 Was versteht man unter Tarifautonomie?

☐ **a)** Das Recht von Arbeitgebern und Gewerkschaften auf freie Vereinbarung von Tarifverträgen

☐ **b)** Das Recht der Fluggesellschaften, ihre Flugtarife frei festzulegen.

☐ **c)** Die Freiheit des Arbeitgebers, Einzelarbeitsverträge mit individueller Bezahlung auszuhandeln.

☐ **d)** Die Möglichkeit, über die im Tarifvertrag festgelegten Leistungen hinaus »wirtschaftliche Zulagen« bezahlen zu können.

㉒ **Lösung c)**
Bretton Woods (USA) war 1944 der Tagungsort der Währungs- und Finanzkonferenz der Vereinten Nationen. Damals wurde die Einrichtung eines Internationalen Währungsfonds beschlossen, der auf feste Wechselkurse zwischen den Währungen auf der Basis der Werteinheit Gold ausgerichtet war. Ende der siebziger Jahre wurde dieses feste System durch die flexiblen Wechselkurse abgelöst.

㉓ **Lösung b)**
Das Akkreditiv ist die Zahlungszusage einer Bank, z.B. bei Übergabe der Warenbegleitpapiere (*Konnossement* = Frachtbrief im Seefrachtverkehr) einen bestimmten Betrag zu bezahlen. Akkreditive werden vorwiegend im Außenwirtschaftsverkehr zur Absicherung des Exporteurs eingesetzt. Die Übertragung aller Rechte aus einem Wechsel wird *Indossament* genannt.

㉔ **Lösung c)**
Die Zahlungsbedingung 14 Tage 2% Skonto, 30 Tage netto ermöglicht es Ihnen, bei Zahlung innerhalb von 14 Tagen nach Rechnungsstellung 2% vom Rechnungsbetrag abzuziehen. Sie müßten den Geldbetrag schon zu einem Zinssatz von 48% pro Jahr anlegen (das entspricht 2% für 14 Tage), damit die Anlage des Geldes rentabler wäre.

㉕ **Lösung a)**
Tarifautonomie ist die im Grundgesetz Art. 9 Abs. 3 festgelegte Freiheit von Arbeitgeber- und Arbeitnehmerverbänden, Tarifverträge unabhängig auszuhandeln, abzuschließen und auch wieder zu kündigen. Tarifverträge sind »Mindestbedingungen«; grundsätzlich bleibt es dem Arbeitgeber überlassen, weitergehende Leistungen zu gewähren.

26 Bei welcher der nachfolgenden Gesellschaftsformen gibt es eine persönliche Vollhaftung?

☐ **a)** GmbH & Co. KG

☐ **b)** Aktiengesellschaft

☐ **c)** KG

☐ **d)** GmbH

27 Was versteht man unter dem Volkseinkommen?

☐ **a)** Alle Einkommen aus unselbständiger Arbeit

☐ **b)** Alle Einkommen, die deutschen Staatsbürgern vor Abzug der Steuern innerhalb eines Jahres zugeflossen sind.

☐ **c)** Der Wert aller Güter, die innerhalb eines Jahres in der Bundesrepublik produziert werden.

☐ **d)** Wert aller Güter und Dienstleistungen, die innerhalb eines Jahres von einer Volkswirtschaft erwirtschaftet werden unter Abzug der Abschreibungen, indirekten Steuern und Subventionen.

28 Was versteht man unter dem Kürzel »cif«?

☐ **a)** Gewichtsangabe bei Luftfracht

☐ **b)** Lieferbedingung, bei der der Lieferant die gesamten Kosten bis zur Ankunft der Ware im Bestimmungshafen übernimmt.

☐ **c)** Vereinbarung, nach der das Gesamtrisiko und die Gesamtkosten des Warentransportes beim Kunden liegen.

☐ **d)** Risikoklausel im Außenhandelsgeschäft, bei der Kosten und Risiko des Transportes mit Passieren der Schiffsreeling an den Kunden übergehen.

㉖ **Lösung c)**
Generell sind zwei große Gruppen im Gesellschaftsrecht zu unterscheiden: Die Personengesellschaften, bei denen zumindest ein Gesellschafter mit seinem vollen Vermögen haftet, und die Kapitalgesellschaften, die selbst eine juristische Person darstellen. Die KG (Kommanditgesellschaft) ist eine Personengesellschaft, da es neben den nur beschränkt haftenden Kommanditisten zumindest einen voll haftenden Komplementär gibt.
Bei der *GmbH & Co. KG* ist dieser Komplementär allerdings die *GmbH*, die als juristische Person nicht voll haftet. Damit ist die Haftung insgesamt wiederum beschränkt.

㉗ **Lösung d)**
Dem Volkseinkommen liegt eine Nettobetrachtung zugrunde, denn es wird nur der Zuwachs betrachtet, den eine Volkswirtschaft erwirtschaftet hat.
Beim *Bruttosozialprodukt* wird dagegen die Gesamtheit aller Güter und Dienstleistungen ohne Abzug von Abschreibungen, indirekten Steuern und Subventionen betrachtet.

㉘ **Lösung b)**
Cif steht für *»cost, insurance, freight«* und bedeutet, daß der Lieferer Kosten und Risiken übernimmt, bis die Ware im Bestimmungshafen angekommen ist.
Foc bedeutet »free of charge« und besagt, daß der Verkäufer sämtliche Kosten im Zusammenhang mit dem Warentransport übernimmt. Geht das Risiko des Warentransports mit Passieren der Schiffsreeling auf den Kunden über, so wurde die Lieferbedingung *fob* (free on board) vereinbart.

㉙ Welche Angaben müssen auf einer Kreditkarte enthalten sein?

☐ **a)** Kontonummer des Inhabers – Name der Bank – Unterschrift des Karteninhabers – Gültigkeitsdauer der Karte

☐ **b)** Kartennummer – Name des Karteninhabers – Kontonummer – Gültigkeitsdauer – Name der Bank

☐ **c)** Ort und Tag der Ausstellung – Name der Bank – Kreditkartennummer – Unterschrift des Karteninhabers – Name des Karteninhabers

☐ **d)** Unterschrift des Karteninhabers – Kreditkartennummer – Gültigkeitsdauer – Name des Kreditkarteninhabers – Name der Kreditkartenfirma

㉚ Was sind Jungaktien?

☐ **a)** Aktien, die ausgegeben werden, wenn die Gesellschaft offene Rücklagen in dividendenberechtigtes Grundkapital umwandelt.

☐ **b)** Aktien, die nur den Mitarbeitern eines Unternehmens meist zu einem Vorzugspreis angeboten werden.

☐ **c)** Aktien, deren Bezug den Aktionären eines Unternehmens bei einer Kapitalerhöhung angeboten werden.

☐ **d)** Aktien, die bei Gründung eines Unternehmens ausgegeben werden.

㉛ In welchem Gesetzbuch ist der Kaufvertrag definiert?

☐ **a)** GG

☐ **b)** StGB

☐ **c)** BGB

☐ **d)** HGB

㉙ **Lösung d)**

Eine Kreditkarte weist den Namen des Kreditkarteninhabers, dessen Unterschrift, die Nummer der Karte, die Gültigkeitsdauer sowie den Namen der Kreditkartenfirma auf, z. B. VISA, Mastercard, Diners, American Express etc.

㉚ **Lösung c)**

Jungaktien werden Aktionären zum Kauf angeboten, wenn das Unternehmen das Kapital erhöht, um die Liquidität zu steigern.

Berichtigungsaktien werden ausgegeben, wenn ein Unternehmen offene Rücklagen in dividendenberechtigtes Grundkapital umwandelt.

KREISSPARKASSE
ESSLINGEN-NUERTINGEN

Den 19.03.1993

Herrn
Chris Mustermann
Hoffeldstr. 269
7031 Ehningen

Kapitalerhöhung – Bezug junger Aktien gegen Bareinzahlung

Sehr geehrter Depotkunde,

wir verwahren für Sie in Ihrem Depot die nachstehend aufgeführten Aktien, Schuldverschreibungen bzw. Optionsscheine. Die Hauptversammlung dieser Gesellschaft hat eine Kapitalerhöhung durch Ausgabe junger Aktien beschlossen und den Aktionären bzw. den Inhabern von Wandelschuldverschreibungen und Optionsrechten ein Bezugsrecht eingeräumt, dessen Einzelheiten wir unten angegeben haben. Bitte erteilen Sie uns auf dem beigefügten Durchschlag Ihren Auftrag zum Bezug der jungen Aktien (evtl. nach Zukauf oder Verkauf von Bezugsrechten) oder beauftragen Sie uns zum Verkauf Ihrer Bezugsrechte. Die für Ihre Disposition maßgebende Anzahl von Bezugsrechten finden Sie im stark umrahmten Kästchen besonders vermerkt.

Ihre Weisungen sollten uns **wenn möglich zwei Werktage vor dem letzten Handelstag vorliegen**; andernfalls werden wir Ihre Bezugsrechte am letzten Handelstag bestens zu verwerten suchen.

Depot-Nummer	Ihr Bestand	Wertpapierbezeichnung	Grundeinheit	Kenn-Nummer
155400	ST 1 PER 15.03.1993	ANTRIEBSTECHNIK G. BAUKNECHT AG. AKTIEN	50	505160

Bezugsfrist vom	bis	Erster Handelstag	Letzter Handelstag	Anzahl Ihrer Bezugsrechte ST/DM	Umrechnungsverhältnis Bezugsverhältnis *
23.03.	6.04.	23.03.	4.04.	1	2 ZU 1

Bezugskurs pro Stück	Grundeinheit für junge Aktien	Dividendenberechtigt ab	Zahlbar	Bezugsnachweis Kupon-Nr.	Rechnerischer Wert des Bezugsrechts in DM pro Stück
170,00	50,00	01.01.93	06.04	04	41,50

* Anmerkung:
Die Angabe 1 : 1 im "Umrechnungsverhältnis" ist technisch bedingt und ohne Bedeutung für Sie. Bei anderer Angabe wurde der Bestand in diesem Verhältnis in die "Anzahl Ihrer Bezugsrechte" umgesetzt.

Mit freundlichen Grüßen

KREISSPARKASSE
ESSLINGEN-NUERTINGEN

Diese Mitteilung ist ohne Unterschrift rechtsverbindlich.

㉛ **Lösung c)**

Der Kaufvertrag ist im Bürgerlichen Gesetzbuch (BGB) § 433 definiert. Es handelt sich dabei um einen gegenseitigen Vertrag, bei dem der Verkäufer sich verpflichtet, das Eigentum an einer Sache oder ein Recht zu übertragen. Der Käufer verpflichtet sich, den Preis in Geld zu bezahlen und die Sache abzunehmen.

Die Abkürzungen *GG, StGB* und *HGB* stehen für Grundgesetz, Strafgesetzbuch und Handelsgesetzbuch.

32 Welches der nachfolgenden Ziele gehört nicht zu den Zielsetzungen des magischen Vierecks?

☐ **a)** Stetiges und angemessenes Wachstum

☐ **b)** Außenwirtschaftliches Gleichgewicht

☐ **c)** Verteilungsgerechtigkeit

☐ **d)** Stabilität des Preisniveaus

33 Was ist ein Kreditor?

☐ **a)** Gläubiger

☐ **b)** Schuldner

☐ **c)** Kontenrahmen

☐ **d)** Belastungsanzeige

34 Welche Funktionen hat der Sprecherausschuß der leitenden Angestellten?

☐ **a)** Verhandlungspartner des Betriebsrates auf Arbeitgeberseite

☐ **b)** Interessenvertretung der leitenden Angestellten

☐ **c)** Verband zur Vertretung der Arbeitgeberinteressen

☐ **d)** Gremium, das über soziale Angelegenheiten der Mitarbeiter im Unternehmen entscheidet.

㉜ **Lösung c)**
Das magische Viereck, wie es in § 1 des Gesetzes zur Förderung der Stabilität und des Wachstums der Wirtschaft definiert ist, versucht, die folgenden vier Ziele miteinander zu verbinden. Die Verteilungsgerechtigkeit ist nicht Bestandteil dieser Betrachtung.

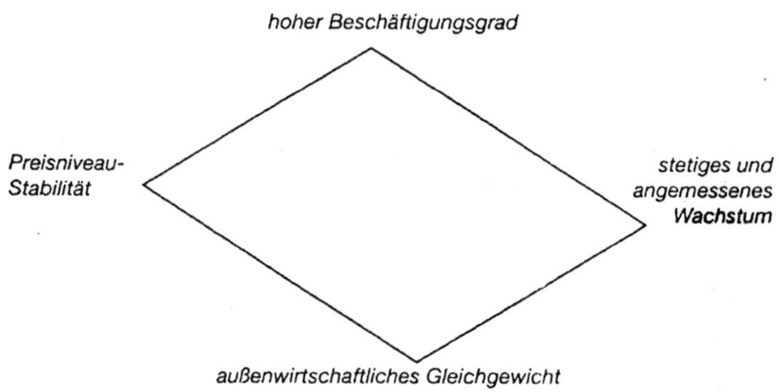

㉝ **Lösung a)**
Ein Kreditor ist eine andere Bezeichnung für einen Gläubiger, also eine Person oder eine Institution, die eine Forderung gegenüber dem *Schuldner (Debitor)* hat.
Die Begriffe werden hauptsächlich in der Buchführung verwendet. Eine *Belastungsanzeige* ist eine Debitnote.

㉞ **Lösung b)**
Der Sprecherausschuß der leitenden Angestellten entspricht der Institution des Betriebsrates, jedoch für den Teil der Mitarbeiter eines Unternehmens, der in leitender Funktion tätig ist. Es ist eine Interessenvertretung, deren Aufgaben und Rechte im Betriebsverfassungsgesetz (BetrVG) definiert sind.

35 Was ist eine Matrixorganisation?

☐ **a)** Organisationsform, bei der mindestens drei Mitglieder in der Geschäftsführung vorhanden sein müssen.

☐ **b)** Dynamische Zuordnung von Arbeitsfolgen zur Erstellung einer Leistung

☐ **c)** Unternehmensorganisation im Mehrliniensystem

☐ **d)** Aufbauorganisation im Einliniensystem

36 Ab welchem Alter ist man in der Bundesrepublik beschränkt geschäftsfähig?

☐ **a)** 7 Jahre

☐ **b)** 12 Jahre

☐ **c)** 16 Jahre

☐ **d)** 18 Jahre

37 Welcher deutsche Top-Manager wollte damit beginnen, neue Wege in der Schuldenproblematik der Dritte-Welt-Länder zu beschreiten?

☐ **a)** Werner Kaske

☐ **b)** Edzard Reuter

☐ **c)** Alfred Herrhausen

☐ **d)** Karl Friedrich von Flick

35 **Lösung c)**
Die Matrixorganisation wird im Rahmen der Aufbauorganisation eines Unternehmens den Mehrliniensystemen zugeordnet. Der Grundgedanke besteht darin, eine untergeordnete Stelle mehreren übergeordneten Stellen zuzuordnen, um vor allem lange Kommunikationswege zu verhindern, die ein Nachteil des *Einliniensystems* mit eindeutiger Vorgesetztenzuordnung darstellt. Im Gegensatz zur Aufbauorganisation, die die formale Zuordnung definiert, ist die *Ablauforganisation* eine dynamische Zuordnung der Arbeitsgänge.

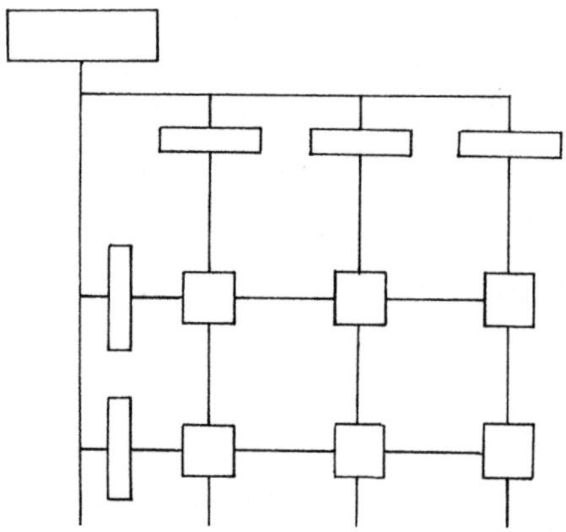

36 **Lösung a)**
Beschränkte Geschäftsfähigkeit bedeutet, daß Minderjährige Rechtsgeschäfte abschließen können, die Wirksamkeit jedoch von der Einwilligung seines gesetzlichen Vertreters abhängt. Ohne diese Einwilligung ist das Rechtsgeschäft grundsätzlich unwirksam, es sei denn, der Minderjährige erlangt durch die Willenserklärung ausschließlich einen rechtlichen Vorteil ohne weitere Verpflichtungen. Mit Vollendung des *18. Lebensjahres* wird auch die volle Geschäftsfähigkeit erreicht.

37 **Lösung c)**
Alfred Herrhausen war als Vorstandssprecher der größten deutschen Geschäftsbank (Deutsche Bank) durch seine Gedanken über den Schuldenerlaß der Dritte-Welt-Länder hervorgetreten. Im November 1989 wurde ein Attentat mit tödlichem Ausgang auf Alfred Herrhausen verübt.

38 Wofür steht die Abkürzung AIDA?

☐ **a)** Aktien, Immobilien, Dividende, Anlagen

☐ **b)** Anlagen in Devisen und Aktien

☐ **c)** Arbeitsgemeinschaft deutscher Aktienhändler

☐ **d)** Attraction, Interest, Desire, Action

39 Was versteht man unter degressiver Abschreibung?

☐ **a)** Gleichmäßige Verteilung der Abschreibungsbeträge über den gesamten Zeitraum der Nutzungsdauer

☐ **b)** Im Zeitverlauf zunehmender Abschreibungsbetrag

☐ **c)** Im Zeitverlauf abnehmender Abschreibungsbetrag

☐ **d)** Abschreibung aufgrund Diebstahls eines Wirtschaftsgutes

40 Wenn man das Verhältnis der Nieten zu den Gewinnen bei einer Lotterie kennt, kann man

☐ **a)** den Gewinner ermitteln?

☐ **b)** den Verdienst des Spielers abschätzen?

☐ **c)** die Gewinnchancen errechnen?

☐ **d)** die Gewinnhöhe ermitteln?

41 Wer ist auf dem neuen 50-DM-Schein abgebildet?

☐ **a)** Clara Schumann

☐ **b)** Balthasar Neumann

☐ **c)** Bettina von Armin

☐ **d)** Paul Ehrlich

38 **Lösung d)**
Die aus der Werbewirtschaft stammende Formel AIDA steht für
A = Attraction (Aufmerksamkeit gewinnen)
I = Interest (Interesse wecken)
D = Desire (Besitzwunsch hervorrufen)
A = Action (Handlung veranlassen).
Die Formel beschreibt die einzelnen Schritte, bis es zum Kaufabschluß kommt.

39 **Lösung b)**
Die degressive Abschreibung ermöglicht es, zu Beginn des Abschreibungszeitraums größere Beträge abzuschreiben.
Bei der *linearen Abschreibungsmethode* werden die Anschaffungs- bzw. Herstellungskosten eines abnutzbaren Wirtschaftsgutes über den gesamten Nutzungszeitraum gleichmäßig verteilt. Die *progressive Abschreibung* hat im Lauf der Nutzungsdauer zunehmende Abschreibungsbeträge. Dieser Methode kommt in der Praxis eine untergeordnete Bedeutung zu.

40 **Lösung c)**
Wenn das Verhältnis von Gewinnen zu Nieten bei einer Lotterie bekannt ist, kann der Spieler sich die Gewinnchancen errechnen. Kommen z.B. auf einen Gewinn fünf Nieten, so müßte der Spieler, statistisch gesehen, beim Erwerb von sechs Losen, einen Gewinn erhalten. Dies sagt dann allerdings noch nichts über die Höhe des zu erwartenden Gewinns aus.

41 **Lösung b)**
Auf dem neuen 50-DM-Schein ist der große Baumeister des Barock, Balthasar Neumann (1687–1735), abgebildet. Neumann stammte aus Eger, stand im Dienst der fürstbischöflichen Familie Schönborn. Bekannte Bauwerke sind die Würzburger Residenz mit ihrem großartigen Treppenhaus und ihrer prunkvollen Hofkirche, die Abteikirche Neresheim, die Treppenhäuser der Schlösser Bruchsal und Brühl.
Auf dem neuen Hunderter ist *Clara Schumann,* auf dem Zwanziger *Annette von Droste-Hülshoff,* auf dem Fünfer *Bettina von Arnim* und *Paul Ehrlich* auf dem Zweihunderter abgebildet.

42 Was versteht man unter dem Begriff Rentabilität?

☐ **a)** DM-Betrag, den man aus einem Rentenpapier jährlich ausgeschüttet bekommt.

☐ **b)** Kapitaldeckungsgrad der staatlichen Rentenversicherung

☐ **c)** prozentuales Verhältnis zwischen Verkaufspreis und Einkaufspreis einer Ware

☐ **d)** Prozentuales Verhältnis des Gewinns zum eingesetzten Kapital

43 Was versteht man unter einer Holding?

☐ **a)** Die im Ausland befindliche Tochtergesellschaft eines Unternehmens

☐ **b)** Die Vereinigung mehrerer ehemals eigenständiger Unternehmen zu einem Konzern

☐ **c)** Gesellschaft, die nicht selbst produzierend tätig ist, über den Besitz von Anteilen jedoch andere Gesellschaften beeinflußt oder beherrscht.

☐ **d)** Zusammenschluß von Unternehmen, die rechtlich und wirtschaftlich selbständig bleiben, mit der Zielsetzung der Marktbeherrschung.

44 Was versteht man unter Courtage?

☐ **a)** Den aktuellen Wert einer Aktie

☐ **b)** Zinsschein bei festverzinslichen Wertpapieren

☐ **c)** Maklergebühr

☐ **d)** Abgabe in Kurorten für die Benutzung besonderer Einrichtungen

45 Welcher der nachfolgenden Begriffe paßt nicht zu den anderen?
Tabaksteuer, Mineralölsteuer, Lohnsteuer, Mehrwertsteuer, Biersteuer, Versicherungssteuer

☐ **a)** Mehrwertsteuer ☐ **b)** Lohnsteuer

☐ **c)** Tabaksteuer ☐ **d)** Mineralölsteuer

㊷ **Lösung d)**
Bei der Rentabilitätsrechnung wird eine Erfolgsgröße (z. B. Gewinn) zu einer Bezugsgröße (z. B. eingesetztes Kapital) ins Verhältnis gesetzt. Die Rentabilitätsrechnung wird besonders zum Vergleich mehrerer Unternehmen oder eines Unternehmens während verschiedener Wirtschaftsjahre angestellt.
Das Verhältnis zwischen Verkaufspreis und Einkaufspreis einer Ware dient zur Ermittlung der *Marge* (Gewinnspanne) eines Händlers.

㊸ **Lösung c)**
Die Holding ist in der Regel eine Kapitalgesellschaft, die nicht selbst produziert, sondern als Halter von Anteilen an Unternehmen diese steuert und beeinflußt. In vielen Fällen liegt auch die Verwaltung eines Konzerns in den Händen der Holding.
Die Vereinigung von ehemals selbständigen Unternehmen bezeichnet man als *Fusion.* Ein Zusammenschluß eigenständiger Unternehmen mit der Zielsetzung der Marktbeherrschung nennt man *Kartell.*

㊹ **Lösung c)**
Die Courtage ist die Gebühr für die Vermittlungstätigkeit. So werden in der Bundesrepublik in der Regel zwischen 3 und 5% des Kaufpreises zuzüglich Mehrwertsteuer einer Immobilie als Courtage vom Immobilienmakler in Rechnung gestellt.
Der *Kurs* ist der aktuelle an der Börse gehandelte Wert einer Aktie. Die *Kurtaxe* wird als Abgabe in Kurorten erhoben.

㊺ **Lösung b)**
Die Lohnsteuer ist eine direkte Steuer, da das Einkommen des Steuerpflichtigen direkt belastet wird. Die Steuer wird unmittelbar durch den Arbeitgeber vom Bruttogehalt des Arbeitnehmers einbehalten und an das Finanzamt abgeführt.
Alle übrigen genannten Steuern sind indirekte Steuern, oder auch *Verbrauchssteuern* genannt, da sie erst bei der Einkommensverwendung anfallen.

46 Was ist ein Depot?

☐ **a)** Wertpapieraufbewahrungsort

☐ **b)** Schiffsladung

☐ **c)** Schuldner

☐ **d)** Konto für den bargeldlosen Zahlungsverkehr

47 Sie streiten vor dem Finanzgericht mit dem Finanzamt um einen Steuerbescheid. Welches Gericht ist die nächsthöhere Instanz?

☐ **a)** Bundesgerichtshof

☐ **b)** Oberfinanzgericht

☐ **c)** Bundesfinanzhof

☐ **d)** Bundesverwaltungsgericht

48 Was ist ein Kataster?

☐ **a)** Verzeichnis der Handwerker in einer Region

☐ **b)** Verzeichnis der Flurstücke

☐ **c)** Verzeichnis der Handelsunternehmen in einer Region

☐ **d)** Verzeichnis der Grundstückseigentümer

49 Wofür steht die Abkürzung OHG?

☐ **a)** Örtliche Handelsgemeinschaft

☐ **b)** Osteuropäische Handelsgemeinschaft

☐ **c)** Offene Handelsgesellschaft

☐ **d)** Ordentliche Handelsgesellschaft

50 Wo hat das Statistische Bundesamt seinen Sitz?

☐ **a)** Berlin

☐ **b)** Wiesbaden

☐ **c)** Kassel

☐ **d)** München

46 **Lösung a)**
Ein Depot ist ein Aufbewahrungsort, bei Banken der Aufbewahrungsort von Wertsachen, insbesondere von Wertpapieren. Die Ladung von Schiffen und Frachtflugzeugen nennt man *Cargo.* Ein Schuldner ist ein *Debitor,* das Konto für den bargeldlosen Zahlungsverkehr ist ein *Girokonto.*

47 **Lösung c)**
Der Bundesfinanzhof in München ist nach dem vorgerichtlichen Beschwerde-/Einspruchverfahren und der dann erfolgten ersten Instanz bei dem zuständigen Finanzgericht die letzte Instanz in Steuer- und Abgabenangelegenheiten.
Ein *Oberfinanzgericht* gibt es nicht.

48 **Lösung b)**
Das Kataster, von den Katasterämtern (Vermessungsämtern) geführt, ist das Verzeichnis aller Grundstücke und dient als Unterlage für das *Grundbuch.*
Im *Grundbuch* sind die Grundstückseigentümer verzeichnet.
Die *Handwerksrolle* weist alle selbständigen Handwerker aus, das Verzeichnis wird von der Handwerkskammer geführt.
Das Verzeichnis der Vollkaufleute und Handelsunternehmen, das vom Amtsgericht geführt wird, ist das *Handelsregister.*

49 **Lösung c)**
Eine OHG ist eine offene Handelsgesellschaft. Jeder Gesellschafter haftet den Gläubigern uneingeschränkt. Eine OHG entsteht durch einen Gesellschaftervertrag, sie wird in das Handelsregister eingetragen.

50 **Lösung b)**
Das Statistische Bundesamt, eine selbständige Bundesoberbehörde im Bereich des Bundesinnenministeriums, hat seinen Sitz in Wiesbaden.
In *Kassel* ist das Bundesarbeitsgericht ansässig, in *Berlin* das Bundesverwaltungsgericht, in *München* der Bundesfinanzhof.

51 Was versteht man unter Scheidemünzen?

☐ a) Geldzeichen, die zum gesetzlichen Zahlungsmittel erklärt wurden.

☐ b) Guthaben bei Kreditinstituten, über das jederzeit verfügt werden kann.

☐ c) Münzen, deren aufgedruckter Wert höher ist als der Metallwert.

☐ d) Münzen, deren Metallwert höher ist als der aufgedruckte Wert.

52 Welches der unten genannten Kriterien ist kein Merkmal der Zentralverwaltungswirtschaft?

☐ a) Die Betriebe bekommen ihre Aufträge und das Sortiment nicht von staatlichen Stellen zugeteilt.

☐ b) Die Betriebe sind überwiegend staatlich.

☐ c) Die Produktion und Verteilung der Güter wird vom Staat zentral gesteuert.

☐ d) Der Staat greift mittels Preisvorgaben in das Marktgeschehen ein.

53 Was sind Berufsgenossenschaften?

☐ a) Träger der gesetzlichen Unfallversicherung

☐ b) Interessenvertretung der Arbeiter und Angestellten

☐ c) Interessenvertretung der Arbeitgeber

☐ d) Träger der gesetzlichen Rentenversicherung für Angestellte

54 Was ist ein Sozialplan?

☐ a) Das Budget des Sozialministeriums

☐ b) Vereinbarung zwischen Geschäftsleitung und Betriebsrat über den Ausgleich von wirtschaftlichen Nachteilen für Arbeitnehmer im Zusammenhang mit Betriebsänderungen

☐ c) Prioritätenliste bei der Belegung von Sozialwohnungen

☐ d) Teilbereich des Bruttosozialproduktes

51 **Lösung c)**
Scheidemünzen sind Münzen, bei denen der Nennwert über dem Metallwert liegen darf.
Guthaben bei Kreditinstituten, über das jederzeit durch Überweisung oder Scheck verfügt werden kann, nennt man *Buchgeld.* Bei *Kurantmünzen* entspricht der Wert der Münze dem Metallwert (z. B. Krüger-Rand-, Maple Leaf-, Goldmünzen).

52 **Lösung a)**
Merkmale der Zentralverwaltungswirtschaft sind:
- zentrale Planung und Leitung der Volkswirtschaft,
- Streben nach möglichst raschem Wirtschaftswachstum durch Ausbau der Industrie,
- das sozialistische Eigentum an den Produktionsmitteln.

Die Wirtschaft der ehemaligen DDR war eine Zentralverwaltungswirtschaft.

53 **Lösung a)**
Die Berufsgenossenschaften sind die Träger der gesetzlichen Unfallversicherung und zuständig für die Überwachung und Einhaltung von Unfallverhütungsvorschriften.
Die *Gewerkschaften* sind Interessenvertretungen der Arbeiter und Angestellten. Der Träger der gesetzlichen Rentenversicherung für Angestellte ist die *Bundesversicherungsanstalt für Angestellte* in Berlin.

54 **Lösung b)**
Der vom Betriebsrat erzwingbare Sozialplan dient dem Ausgleich oder der Milderung von wirtschaftlichen Nachteilen für Arbeitnehmer bei Betriebsänderungen. Betriebsänderungen sind z. B. Stillegung des Betriebes, grundlegende Änderung der Betriebsorganisation oder Verlegung des Betriebs.

55 Wie wird das Bruttosozialprodukt definiert?

- ☐ **a)** Die Summe aller Sozialleistungen, die innerhalb eines Jahres aus dem Bundeshaushalt bereitgestellt wurden.
- ☐ **b)** Die Summe aller Güter, die in der Bundesrepublik innerhalb eines Jahres produziert wurden.
- ☐ **c)** Das Volkseinkommen in der Bundesrepublik innerhalb eines Jahres
- ☐ **d)** Die Summe aller Güter und Dienstleistungen, die von einer Volkswirtschaft innerhalb eines Jahres erzeugt wurden.

56 Welche der nachfolgenden Positionen gehört nicht auf die Passiva-Seite einer Bilanz?

- ☐ **a)** Eigenkapital, Rückstellungen für Pensionen
- ☐ **b)** Bilanzgewinn
- ☐ **c)** Sachanlagen
- ☐ **d)** Verbindlichkeiten aus Lieferungen und Leistungen

57 Was sind Devisen?

- ☐ **a)** Ausländische Zahlungsmittel
- ☐ **b)** Gewinnausschüttung bei Aktien
- ☐ **c)** Geldmünzen
- ☐ **d)** Mitteilung des Wechselausstellers über die Deckung der Wechselsumme

58 Was bedeutet es, wenn die Handelsbilanz eines Landes negativ ist?

- ☐ **a)** Es wurde mehr Geld ins Ausland gebracht, als von dort in das Land floß.
- ☐ **b)** Das Land hat in einem Jahr mehr Güter exportiert als importiert.
- ☐ **c)** Das Land ist seinen internationalen Zahlungsverpflichtungen nicht nachgekommen.
- ☐ **d)** Es wurden mehr Güter importiert, als Waren exportiert wurden.

55 **Lösung d)**
Das Bruttosozialprodukt umfaßt die Gesamtheit aller Güter und Dienstleistungen, die eine Volkswirtschaft in einem Jahr erwirtschaftet.
Werden davon die Abschreibungen abgezogen, erlangt man das *Nettosozialprodukt.* Berücksichtigt man darüber hinaus noch indirekte Steuern und Subventionen, erhält man das Nettosozialprodukt zu Faktorkosten, dies entspricht dem *Volkseinkommen.*

56 **Lösung c)**
Die Passiva-Seite einer Bilanz zeigt die Mittelherkunft auf. So sind das *Eigenkapital, Fremdkapital, Rückstellungen* und *Rücklagen* alles Passiva-Positionen. Weist die Gesellschaft einen Gewinn aus, so steht dieser ebenfalls auf der Passiva-Seite, da in diesem Fall die vorhandenen Aktivposten (zu den auch die Sachanlagen gehören) höher sind als die Passiva, und die Bilanz insgesamt ausgeglichen sein muß.

57 **Lösung a)**
Devisen sind ausländische Zahlungsmittel; dies können ausländische Banknoten und Münzen, Konten bei ausländischen Banken, aber auch auf fremde Währungen lautende und im Ausland zahlbare Schecks oder Wechsel sein.
Als *Dividende* bezeichnet man den an die Aktionäre ausgeschütteten Gewinn. Ein *Avis* ist eine Mitteilung aus dem Wechselrecht.

58 **Lösung d)**
Ist die Handelsbilanz eines Landes negativ, wurden in einem Jahr von dem Land mehr Güter importiert als Waren exportiert. Dies ist z.B. bei den USA der Fall, die im Jahr 1990 ein Handelsbilanzdefizit von 122,6 Mrd. $ hatten.
Die Handelsbilanz ist ein Teil der *Zahlungsbilanz,* die u.a. noch eine Bilanz des *Kapitalverkehrs,* eine *Devisenbilanz* und eine *Dienstleistungsbilanz* enthält.

59 Was versteht man unter einer Pari-Emission?

☐ **a)** Jährlicher Zahlungsbetrag eines Schuldners

☐ **b)** Ratenweise Tilgung einer Schuld

☐ **c)** Ein zum Nennwert ausgegebenes Wertpapier

☐ **d)** Das Angleichen zweier Wechselkurse

60 Wer erhält die Einnahmen aus der Erbschaftssteuer?

☐ **a)** Bund ☐ **b)** Bund und Länder gemeinschaftlich

☐ **c)** Länder ☐ **d)** Gemeinden

61 Welche Wirkung soll eine Diskontsatzerhöhung haben?

☐ **a)** Es sollen mehr Kredite aufgenommen werden.

☐ **b)** Die Kreditzinsen sollen fallen.

☐ **c)** Die Sparzinsen sollen fallen.

☐ **d)** Die Kreditzinsen sollen erhöht werden.

62 Wie nennt man die Beschriftung einer Münze?

☐ **a)** Legende ☐ **b)** Prägung

☐ **c)** Stempel ☐ **d)** Gravur

63 Was ist ein Konsortium?

☐ **a)** Zweckverband von Geschäftsleuten oder Unternehmen zur Durchführung von Geschäften

☐ **b)** Aufsichtsgesellschaft/-behörde von privaten Institutionen oder öffentlichen Körperschaften

☐ **c)** Beratender oder beschlußfassender Ausschuß

☐ **d)** Zusammenschluß wirtschaftlich weitgehend selbständig bleibender Unternehmen

59 **Lösung c)**
Eine Pari-Emission ist ein zum Nennwert ausgegebenes Wertpapier.
Der jährliche Zahlungsbetrag eines Kreditnehmers zur Abtragung seiner Schuld wird *Annuität* genannt.
Die *Amortisation* ist die ratenweise Tilgung einer langfristigen Schuld. Der Begriff bedeutet aber auch, daß die aufgebrachten Mittel zur Anschaffung beispielsweise einer Maschine durch den von der Maschine erwirtschafteten Ertrag gedeckt werden.

60 **Lösung c)**
Die Einnahmen aus der Erbschaftssteuer fließen wie auch die Vermögenssteuer an die Bundesländer.
Bundessteuern sind die Mehrzahl der Verbrauchssteuern. *Gemeinschaftssteuern* von Bund und Ländern sind z.B. die Einkommen- und Körperschaftssteuer. Typische *Gemeindesteuern* sind beispielsweise die Gewerbesteuer und Hundesteuer.

61 **Lösung d)**
Der Diskontsatz wird von der Bundesbank festgesetzt. Es ist der Zinssatz, den die Geschäftsbanken bei Krediten an die Bundesbank zahlen müssen. Steigt der Diskontsatz, erhöhen die Geschäftsbanken den Kreditzins, der dem Verbraucher berechnet wird. Bei steigendem Kreditzins kommt es zu einer verminderten Kreditnachfrage und damit zu einer Dämpfung der Konjunktur.

62 **Lösung a)**
Die Inschriften auf Münzen bezeichnet man als Legende. Diese läuft bei den meisten Münzen am Rand und kann sowohl auf der Vorderseite (Avers) wie auf der Rückseite der Münze (Revers) angebracht sein.

63 **Lösung a)**
Ein Konsortium ist ein Zweckverband von Geschäftsleuten oder eine Gelegenheitsgesellschaft zur Durchführung von Geschäften.
Als *Kuratorium* bezeichnet man die Aufsichtsgesellschaft, -behörde von privaten Institutionen oder öffentlichen Körperschaften. Das *Gremium* ist ein beratender oder beschlußfassender Ausschuß.

64 Wodurch ist die Mitbestimmung in der Montan-Industrie gekennzeichnet?

☐ a) Alle Arbeitnehmervertreter müssen Bergarbeiter sein.

☐ b) Gleiche Anzahl von Arbeitnehmer- und Arbeitgebervertretern im Aufsichtsrat, wobei der Vorsitzende bei Stimmengleichheit doppeltes Stimmrecht hat.

☐ c) Ausgeweitetes Streikrecht.

☐ d) Der Aufsichtsrat besteht aus gleicher Anzahl Arbeitgeber- und Arbeitnehmervertretern und einer neutralen Person.

65 Was versteht man unter einer Urabstimmung?

☐ a) Wahl des Betriebsrates im Unternehmen

☐ b) Abstimmung des Betriebsrates über einen Sozialplan

☐ c) Abstimmung, ob aufgrund von Unzufriedenheit in der Belegschaft der Betriebsrat fristlos seines Amtes enthoben wird.

☐ d) Abstimmung der Gewerkschaftsmitglieder, ob Streikmaßnahmen ergriffen werden sollen.

66 Welche Bedeutung hat die nachfolgende Aussage im Zeugnis eines Angestellten?
»Er galt im Kollegenkreis als toleranter Mitarbeiter.«

☐ a) Er hat sich von Eigenheiten anderer Mitarbeiter nicht irritieren lassen und hatte mit den Kollegen ein durchweg gutes Verhältnis.

☐ b) Der Beurteilte hat ein Alkoholproblem.

☐ c) Vorgesetzten hat der Mitarbeiter das Leben schwer gemacht.

☐ d) Die meisten Kollegen mochten ihn nicht.

64 **Lösung d)**

Die Montan-Mitbestimmung wird auch als echte oder paritätische Mitbestimmung bezeichnet, da der Aufsichtsrat aus einer gleichen Anzahl von Arbeitgeber- und Arbeitnehmervertretern besteht und einem neutralen Mitglied, auf das sich beide Parteien einigen müssen, das bei Stimmengleichheit den Ausschlag gibt. Außerhalb der Montanindustrie hat der *Aufsichtsratsvorsitzende,* der immer von Arbeitgeberseite gestellt wird, bei Stimmengleichheit ein doppeltes Stimmrecht.

65 **Lösung d)**

Die Urabstimmung ist eine geheime Abstimmung der Gewerkschaftsmitglieder im Unternehmen darüber, ob ein Streik durchgeführt werden soll. Um einen Streik durchzuführen, müssen sich mindestens 75% der Abstimmenden dafür aussprechen.

66 **Lösung c)**

Die Aussage »Er galt im Kollegenkreis als toleranter Mitarbeiter« im Arbeitszeugnis eines Arbeitnehmers bedeutet, daß der Mitarbeiter den Vorgesetzten das Leben schwer gemacht hat. Hat der Beurteilte ein *Alkoholproblem,* so wird in dem Zeugniscode oftmals der Satz »Er hat sehr zur Verbesserung des Betriebsklimas beigetragen« verwendet. Soll ausgedrückt werden, daß die meisten Kollegen den Arbeitnehmer nicht mochten, so kann dies mit der Formulierung »Er war ein umgänglicher Kollege« ausgedrückt werden.*

*Vgl. hierzu den Humboldt-Ratgeber für die erfolgreiche Berufspraxis: »Arbeitszeugnisse schreiben und verstehen« (Bd. 573); erschienen im Humboldt-Taschenbuchverlag, München.

67 Ordnen Sie den in der Zeichnung aufgeführten Buchstaben die nachfolgenden Fachausdrücke zu.

☐ **a)** A = Depression, B = Rückgang, C = Aufschwung, D = Boom

☐ **b)** A = Hochkonjunktur,
B = Depression,
C = Erholung,
D = Rückgang

☐ **c)** A = Krise, B = Aufschwung,
C = Boom, D = Tiefstand

☐ **d)** A = Aufschwung, B = Boom,
C = Rezession, D = Depression.

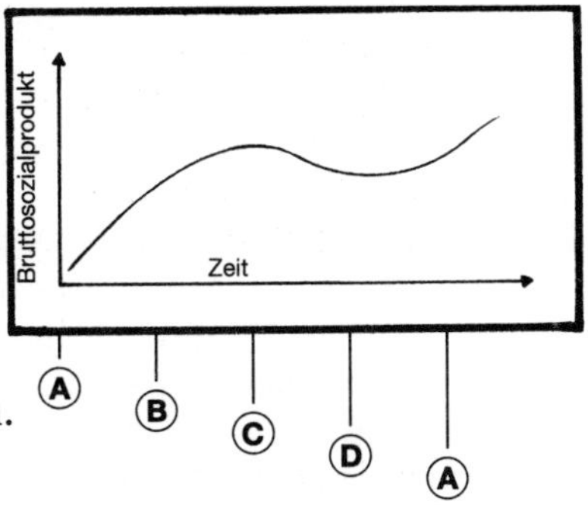

68 Welche der nachfolgenden Gewerkschaften gehört nicht dem Deutschen Gewerkschaftsbund an?

☐ **a)** IGM

☐ **b)** HBV

☐ **c)** DAG

☐ **d)** ÖTV

69 Was ist eine Gratifikation?

☐ **a)** Prozentuale Beteiligung des Arbeitnehmers an den von ihm getätigten Geschäften

☐ **b)** Sonderzuwendung an Arbeitnehmer aufgrund eines besonderen Anlasses

☐ **c)** Kenntnisse und Fähigkeiten einer Person zur Ausübung einer bestimmten Tätigkeit

☐ **d)** Zuschlag zum Grundlohn als Anerkennung besonderer Leistungen

70 Wie wirkt sich eine Depression auf das Beschäftigungsniveau aus?

☐ **a)** Schnell fallendes Beschäftigungsniveau

☐ **b)** Ansteigendes Beschäftigungsniveau

☐ **c)** Fallende Zahl von Arbeitssuchenden und Kurzarbeitern

☐ **d)** Langsam fallendes Beschäftigungsniveau

67 **Lösung d)**
Buchstabe A steht für den Aufschwung (Erholung), ihr folgt als Buchstabe B der Boom (Hochkonjunktur). Die nächste Phase eines Konjunkturzyklus ist mit Buchstabe C der Rückgang (Rezession), danach folgt Buchstabe D die Konjunkturkrise (Depression).

68 **Lösung c)**
Die Deutsche Angestellten-Gewerkschaft *(DAG)* ist eine Interessenvertretung der Angestellten aller Wirtschaftszweige und -betriebe. Sie ist wie der Deutsche Beamtenbund *(DBB)* und der Christliche Gewerkschaftsbund *(CGB)* nicht dem Deutschen Gewerkschaftsbund *(DGB)* angeschlossen.
Dem größten deutschen Gewerkschaftsverband, dem DGB, sind 17 Einzelgewerkschaften angeschlossen. Darunter sind die *Industriegewerkschaft Metall (IGM)* (dies ist die größte Einzelgewerkschaft) sowie die *Gewerkschaft Handel, Banken und Versicherungen (HBV)* und die *Gewerkschaft Öffentliche Dienste, Transport und Verkehr (ÖTV).*

69 **Lösung b)**
Die Gratifikation ist eine Sonderzuwendung, die auf einen bestimmten Anlaß zurückzuführen ist. Am bekanntesten ist die Weihnachtsgratifikation, auch Weihnachtsgeld genannt.
Die prozentuale Beteiligung eines Arbeitnehmers an den von ihm getätigten Geschäften nennt man *Provision.* Die *Qualifikation* ist die Eignung eines Mitarbeiters für eine bestimmte Aufgabe. Eine *Prämie* ist ein Zuschlag für besondere Leistungen.

70 **Lösung d)**
In der wirtschaftlichen Konjunkturphase der Depression fällt das Beschäftigungsniveau langsam ab, d.h., die Zahl der Kurzarbeiter und Arbeitssuchenden steigt langsam an. Während der *Rückgangphase (Rezession)* geschieht all dies mit größerem Tempo. Der *Boom* ist gekennzeichnet durch ein schnell ansteigendes Beschäftigungsniveau.

9 Sport

Fragen

❶ Was ist ein Querschlag?

☐ **a)** Ein beim Faustball fast parallel zur Leine geschlagener Ball

☐ **b)** Ein Gegenstoß beim Fechten

☐ **c)** Eine regelwidrige körperliche Attacke

☐ **d)** Zuspiel auf einen in gleicher Höhe stehenden Mitspieler

❷ Welcher Fußballverein wurde 1992 deutscher Fußballmeister?

☐ **a)** SV Werder Bremen

☐ **b)** FC Bayern München

☐ **c)** 1. FC Köln

☐ **d)** VfB Stuttgart

❸ Welche der nachfolgenden Sportarten hat ihren Ursprung nicht in Japan?

☐ **a)** Aikido

☐ **b)** Karate

☐ **c)** Jiu-Jitsu

☐ **d)** Taekwondo

❹ Wie nennt sich bei den Damen das Pendant zum Davis-Cup?

☐ **a)** Grand-Slam-Turnier

☐ **b)** Federation-Cup

☐ **c)** Admiral's-Cup

☐ **d)** Porsche-Cup

Lösungen

① **Lösung a)**
Beim Faustball werden bei einem hohen Zuspiel Querschläge fast parallel zur Leine ausgeführt.
Einen unmittelbaren Gegenangriff beim Fechten nennt man *Riposte.*
Eine regelwidrige körperliche Attacke, ein Anrempeln anderer Spieler, nennt man beispielsweise beim Eishockey oder Basketball *Charging.* Das erlaubte Rempeln des den Puck führenden Gegners nennt man Bodycheck. Ein *Querpaß* ist ein Zuspiel auf einen Mitspieler, der auf gleicher Höhe steht.

② **Lösung d)**
Der VfB Stuttgart wurde 1992 deutscher Fußballmeister.
Der *FC Bayern München* holte sich den Titel in der Saison 1988/1989.
Der Titelverteidiger *SV Werder Bremen* kam damals auf Platz 3 hinter dem *1. FC Köln.*

③ **Lösung d)**
Taekwondo ist eine Sportart aus Korea.
Die Kampfsportarten *Aikido, Karate, Jiu-Jitsu,* Judo, Kendo, Kiudo und Taekwondo werden alle unter dem Oberbegriff »Budo« zusammengefaßt. Als Budo bezeichnet man alle Kampfkünste mit wertbildenden, geistigen und erzieherischen Inhalten.

④ **Lösung b)**
Der Federation-Cup ist ein internationaler Tennis-Mannschaftswettbewerb für Damen. Er entspricht dem Davis-Cup bei den Herren.
Der *Admiral's-Cup* ist ein alle zwei Jahre stattfindender Wettbewerb im Hochseesegeln. Der *Porsche-Cup* ist ein in Filderstadt bei Stuttgart stattfindendes Tennisturnier der Damen, das von dem Autohersteller gesponsert wird.

❺ Ist der Cooper-Test

☐ **a)** Weltweit verwendeter Test zur Feststellung von Dopingmanipulationen von Sportlern?

☐ **b)** Übungsgerät zur Stärkung der Muskulatur?

☐ **c)** Weltweit verwendeter Test zur Messung der Dauerleistungsfähigkeit?

☐ **d)** Test zur Messung der Reaktionsfähigkeit?

❻ Seit wann gibt es den Davis-Cup?

☐ **a)** 1900 ☐ **b)** 1950

☐ **c)** 1891 ☐ **d)** 1912

❼ Ist die A-Jugend beim Fußball

☐ **a)** die höchste deutsche Spielklasse aus dem gesamten Bundesgebiet?

☐ **b)** die Altersklasse zwischen 12 und 14 Jahren?

☐ **c)** die Altersklasse zwischen 14 und 16 Jahren?

☐ **d)** die Altersklasse zwischen 16 und 18 Jahren?

❽ Was bedeutet folgender Satz:
«Der Golfspieler gewann das Loch mit einem Birdie«?

☐ **a)** Der Golfspieler hat einen Schlag weniger für das Loch benötigt als die festgesetzte Einheit.

☐ **b)** Der Golfspieler hat einen Schlag mehr für das Loch benötigt als die festgesetzte Einheit.

☐ **c)** Der Golfspieler hat in Birdie (Australien) das Golfturnier gewonnen.

☐ **d)** Der Golfspieler hat zwei Schläge weniger für das Loch benötigt als die festgesetzte Einheit beim Golfspiel.

❾ Wo fand die erste Fußballweltmeisterschaft statt?

☐ **a)** Schweiz ☐ **b)** Uruguay

☐ **c)** Großbritannien ☐ **d)** Italien

⑤ **Lösung c)**
Der nach dem Amerikaner K. Cooper benannte Test mißt die Dauerleistungsfähigkeit. Bei einem Lauf von 12 Minuten wird die zurückgelegte Distanz gemessen.
Ein *Expander* ist ein Übungsgerät zur Stärkung der Muskulatur. *Doping* wird hauptsächlich durch die Untersuchung von Harnproben mit Hilfe der Dünnschicht-Chromatographie und der Massenspektrometrie festgestellt.

⑥ **Lösung a)**
Der Cup (Pokal) wurde 1900 von dem amerikanischen Tennisspieler und Diplomaten Dwight F. Davis gestiftet. Es handelt sich um einen Wanderpokal, um den jährlich Mannschaftswettbewerbe bei den Herren ausgetragen werden.

⑦ **Lösung d)**
Die A-Jugend ist die Altersklasse zwischen 16 und 18 Jahren, von *B-Jugend* spricht man in der Altersklasse von 14 bis 16 Jahren, *C-Jugend* von 12 bis 14 Jahren.
Die höchste deutsche Spielklasse mit Vereinen aus dem gesamten Bundesgebiet nennt man *Bundesliga*.

⑧ **Lösung a)**
Birdie bedeutet, daß der Golfspieler an einem Loch einen Schlag weniger benötigt als die festgesetzte Zahl für Schläge. Die Anzahl der Schläge, die für das entsprechende Loch festgesetzt wurde, *Par* genannt, ist abhängig von der jeweiligen Länge und der Beschaffenheit des Lochs.
Benötigt der Spieler einen Schlag mehr als die festgesetzte Anzahl, spricht man von *Bogey*. *Bogey* ist somit ein Schlag über *Par*.

⑨ **Lösung b)**
Seit 1930 werden Fußballweltmeisterschaften in einem Vier-Jahre-Turnus ausgerichtet. Die erste Weltmeisterschaft fand in Uruguay statt.
Bis 1970 war die Trophäe der siegreichen Mannschaft der »Coupe Jules Rimet«. Seit 1974 gibt es eine von der FIFA gestellte Goldtrophäe.

⑩ Wer wurde 1992 Formel-I-Weltmeister?

☐ **a)** Ayrton Senna

☐ **b)** Alain Prost

☐ **c)** Nigel Mansel

☐ **d)** Bernie Ecclestone

⑪ Was ist ein Flickflack?

☐ **a)** Ein mehrmals schnell hintereinander geturnter Handstandüberschlag

☐ **b)** Karateschlag aus dem Handgelenk

☐ **c)** Schnell hintereinander geschlagene Serie von Boxschlägen

☐ **d)** Baskettballkorbwurf, bei dem die Spieler den Ball im Sprung von oben in den Korb legen

⑫ In welchem der nachfolgenden Orte findet die Vier-Schanzen-Tournee nicht statt?

☐ **a)** Innsbruck

☐ **b)** Oberstdorf

☐ **c)** Garmisch-Partenkirchen

☐ **d)** Hahnenkamm

⑬ Welche Mannschaften spielen um den UEFA-Pokal?

☐ **a)** Die jeweiligen nationalen Fußballmeister

☐ **b)** Die Vereinspokalsieger der nationalen Fußballverbände

☐ **c)** Die Fußball-Nationalmannschaften

☐ **d)** Die Spitzenvereinsmannschaften im Fußball, die sich nicht für die Teilnahme am Europapokal qualifizieren konnten

⑩ **Lösung c)**
Nigel Mansell wurde 1992 auf Williams-Renault Formel-I-Weltmeister.
Beim Großen Preis von Japan wurde *Ayrton Senna* am 30.10.1988 Formel-I-Weltmeister. *Alain Prost* wurde 1989 auf McLaren-Honda Formel-I-Weltmeister.
Bernie Ecclestone ist der Organisator der Formel-I.

⑪ **Lösung a)**
Flickflack ist ein mehrmals schnell hintereinander geturnter Handstandüberschlag rückwärts.
Der aus dem Handgelenk geschlagene Karateschlag heißt *Koken-Uchi.*
Eine Serie von schnell hintereinander geschlagenen Boxschlägen nennt man *Windmillpunch.*
Als *Dunking* wird ein Basketballkorbwurf bezeichnet, bei dem der Spieler den Ball im Sprung über das Niveau des Korbes hebt und ihn von oben in den Korb wirft.

⑫ **Lösung d)**
Bei der Vier-Schanzen-Tournee handelt es sich um einen seit 1952 jährlich ausgetragenen Skisprungwettbewerb auf der Schattenbergschanze in Oberstdorf (immer am 30. 12.), auf den Olympiaschanzen in Garmisch-Partenkirchen am 1. 1. und in Innsbruck am 3. 1. In Bischofshofen findet jeweils am 6. 1. auf der Haußenleitner-Schanze das vierte Springen statt.
Der *Hahnenkamm* ist ein Berg in den Kitzbüheler Alpen, an dem jährlich ein Herren-Ski-Abfahrtsrennen stattfindet.

⑬ **Lösung d)**
Die auf den Plätzen zwei bis fünf rangierenden Mannschaften der jeweiligen obersten nationalen Liga (dies sind die Mannschaften, die sich nicht zur Teilnahme am Europapokal qualifizieren konnten), spielen um den UEFA (Union Européenne de Football Association)-Pokal. Diese Spiele finden seit 1971 jährlich statt.
Die jeweiligen nationalen Fußballmeister spielen seit 1955 jährlich um den *Europapokal der Landesmeister.*
Die Vereinspokalsieger der nationalen Verbände spielen seit 1960 jährlich um den *Europapokal der Pokalsieger.*
Die Nationalmannschaften spielen seit 1967 alle vier Jahre um die *Fußballeuropameisterschaft.*

⓮ Welche Disziplin gehört nicht zum olympischen Zehnkampf?

☐ **a)** 110-Meter-Hürden-Lauf

☐ **b)** Speerwerfen

☐ **c)** 5000-Meter-Lauf

☐ **d)** 100-Meter-Lauf

⓯ Was ist ein »Bully«?

☐ **a)** Zuspiel beim Volleyball von unten

☐ **b)** Loch beim Golf, bei dem das Grün beim Annäherungsschlag nicht gesehen werden kann

☐ **c)** Anspielen des Balles/einer Scheibe zwischen je einem Vertreter der gegnerischen Mannschaften

☐ **d)** Sprintstrecke bis 200 Meter

⓰ Wie lang ist die Marathonstrecke?

☐ **a)** 49,65 km

☐ **b)** 51,23 km

☐ **c)** 42,195 km

☐ **d)** 46,375 km

⓱ Wer siegte im Juli 1992 bei den Internationalen Tennismeisterschaften von England bei den Herren?

☐ **a)** Michael Stich

☐ **b)** Boris Becker

☐ **c)** Steffi Graf

☐ **d)** Andrè Agassi

⑭ **Lösung c)**
Die Disziplinen des olympischen Zehnkampfes sind am ersten Wettkampftag: 100-Meter-Lauf, Weitsprung, Kugelstoßen, Hochsprung und 400-Meter-Hürdenlauf. Am zweiten Wettkampftag folgen 110-Meter-Hürden, Diskus, Stabhochsprung, Speerwerfen und der 1500-Meter-Lauf.

⑮ **Lösung c)**
Der Bully ist das Ins-Spiel-Bringen des Balls/Pucks durch den Schiedsricher. Dieser wirft beispielsweise beim Eishockey die Scheibe zwischen je einem Vertreter der gegnerischen Mannschaften aufs Eis.
Das Zuspiel beim Volleyball, wobei der Ball mit dicht aneinander gelegten Unterarmen geschlagen wird, nennt man *Bagger.*
Als *Blind Hole* bezeichnet man beim Golf ein Loch, bei dem man beim Annäherungsschlag das das Loch umgebende Grün nicht sehen kann.
Sprintstrecken bis zu 200 Meter werden auch als *Dash* bezeichnet.

⑯ **Lösung c)**
Der Marathonlauf ist seit 1896 olympische Disziplin und hat eine Länge von 42,195 km. Dies ist die Strecke zwischen dem griechischen Ort Marathon und Athen. Der Legende nach legte ein Läufer diese Strecke 490 v. Chr. im Dauerlauf zurück, um die Siegesnachricht der gewonnenen Schlacht über die Perser nach Athen zu bringen.

⑰ **Lösung b)**
Der Amerikaner *Agassi* gewann 1992 das Turnier in Wimbledon bei den Herren.
Steffi Graf verteidigte Ihren Titel 1992 bei den Damen (!). Im Jahre 1991 konnte *Michael Stich* den Titel in Wimbledon gewinnen.

⓲ **Bei welcher Fechtart ist die auf der Zeichnung schraffierte Körperfläche Trefffläche?**

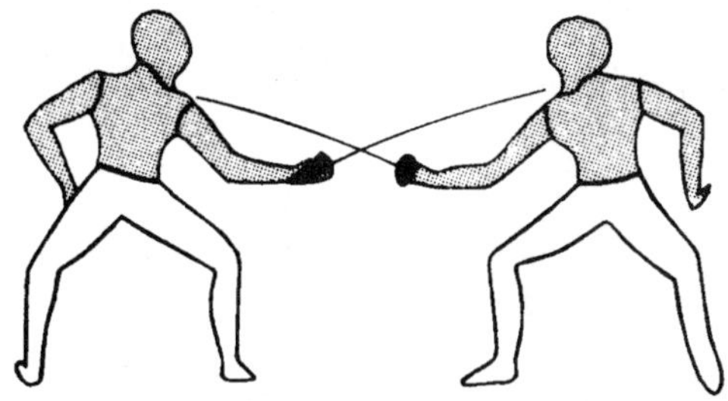

☐ **a)** Säbel

☐ **b)** Florett

☐ **c)** Degen

☐ **d)** Säbel und Degen

⓳ **Wie heißt der Dachverband des Automobilsports in Deutschland?**

☐ **a)** ADAC

☐ **b)** ONS

☐ **c)** FISA

☐ **d)** AAA

⓴ **Die Kampfhandschuhe beim Berufsboxen wiegen je 6 Unzen. Wie groß ist das Gewicht der Amateurboxhandschuhe?**

☐ **a)** Auch 6 Unzen

☐ **b)** 8 Unzen

☐ **c)** 4 Unzen

☐ **d)** Beim Amateurboxen wurde kein genaues Gewicht festgelegt, je nach Handschuhgröße darf das Gewicht zwischen 5 und 7 Unzen betragen.

⑱ **Lösung a)**
Beim Säbel ist die gültige Trefffläche der gesamte Oberkörper einschließlich des Kopfes und der Arme.
Beim *Degen* ist der gesamte Körper die Trefffläche.
Die Trefffläche beim *Florett* ist der Oberkörper, jedoch nicht der Kopf und die Arme.

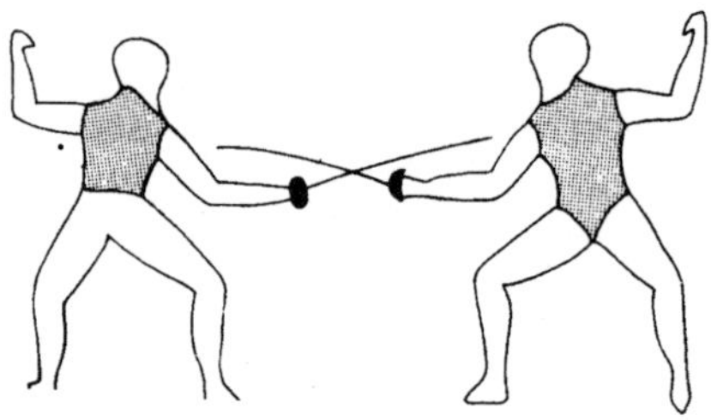

Trefffläche Florett

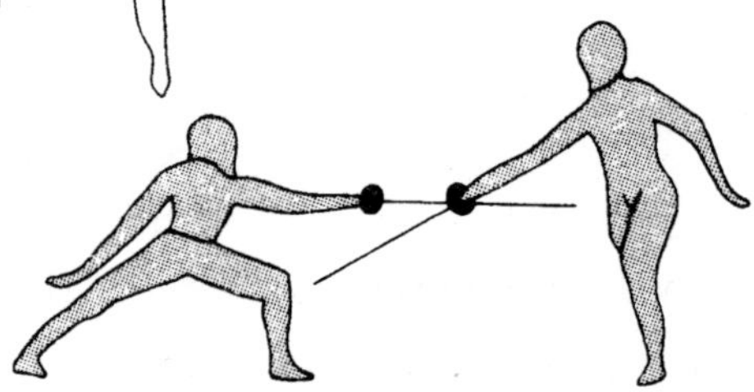

Trefffläche Degen

⑲ **Lösung b)**
Die Oberste Nationale Sportkommission für den Automobilsport in Deutschland *(ONS)* betreut den Automobilsport in der Bundesrepublik. Der *ADAC* (Allgemeiner Deutscher Automobil-Club) sieht sich als Interessenvertretung aller Autofahrer in Deutschland; er ist Mitglied des ONS. Die *FISA* (Fédération Internationale du Sport Automobile) ist der internationale Verband des Automobilsports, der auch die sportlichen Regeln und die Rennklassen (Formeln) festlegt. *AAA* ist das Gegenstück zum ADAC in den USA und Großbritannien.

⑳ **Lösung b)**
Beim Amateurboxen muß das Gewicht der Handschuhe 8 Unzen betragen. 1 Unze entspricht 28,5 g, mit 8 multipliziert ergibt das ein Handschuhgewicht von je 228 g. Davon entfallen 114 g auf die Lederhülle und 114 g auf die Polsterung. Je größer das Gewicht der Handschuhe, desto geringer ist die Schlagwirkung. Beim Amateurboxsport möchte man damit auch die Gefahr von Verletzungen reduzieren.

㉑ Welcher der nachfolgend genannten Bälle ist der schwerste?

☐ **a)** Hockeyball

☐ **b)** Baseball

☐ **c)** Wasserball

☐ **d)** Volleyball

㉒ Welche Organisation verbirgt sich hinter der »Fédération Internationale d'Education Physique«?

☐ **a)** Internationaler Zusammenschluß von Hochschul- und Universitätssportabteilungen

☐ **b)** Internationale Dachorganisation der Verbände für Wissenschaft und Bildung im Sport

☐ **c)** Zusammenschluß der Sportlehrer

☐ **d)** Dachverband der Sportmediziner

㉓ Bei welchem der nachfolgenden Begriffe handelt es sich nicht um eine Angriffstechnik beim Fechten?

☐ **a)** Reprise

☐ **b)** Rochade

☐ **c)** Rimesse

☐ **d)** Riposte

㉔ Wie nennt man beim Golf die Einstufung eines Spielers nach seinem Können?

☐ **a)** Meden

☐ **b)** Rangliste

☐ **c)** Oxford-Step

☐ **d)** Handicap

21 **Lösung c)**
Der Wasserball mit einer Leder- oder Kunststoffhülle hat ein Gewicht von 400 bis 450 g. Der Umfang beträgt 68 bis 71 cm. Er ist damit weitaus schwerer als der *Hockeyball* (156–163 g Gewicht) oder der *Baseball* (142–149 g Gewicht). Bei Hockey- und Baseball handelt es sich um Vollbälle mit einem Korkkern. Der *Volleyball* ist wie auch der Wasserball ein Hohlball, der mit Luft gefüllt ist, mit einem Gewicht von 250 bis 270 g und einem Umfang von 65 bis 67 cm.

22 **Lösung c)**
Die Fédération Internationale d'Education Physique *(FIEP)* ist ein internationaler Zusammenschluß der Sportlehrer mit Sitz in Cheltenham (Großbritannien).
Der internationale Zusammenschluß von Hochschul- und Universitätssportabteilungen ist die *Fédération Internationale du Sport Universitaire.*
Der *International Council of Sport Science and Physical Education (ICSSPE)* ist als Weltrat für Sportwissenschaft und Leibeserziehung die internationale Dachorganisation der Verbände für Wissenschaft und Bildung im Sport.

23 **Lösung b)**
Die Rochade ist der einzig erlaubte Doppelzug im Schachspiel, bei dem mit König und Turm ein Stellungswechsel erfolgt.
Unter *Reprise* und *Rimesse* versteht man im Fechtsport Angriffswiederholungen. Eine *Riposte* ist ein Gegenangriff nach der Abwehr eines gegnerischen Angriffs.

24 **Lösung d)**
Das Handicap ist beim Golf die Einstufung jedes Spielers nach seinem Können.
Unter *Meden* versteht man ein Spielsystem für Tennis und Tischtennis-Mannschaftswettkämpfe, bei dem die Mannschaft in der Reihenfolge der Spielstärke aufzustellen ist.
Die *Rangliste* ist eine beim Tischtennis, Badminton und Tennis offiziell herausgegebene Liste, bei der die Spieler nach den erzielten Punkten eingestuft werden.

㉕ Welche der nachfolgenden Sportarten gehört nicht zu einem Triathlon?

☐ a) Radfahren ☐ b) 15-km-Langlauf

☐ c) Schießen ☐ d) Reiten

㉖ Was ist ein A-Fahrer?

☐ a) Fahrer, der in der Gruppe A der Tourenwagen fährt.

☐ b) Fahrer, innerhalb eines Teams mit der besten Plazierung

☐ c) Fahrer, der berechtigt ist, in der Formel-I Rennen zu fahren.

☐ d) Fahrer, der beim Skibob vorn sitzt.

㉗ Seit wann gibt es Olympische Winterspiele?

☐ a) 1907 ☐ b) 1919

☐ c) 1972 ☐ d) 1924

㉘ Wie breit ist ein Fußballtor?

☐ a) 3,66 m ☐ b) 5,60 m

☐ c) 3,00 m ☐ d) 7,32 m

㉙ Was versteht man unter einem Grand-Slam beim Tennis?

☐ a) Eine Person gewinnt im gleichen Jahr die Meisterschaften von Australien, USA, Großbritannien und Frankreich.

☐ b) Die Nummer 1 der Tennis-Weltrangliste

☐ c) Den Satz- und Spielball

☐ d) Das Erzielen eines Punktes direkt durch den Aufschlag

㉕ **Lösung d)**
Reiten gehört zu keinem Triathlon.
Die Sportarten des Triathlons sind: Schwimmen, Radfahren und Laufen. Im Skisport besteht der Triathlon aus: Riesenslalom, Schießen und 15-km-Langlauf.

㉖ **Lösung c)**
A-Fahrer ist im Automobilsport die Bezeichnung für einen Fahrer, der Formel-I-Rennen fahren darf.

㉗ **Lösung d)**
Die ersten Olympischen Winterspiele fanden im Jahr 1924 in Chamonix (Frankreich) statt.
Die ersten Olympischen Winterspiele in Asien waren 1972 in Sapporo (Japan).

㉘ **Lösung d)**
Ein Fußballtor wird durch zwei senkrechte Pfosten mit Innenabstand von 7,32 m und einer Querlatte mit der lichten Höhe von 2,44 m gebildet.
Das *Handballtor* hat eine lichte Breite von 3 m, das *Hockeytor* hat eine Breite von 3,66 m. Die Malstangen beim *Rugby* haben einen Abstand von 5,60 m.

㉙ **Lösung a)**
Der Grand-Slam bezeichnet den Gewinn der internationalen offenen Meisterschaften in Flushing Meadows (USA), in Melbourne (Australien), in Wimbledon (Großbritannien) und in Paris (Frankreich) in einem Jahr durch eine Person.
Der Aufschlag, der nicht vom Gegner pariert werden kann und direkt zum Punktgewinn führt, wird als *As* bezeichnet.

㉚ Wie heißt die Disziplin beim Gewichtheben, bei der die Hantel in einem Zug vom Boden über den Kopf gebracht werden muß?

☐ **a)** Reißen

☐ **b)** Stoßen

☐ **c)** Drücken

☐ **d)** Stemmen

㉛ Was ist eine Piaffe?

☐ **a)** Figur im Eis- und Rollkunstlauf

☐ **b)** Figur im Dressurreiten

☐ **c)** Tennisähnliches Rückschlagspiel aus Spanien

☐ **d)** Einarmiger Hebel zur Handbetätigung eines Bootsruders

㉜ Wer gewann bei den Olympischen Spielen 1992 in Barcelona den 200-Meter-Lauf der Männer?

☐ **a)** Mike Marsh

☐ **b)** Michael Bates

☐ **c)** Frank Fredericks

☐ **d)** Quincy Watts

㉝ Was ist ein »Mal«?

☐ **a)** Sternschritt beim Basketball

☐ **b)** Hindernis bei der Springprüfung im Reitsport

☐ **c)** Sportschlitten, der in Bauchlage gesteuert wird

☐ **d)** Rugby-Tor

(30) **Lösung a)**
Beim Reißen muß die am Boden liegende Hantel in einem Zug über den Kopf gebracht werden.
Beim *Stoßen* verläuft die Bewegung in zwei Phasen. Zuerst wird die Hantel bis in Brust- oder Schulterhöhe gebracht. Dort erfolgt das Umsetzen des Gewichts, um es schließlich unterstützt durch einen Ausfallschritt zur Hochstrecke zu bringen. Von 1928 bis 1972 bestand der Olympische Dreikampf aus den Disziplinen Stoßen, Reißen und *Drücken.* Seit 1973 gibt es nur noch den Olympischen Zweikampf mit den Disziplinen Reißen und Stoßen.

(31) **Lösung b)**
Die Piaffe ist eine trabartige Bewegung des Pferdes beim Dressurreiten, bei der das Pferd auf der Stelle die diagonalen Beinpaare federnd vom Boden abschwingt und wieder aufsetzt.
Die *Pirouette* ist eine schnelle Drehung um die eigene Achse im Eis- und Rollkunstlauf. *Pelota* ist die Bezeichnung für ein tennisähnliches Spiel aus Spanien. Den Hebelarm am Steuerruder eines Bootes nennt man eine *Pinne.*

(32) **Lösung a)**
Mike Marsh aus den USA gewann mit 20,01 Sekunden die Goldmedaille vor *Frank Fredericks* aus Namibia und *Michael Bates* (USA).
Quincy Watts gewann Gold beim 400-Meter-Lauf mit 43,5 Sekunden.

(33) **Lösung d)**
Ein Rugby-Tor bezeichnet man als Mal.
Der Sternschritt beim Basketball heißt *Pirot.*
Als *Oxer* bezeichnet man Hindernisse bei der Springprüfung im Reitsport. Ein Sportschlitten, der in Bauchlage gesteuert wird, heißt *Skeleton.*

34 Was versteht man unter »Lagenschwimmen«?

☐ **a)** Schwimmwettbewerb, bei dem der Schwimmstil frei gewählt werden darf.

☐ **b)** Figur im Synchronschwimmen

☐ **c)** Staffelwettbewerb im Schwimmsport

☐ **d)** Schwimmwettbewerb, bei dem die Gesamtdistanz je zu einem Viertel in den Stilarten Delphin-, Rücken-, Brust- und Kraulschwimmen zurückgelegt werden muß.

35 Was ist beim Tennis ein »Lob«?

☐ **a)** Ein hoch angesetzter Ball, mit dem der Gegner überspielt werden soll

☐ **b)** Eine Wiederholung eines Balles

☐ **c)** Ein entlang der Seitenlinie geschlagener Ball

☐ **d)** Eine vom Schiedsrichter ausgesprochene Belobigung eines oder beider Spieler für besonders faires Spiel

36 Welches ist die leichteste Gewichtsklasse im Amateurboxen?

☐ **a)** Bantam ☐ **b)** Welter

☐ **c)** Feder ☐ **d)** Leicht

37 Was besagt die Drei-Sekunden-Regel?

☐ **a)** Beim Basketball muß die Mannschaft innerhalb von drei Sekunden einen Korbwurfversuch machen, wenn sie in Ballbesitz kommt.

☐ **b)** Beim Handball darf ein Spieler mit Ausnahme des sich im Torraum befindenden Torwarts nicht länger als drei Sekunden den Ball halten.

☐ **c)** Beim Basketball darf ein Spieler nicht länger als drei Sekunden den Ball in der Hand halten.

☐ **d)** Beim Basketball darf ein Spieler sich nicht länger als drei Sekunden in dem Teil der begrenzten Zone des Gegners zwischen End- und Freiwurflinie befinden.

(34) **Lösung d)**
Das Lagenschwimmen ist eine Schwimmdisziplin, bei der die vier Schwimmstile Delphin-, Rücken-, Brust- und Kraulschwimmen hintereinander zum Einsatz kommen.
Bei der *Viermal-100-Meter-Lagenstaffel* wird jeder Schwimmstil von einem anderen Schwimmer zurückgelegt, der auf die jeweilige Disziplin spezialisiert ist.

(35) **Lösung a)**
Einen hoch angesetzten, weich geschlagenen Ball, mit dem der am Netz stehende Gegner überspielt werden soll, nennt man Lob.
Let ist die Wiederholung eines Balles. Einen entlang der Seitenlinie gespielten Ball nennt man *Longline.*

(36) **Lösung a)**
Die Bantamklasse geht beim Amateurboxen von 51 kg bis zu einem Körpergewicht von 54 kg.
Die *Weltergewichtsklasse* geht von 63,5 kg bis 67 kg Körpergewicht. Mit einem Körpergewicht von 54 kg bis 57 kg kämpft der Boxer im *Federgewicht.* Die *Leichtgewichtsklasse* geht von 57 kg bis 60 kg.

(37) **Lösung b)**
Als Drei-Sekunden-Regel wird beim Handball die Regel bezeichnet, nach der ein Spieler mit Ausnahme des sich im Torraum befindenden Torwarts nicht länger als drei Sekunden den Ball halten darf.
Als *30-Sekunden-Regel* beim Basketball wird die Vorschrift bezeichnet, nach der eine Mannschaft im Ballbesitz innerhalb dieser Zeit einen Korbwurfversuch unternehmen muß.
Beim Basketball gibt es auch eine *Drei-Sekunden-Regel,* die besagt, daß ein Spieler sich nicht länger als drei Sekunden in dem Teil der begrenzten Zone des Gegners zwischen End- und Freiwurflinie befinden darf. Dies gilt jedoch nur, wenn die eigene Mannschaft im Ballbesitz ist.

38 Welche Wertigkeit haben beim Eiskunstlauf die einzelnen Noten für die drei Teile?

☐ **a)** Pflicht: 30%	Kurzprogramm: 10%	Kür: 60%
☐ **b)** Pflicht: 20%	Kurzprogramm: 10%	Kür: 70%
☐ **c)** Pflicht: 20%	Kurzprogramm: 20%	Kür: 60%
☐ **d)** Pflicht: 30%	Kurzprogramm: 20%	Kür: 50%

39 Welcher der nachfolgenden Sprünge wird nicht beim Eis- oder Rollkunstlauf gesprungen?

☐ **a)** Toe-loop

☐ **b)** Rittberger

☐ **c)** Auerbach

☐ **d)** Axel

40 Versteht man unter »Deuce«

☐ **a)** den Ausgleich, bei dem beim Tennis jeder Spieler drei Punkte erreicht hat?

☐ **b)** einen Karatestoß mit dem Knie gegen das angreifende Bein des Gegners?

☐ **c)** eine im Judo vorgeschriebene Sportbekleidung?

☐ **d)** beim Golf oder Tennis einen angeschnittenen Schlag?

41 Seit wann gibt es die Fußball-Bundesliga?

☐ **a)** 1963

☐ **b)** 1960

☐ **c)** 1953

☐ **d)** 1955

(38) **Lösung d)**
Die Wertigkeit der Noten für die drei Teile des Eiskunstlaufes beträgt für: Pflicht: 30%, Kurzprogramm: 20%, Kür: 50%.

(39) **Lösung c)**
Auerbach-Sprünge gibt es beim Wasserspringen; sie sind nach dem Berliner Sportpädagogen benannt. Die Auerbach-Sprünge werden mit oder ohne Anlauf durchgeführt, wobei sich der Körper im Flug rückwärts, aber gegen die Absprungrichtung dreht.

(40) **Lösung a)**
Deuce ist beim Tennis der Ausgleich, bei dem jeder Spieler drei Punkte erreicht hat.
Als *Hiza-Uke* bezeichnet man den Karatestoß mit dem Knie gegen das angreifende Bein des Gegners. Die aus Hose und Jacke aus reißfestem Stoff bestehende Sportbekleidung beim Judo nennt man *Judogi*. Ein angeschnittener Schlag beim Tennis oder Golf heißt *Cut*.

(41) **Lösung a)**
Die Fußball-Bundesliga gibt es seit 1963. Damals wurden die früheren fünf regionalen Oberligen durch die Bundesliga abgelöst. Die Bundesliga ist die oberste Spielklasse im Berufsfußball, innerhalb derer jährlich der deutsche Meister ermittelt wird.

42 Nennt man den Unterschied zwischen Bestlaufzeit einer Strecke als selbständigen Wettbewerb und der Zeit, die für die gleiche Strecke als Teilstück eines längeren Laufwettbewerbs gemessen wird,

☐ **a)** Schonzeit?
☐ **b)** Oxford-Step?
☐ **c)** Fliegerrennen?
☐ **d)** Hattrick?

43 Was ist ein Doppelschlag?

☐ **a)** Zweiter fehlerhafter Aufschlag beim Tennis
☐ **b)** Gleichzeitiger Fehler zweier Gegner im Volleyball
☐ **c)** Ein Volleyballspieler berührt den Ball zweimal hintereinander
☐ **d)** Doppelter Knoten beim Segeln

44 Was ist ein Karabiner?

☐ **a)** Hartgummischeibe beim Eisstockschießen
☐ **b)** Hiebwaffe
☐ **c)** Hilfsmittel beim Bergsteigen
☐ **d)** Italienischer Polizist

45 Was ist ein Dragster-Rennen?

☐ **a)** LKW-Rennen auf einem Rundkurs
☐ **b)** Rennen über eine Viertelmeile mit formelfreien hochgezüchteten Spezialwagen
☐ **c)** Motorradrennen auf Eis
☐ **d)** Motorbootrennen

46 Welcher der nachfolgenden Tänze wird nicht der Gruppe der Standardtänze im Tanzsport zugeordnet?

☐ **a)** Quickstep
☐ **b)** Tango
☐ **c)** Wiener Walzer
☐ **d)** Jive

42 **Lösung a)**
Als Schonzeit bezeichnet man den Zeitunterschied zwischen der Bestlaufzeit einer Strecke als selbständigem Wettbewerb und der Zeit für die gleiche Strecke, als Teilstück eines längeren Laufwettbewerbs. Für die Distanz über 400 Meter als Teil eines 1500-Meter-Laufes darf der Läufer 10 bis 12 Sekunden länger benötigen, als seine Bestzeit über 400 Meter ist.
Der *Oxford-Step* ist eine Trainingsart, bei der man mit einem Bein mehrmals an einem Kasten oder einer Stufe auf- und abspringt.
Als *Hattrick* bezeichnet man den dreifachen Erfolg eines Sportlers in ununterbrochener Reihenfolge hintereinander.

43 **Lösung c)**
Ein Doppelschlag ist ein Fehler im Volleyball, wenn derselbe Spieler den Ball zweimal hintereinander berührt. Auch als Doppelschlag wird im Boxen das Ausführen zweier Schläge mit derselben Hand unmittelbar hintereinander bezeichnet.
Der zweite fehlerhafte Aufschlag im Tennis wird als *Doppelfehler* bezeichnet, ebenso der gleichzeitige Fehler zweier Gegner im Volleyball.

44 **Lösung c)**
Der Karabiner ist eine ringartige Öse mit selbsttätigem Federverschluß oder Schraubverschluß zur Seilsicherung beim Bergsteigen.
Die Hartgummischeibe beim Eisstockschießen mit einem Durchmesser von 12 cm nennt man *Daube.*
Italienische Gendarmen mit polizeilichen Aufgaben werden als *Carabinieri* bezeichnet.

45 **Lösung b)**
Dragster-Rennen werden auf einer Distanz von einer Viertelmeile mit formelfreien hochgezüchteten Spezialwagen durchgeführt.
Ein Motorradrennen auf einer Eisbahn wird *Eis-Speedway* genannt.

46 **Lösung d)**
Die fünf Standardtänze im Tanzsport sind der langsame Walzer, Quickstep, Slowfox, Tango und der Wiener Walzer.
Die Gruppe der lateinamerikanischen Tänze bilden der Cha-Cha-Cha, Jive, Paso doble, Rumba und Samba.

47 Welche fünf Disziplinen stellten den Fünfkampf der Antike dar?

☐ **a)** Lauf – Ringen – Speerwurf – Weitsprung – Diskuswurf

☐ **b)** Schwimmen – Reiten – Speerwurf – Lauf – Diskuswurf

☐ **c)** Boxen – Lauf – Reiten – Ringen – Diskuswurf

☐ **d)** Hochsprung – Pferderennen – Lauf – Diskuswurf – Speerwurf

48 Was ist die Fédération Internationale de Lutte Amateur?

☐ **a)** Internationaler Dachverband des Reitsports

☐ **b)** Internationaler Fußballverband

☐ **c)** Internationaler Fechterverband

☐ **d)** Internationaler Ringerverband

49 Was versteht man unter »Chukker«?

☐ **a)** 7,5 Min. dauernder Spielabschnitt beim Polo

☐ **b)** Golfschläger, der bei Schlägen auf dem Grün verwendet wird.

☐ **c)** Billardspielstock

☐ **d)** Zweifacher Salto mit Schraube

50 Bei welcher Fechtwaffe handelt es sich um eine Stoß- und Hiebwaffe?

☐ **a)** Florett

☐ **b)** Säbel

☐ **c)** Degen

☐ **d)** Stilett

47 **Lösung a)**
Der Fünfkampf der Antike (Penthalon), der bei den Spielen in Olympia ab 708 v. Chr. ausgetragen wurde, bestand aus den Disziplinen: Lauf – Ringen – Speerwurf – Weitsprung – Diskuswurf.
Die Disziplinen Diskuswurf, Weitsprung und Speerwurf wurden bei den antiken Wettkämpfen niemals als Einzelwettbewerbe, sondern nur im Rahmen des Fünfkampfes ausgetragen.

48 **Lösung d)**
Die Fédération de Lutte Amateur (FILA) ist der internationale Ringerverband mit Sitz in Lausanne.
Die *Fédération Equestre Internationale (FEI)* mit Sitz in Bern ist der internationale Reiterverband. Der internationale Fußballverband mit Sitz in Zürich ist die *Fédération Internationale de Football Association (FIFA)*. Der internationale Fechtsportverband mit Sitz in Paris ist die *Fédération Internationale d'Escrime (FIE)*.

49 **Lösung a)**
Chukker ist die Bezeichnung für einen 7,5 Min. dauernden Spielabschnitt. Beim Polo werden in Deutschland im allgemeinen vier Chukker pro Spiel gespielt.
Den Golfschläger, der auf dem Grün verwendet wird, nennt man *Putter.* Als *Queue* bezeichnet man den Billardspielstock. Beim Trampolinturnen nennt man einen zweifachen Salto mit Schraube *Fliffis*.

50 **Lösung b)**
Beim Säbel handelt es sich um eine Stoß- und Hiebwaffe. Das *Florett* und der *Degen* sind reine Stoßwaffen beim Sportfechten. Ein *Stilett* ist ein kurzer Dolch, der jedoch in keiner Sportart verwendet wird.

51 Welches der nachfolgend genannten Kanus wird kniend gefahren

☐ **a)** Rennkajak

☐ **b)** Wildwasserkajak

☐ **c)** Kanadier

☐ **d)** Faltboot

52 Was bezeichnet man mit Katamaran?

☐ **a)** Segelboot mit zwei Rümpfen

☐ **b)** Boot mit drei Schwimmkörpern

☐ **c)** Motorboot mit Außenbordmotor

☐ **d)** Rennboot mit Geschwindigkeitsbegrenzung

53 Welcher der nachfolgenden Wettbewerbe ist keine olympische Disziplin bei den Herren?

☐ **a)** 3000-m-Hindernislauf

☐ **b)** 20-km-Gehen

☐ **c)** Dreisprung

☐ **d)** 100-m-Hürdenlauf

54 Zu welcher Sportart gehört das Mächtigkeitsspringen?

☐ **a)** Skispringen

☐ **b)** Springreiten

☐ **c)** Fallschirmspringen

☐ **d)** Turmpringen

51 **Lösung c)**
Die Bootsklasse der Kanadier hat ihren Namen von den nordamerikanischen Indianern, die Boote dieser Art früher benutzten. Die Fortbewegung erfolgt mit Hilfe von Stechpaddeln. Die Kanadier kennzeichnen sich dadurch, daß sie kein Steuersystem haben und in kniender Stellung gefahren werden.
Kajaks haben ihren Ursprung bei den Eskimos und sind entweder aus Holz oder Kunststoff. Die Fortbewegung erfolgt mit Doppelpaddeln.
Faltboote sind zerlegbare Kajaks, die jedoch von den Kunststoffbooten fast völlig verdrängt wurden.

52 **Lösung a)**
Der Katamaran ist ein Zweirumpfsegelboot, bei dem die beiden Rümpfe durch Querstreben und Mitteldeck verbunden sind. Die Boote zeichnen sich besonders durch hohe Stabilität aus. Boote mit drei Schwimmkörpern werden *Trimaran* genannt.

53 **Lösung d)**
Der 100-m-Hürdenlauf ist nur bei den Damen olympische Disziplin. Bei den Herren beträgt die Distanz im Hürdenlauf 110 m bzw. 400 m.

54 **Lösung b)**
Das Mächtigkeitsspringen ist eine Springprüfung im Reitsport, bei der es in erster Linie auf das Springvermögen des Pferdes über schwierige Hindernisse ankommt. Der Parcour besteht aus sechs bis acht Hindernissen, die jeweils eine Höhe von 1,50 bis 1,70 m haben. Durchqueren mehrere Wettkampfteilnehmer den Parcour fehlerlos, kommt es zu einem Stechen, bei dem in jedem Durchgang die Höhe der Hindernisse gesteigert wird.
Im Sommer wird das Skispringen zu Trainingszwecken auch als *Mattenspringen* ausgetragen. Dabei wird die Sprungschanze mit Kunststoffmatten belegt.

55 Welche Zusammenstellung der Disziplinen des modernen Fünfkampfes ist richtig?

☐ **a)** Reiten – Tennis – Judo – Fechten – Segeln

☐ **b)** Laufen – Radfahren – Schwimmen – Fechten – Billard

☐ **c)** Reiten – Fechten – Schwimmen – Schießen – Laufen

☐ **d)** Diskus – Weitsprung – Speerwurf – Laufen – Ringen

56 Wer gewann 1992 bei den Olympischen Sommerspielen in Barcelona den 400-m-Hürdenlauf?

☐ **a)** Kevin Young

☐ **b)** Winthrop Graham

☐ **c)** Kriss Akabusi

☐ **d)** Andre Philipps

57 Was versteht man unter »New Games«?

☐ **a)** Bezeichnung für die Olympischen Spiele der Neuzeit

☐ **b)** Moderne Sportarten, die noch nicht den Status als olympische Disziplinen haben.

☐ **c)** Bewegungsspiele mit starker Freizeitorientierung.

☐ **d)** Die Wiederaufnahme eines Tennismatches nach einer Unterbrechung aufgrund von Wettereinflüssen

58 Wann fanden die Olympischen Spiele unter diesem Dach statt?

☐ **a)** 1976

☐ **b)** 1988

☐ **c)** 1984

☐ **d)** 1972

⑮ **Lösung c)**
Der moderne Fünfkampf besteht aus den Disziplinen Reiten (Springreiten auf einem Parcours über circa 600 m Länge), Degenfechten, Freistilschwimmen über 300 m bei Herren und 200 m bei Damen, Schießen (Sportpistole, Kaliber 5,6 mm auf eine Distanz von 25 m) und einem Geländelauf über 4000 m bei den Herren und 2000 m bei den Damen.
Schwimmen, Radfahren und Laufen sind die drei Disziplinen, aus denen der *Triathlon* besteht.
Diskus, Weitsprung, Speerwurf, Lauf und Ringen bildeten den *olympischen Fünfkampf bei den antiken Spielen* in Griechenland.

56 **Lösung a)**
Die 400-m-Hürden gewann der Amerikaner Kevin Young mit einer Zeit von 46,78 sec.
Winthrop Graham aus Jamaica gewann Silber mit 47,66 sec. Dritter wurde *Kriss Akabusi* aus Großbritannien. *Andre Philipps* (USA) gewann in Seoul 1988 den 400-m-Hürdenlauf.

57 **Lösung c)**
Der Begriff »New Games« steht für eine Bewegung, die die Freude an der Bewegung mit kommunikativen und kreativen Elementen verbindet. Die vorwiegend in Form von Spielfesten durchgeführten Veranstaltungen sehen das gemeinsame Erlebnis im Vordergrund und wollen Alters-, Geschlechts- und Leistungsunterschiede überwinden.

58 **Lösung d)**
1972. Es handelt sich um die Plexiglaskonstruktionen, die anläßlich der Olympischen Spiele 1972 in München erbaut wurden.

59 Wer gewann 1990 die Fußballweltmeisterschaft?

☐ **a)** Italien

☐ **b)** Bundesrepublik

☐ **c)** Großbritannien

☐ **d)** Argentinien

60 In welcher Sportart findet die O'Brien-Technik Anwendung?

☐ **a)** Kugelstoßen

☐ **b)** Diskuswerfen

☐ **c)** Hochsprung

☐ **d)** Skispringen

61 Wer gewann 1992 die All England Championship in Wimbledon im Damen-Einzel?

☐ **a)** Monika Seles

☐ **b)** Helena Sukova

☐ **c)** Steffi Graf

☐ **d)** Martina Navratilova

62 Versteht man unter »Spade-Mashie«

☐ **a)** beim Fußball eine Aktion des Abwehrspielers, um dem Angreifer den Ball abzunehmen?

☐ **b)** den Golf-Eisenschläger Nummer 2?

☐ **c)** eine Haltetechnik des Tischtennisschlägers?

☐ **d)** den Golf-Eisenschläger Nummer 6?

59 **Lösung b)**
Bei der Fußballweltmeisterschaft 1990 in Italien gewann die Mannschaft der Bundesrepublik Deutschland gegen die Auswahl von Argentinien mit 1:0.

60 **Lösung a)**
Im Kugelstoßen findet die nach dem amerikanischen Kugelstoßer Parry O'Brien genannte Technik Anwendung. Diese heute gängigste Stoßtechnik ist dadurch gekennzeichnet, daß der Sportler zuerst mit dem Rücken zur Stoßrichtung steht und dann in einer Drehbewegung die Kugel abstößt.

61 **Lösung c)**
Steffi Graf gewann 1992 das Wimbledon-Tennis-Turnier.

62 **Lösung d)**
Als Spade-Mashie wird der Golf-Eisenschläger Nummer 6 bezeichnet.
Als *Tackling* wird ein Hineingrätschen des Abwehrspielers in die Beine des Angreifers bezeichnet. Tackling hat das Ziel, den Angreifer vom Ball zu trennen.
Der Golf-Eisenschläger Nummer 2 wird *Midiron* genannt.
Als *Penholdergriff* wird beim Tischtennis eine Haltetechnik des Schlägers bezeichnet, bei der der zwischen Daumen und Zeigefinger liegende Griff des Schlägers nach oben zeigt.

63 **Wann wurde zum ersten Mal die olympische Flagge mit den fünf Ringen gehißt?**

☐ **a)** In der Antike
☐ **b)** 1896
☐ **c)** 1914
☐ **d)** 1920

64 **Wer war 1992 Olympiasieger im Zehnkampf?**

☐ **a)** Antonio Penalver
☐ **b)** David Johnson
☐ **c)** Robert Zmelik
☐ **d)** Christian Schenk

65 **Welche Disziplinen beinhaltet der Kür-Sechskampf?**

☐ **a)** Bodenturnen, Seitpferd, Trampolin, Langpferd, Kasten und Reck

☐ **b)** Stufenbarren, Bandgymnastik, Schwebebalken, Bodenturnen, Seitpferd und Langpferd

☐ **c)** Bodenturnen, Seitpferd, Ringe, Langpferd, Barren und Reck

☐ **d)** Rhönrad, Trampolin, Bodenturnen, rhythmische Sportgymnastik, Schwebebalken und Langpferd

66 **Für welche Distanz wird beim Fliegerrennen im Radrennsport die Zeit gestoppt?**

☐ **a)** 100 m
☐ **b)** 200 m
☐ **c)** 250 m
☐ **d)** 1000 m

67 **Wo fanden 1992 die 16. Olympischen Winterspiele statt?**

☐ **a)** Barcelona
☐ **b)** Albertville
☐ **c)** Lake Placid
☐ **d)** Sapporo

⑥③ **Lösung c)**
Die fünf ineinander verschlungenen Ringe in den Farben Blau, Gelb, Schwarz, Grün und Rot sind Symbol der internationalen olympischen Bewegung und das offizielle Emblem des internationalen olympischen Komitees. Sie stehen symbolisch für die fünf Kontinente. Die Fahne mit den fünf Ringen wurde zum ersten Mal 1914 in Paris anläßlich des olympischen Kongresses gehißt. Seit 1920 wird die Flagge immer für die Zeitdauer der Olympischen Spiele gehißt.

⑥④ **Lösung c)**
Olympiasieger im Zehnkampf wurde 1992 in Barcelona Robert Zmelik aus der CSFR mit 8611 Punkten.
Die Silbermedaille ging an den Spanier *Antonio Penalver* (8412 Punkte), Bronze an *David Johnson* aus den USA.
Christian Schenk aus der ehemaligen DDR gewann 1988 in Seoul den Zehnkampf mit 8488 Punkten.

⑥⑤ **Lösung c)**
Der Kür-Sechskampf ist ein nichtolympischer Mehrkampf im Kunstturnen der Männer. Er besteht aus je einer Kürübung im Bodenturnen, am Seitpferd, am Langpferd, am Barren, am Reck und an den Ringen.
Der *olympische Zwölfkampf* der Herren besteht aus je einer Pflicht- und einer Kürübung an den oben genannten Geräten.

⑥⑥ **Lösung b)**
Der Sprint, auch als Fliegerrennen bezeichnet, ist eine Disziplin des Bahnrennsports, die über die Distanz von 1000 m führt, wobei die Zeitmessung für die beiden konkurrierenden Radfahrer nur für die letzten 200 m erfolgt.

⑥⑦ **Lösung b)**
Die 16. Olympischen Winterspiele fanden in Albertville (Frankreich) statt.
Austragungsort für die Winterspiele 1972 war *Sapporo* (Japan) und 1980 *Lake Placid* (USA). Die Olympischen Sommerspiele wurden 1992 in *Barcelona* (Spanien) ausgetragen.

68 Wie viele Tore muß ein Riesenslalom mindestens haben?

☐ **a)** 25 ☐ **b)** 30 ☐ **c)** 40 ☐ **d)** 60

69 Welche Veranstaltung hat ihren Ursprung in den Stoke-Mandeville-Spielen?

☐ **a)** Spartakiade

☐ **b)** Vier-Schanzen-Tournee

☐ **c)** Universiade

☐ **d)** Behinderten-Olympiade

70 Was ist ein Schlagmann?

☐ **a)** Der Werfer beim Baseball

☐ **b)** Der Spieler, der die Angabe beim Volleyball macht.

☐ **c)** Taktgeber beim Rudersport

☐ **d)** Schrittmacher beim Steherrennen

68 **Lösung b)**
Der Riesenslalom, eine Disziplin des alpinen Skisports, muß sowohl bei den Damen als auch bei den Herren mindestens 30 Tore haben, die in einem Mindestabstand von 10 m ausgesteckt sind. Beim Slalom sind auf der gegenüber dem Riesenslalom wesentlich kürzeren Strecke 45 bis 60 Tore bei den Damen und 55 bis 75 Tore bei den Herren gesteckt. Das Auslassen eines Tores führt in beiden Disziplinen zur Disqualifikation.

69 **Lösung d)**
Bei den Stoke-Mandeville-Spielen handelt es sich um einen jährlich stattfindenden Wettbewerb für Querschnittsgelähmte. Die Spiele sind nach dem englischen Rehabilitationszentrum in Stoke-Mandeville benannt. Aus dieser Veranstaltung entwickelte sich die alle vier Jahre stattfindende Behinderten-Olympiade, deren Wettkämpfe im gleichen Jahr wie die Olympischen Sommerspiele ausgetragen werden.
Die *Spartakiade* ist eine große Sportveranstaltung der sozialistischen Staaten.
Universiade werden die alle zwei Jahre stattfindenden Weltmeisterschaften im Hochschulsport genannt.

70 **Lösung c)**
Der Schlagmann gibt im Rudersport den Rhythmus und die Geschwindigkeit der Schläge an. Die vom Schlagmann bestimmte Schlagzahl (Anzahl der Schläge innerhalb einer Minute) ist abhängig vom Bootstyp und der Rennklasse.
Der Werfer beim Baseball ist der *Pitcher.* Der Schrittmacher beim Steherrennen im Radsport wird auch *Pacemaker* genannt. Er ermöglicht dem Radsportler im Windschatten zu fahren, wodurch Geschwindigkeiten bis zu 80 km/h erreicht werden.